utb 6130

Eine Arbeitsgemeinschaft der Verlage

Brill | Schöningh – Fink · Paderborn
Brill | Vandenhoeck & Ruprecht · Göttingen – Böhlau · Wien · Köln
Verlag Barbara Budrich · Opladen · Toronto
facultas · Wien
Haupt Verlag · Bern
Verlag Julius Klinkhardt · Bad Heilbrunn
Mohr Siebeck · Tübingen
Narr Francke Attempto Verlag – expert verlag · Tübingen
Psychiatrie Verlag · Köln
Ernst Reinhardt Verlag · München
transcript Verlag · Bielefeld
Verlag Eugen Ulmer · Stuttgart
UVK Verlag · München
Waxmann · Münster · New York
wbv Publikation · Bielefeld
Wochenschau Verlag · Frankfurt am Main

Peter Rahn
Sabine Zimmermann (Hrsg.)

Kinderarmut verstehen und bekämpfen

Einführung in grundlegende Perspektiven

unter Mitarbeit von

Studierenden des Bachelorstudiengangs Soziale Arbeit an der Hochschule für Wirtschaft und Gesellschaft Ludwigshafen

Fabienne Aalmans, Samira Anwar, Anna David, Isabelle Deuss, Artur Dirks, Jasmin Faßbender, Milena Frankenberger, Christiane Frieg, Debora Gafner, Anika Gaul, Sandra Gitzel, Sebastian Horn, Miriam Klein, Leonie Lobbe, Nikolas Lukomski und Jennifer Palencia Zepeda

Verlag Barbara Budrich
Opladen & Toronto 2024

Die Herausgeber*innen:

Prof. Dr. Peter Rahn, Hochschule für Wirtschaft und Gesellschaft Ludwigshafen, Fachbereich Sozial- und Gesundheitswesen

Prof. Dr. Sabine Zimmermann, SRH Hochschule Heidelberg, Fakultät für Sozial- und Rechtswissenschaften

---

Bibliografische Information der Deutschen Nationalbibliothek
Die Deutsche Nationalbibliothek verzeichnet diese Publikation in der Deutschen Nationalbibliografie; detaillierte bibliografische Daten sind im Internet über https://portal.dnb.de abrufbar.

Gedruckt auf FSC®-zertifiziertem Papier, CO_2-kompensierte Produktion

Alle Rechte vorbehalten.
© 2024 Verlag Barbara Budrich GmbH, Opladen & Toronto
www.budrich.de

utb-Bandnr.	6130
utb-ISBN	978-3-8252-6130-6
utb-e-ISBN	978-3-8385-6130-1
DOI	10.36198/9783838561301

Das Werk einschließlich aller seiner Teile ist urheberrechtlich geschützt. Jede Verwertung außerhalb der engen Grenzen des Urheberrechtsgesetzes ist ohne Zustimmung des Verlages unzulässig und strafbar. Das gilt insbesondere für Vervielfältigungen, Übersetzungen, Mikroverfilmungen und die Einspeicherung und Verarbeitung in elektronischen Systemen.

Online-Angebote oder elektronische Ausgaben sind erhältlich unter www.utb-shop.de.

Satz: Ulrike Weingärtner, Gründau – info@textakzente.de
Umschlaggestaltung: siegel konzeption | gestaltung
Druck und Bindung: Elanders GmbH, Waiblingen
Printed in Germany

Inhaltsverzeichnis

Einleitung – zur Idee dieses Buches 7

Peter Rahn
**Kinderarmut in Deutschland.
Einführung in wichtige Aspekte des Diskurses** 15

Samira Anwar, Isabelle Deuss, Jasmin Faßbender und Debora Gafner
**Kinderarmut im aktuellen Diskurs.
Ein Interview mit Karl August Chassé** 39

Artur Dirks und Milena Frankenberger
**Kinderarmut und Migrationshintergrund – ein blinder Fleck der
Armutsforschung? Ein Interview mit Carolin Butterwegge** 53

Samira Anwar, Isabelle Deuss, Jasmin Faßbender und Debora Gafner
**Letztendlich geht es um Gerechtigkeit als Frage der Umverteilung.
Ein Interview mit Sabine Andresen** 65

Christiane Frieg, Nikolas Lukomski und Jennifer Palencia
**Kinderarmut in ihrer gesellschaftlichen Bedeutung – und Corona
als ihr Katalysator. Ein Interview mit Michael Klundt** 75

Anna David und Miriam Klein
**Kinderarmut in Kitas – wie Folgen kompensiert oder verstärkt werden.
Ein Interview mit Kirsten Fuchs-Rechlin** 87

Fabienne Aalmans und Anika Gaul
**Strategien der Kinderarmutsprävention.
Ein Interview mit Gerda Holz** 95

Leonie Lobbe, Sandra Gitzel und Sebastian Horn
Wie Kinder mit Armut umgehen – Resilienzförderung als Konzept zur Armutsprävention. Ein Interview mit Margherita Zander 111

Leonie Lobbe, Sandra Gitzel und Sebastian Horn
Kinderarmut und Digitalisierung.
Ein Interview mit Nadia Kutscher 125

Sabine Zimmermann
Der Kampf gegen Kinderarmut ist politischer Auftrag Sozialer Arbeit 139

Einleitung – zur Idee dieses Buches

Armut ist in den letzten drei Jahrzehnten angewachsen und ihre Dauer hat zugenommen. Die Anstiegsquote bei Kindern und Jugendlichen bis 25 Jahren liegt deutlich über der von Erwachsenen. Gegenwärtig gelten etwa 20 Prozent aller Kinder in Deutschland als arm im Sinne der Definition der Europäischen Union (60 Prozent des gewichteten Medianeinkommens); im Bezug von Sozialgeld als engerer Armutsgrenze (bei der eine Prüfung des Bedarfs des Haushaltes vorgenommen wurde) sind es etwa 15 Prozent. Diese Zahlen variieren nach Region und Stadtteilen erheblich, was unter anderem auf die sozialräumliche Segregation benachteiligter Gruppen verweist (vgl. Rahn/Chassé 2020).

Der Paritätische Wohlfahrtsverband zeigt in seinem Armutsbericht, dass die Corona-Pandemie noch einmal zu einer Erhöhung der Armutsquote (Paritätischer Gesamtverband 2023) beigetragen hat. Ronald Lutz u. a. (2021) machen deutlich, zu welchen Zuspitzungen dies in der Lebenslage Armut und für in Armut lebende Menschen geführt hat. Die seit dem Frühjahr 2020 teilweise drastischen Verschlechterung der Lebensbedingungen vieler Menschen sind allerdings nicht nur durch die Pandemie bedingt, sondern auch durch den Krieg in der Ukraine und der in der Folge eingetretenen Inflation (Butterwegge 2022: 73). Christoph Butterwegge gibt seinem Artikel die treffende Teilüberschrift „Infektion, Invasion, Inflation" und argumentiert, dass die Verschlechterung für einkommensarme und armutsgefährdete Gruppen damit zusammenhängt, dass sie über keine finanziellen Rücklagen verfügen können (ebd.) und dass die staatlichen Entlastungspakete für diese Gruppen viel zu gering ausfallen. Auch der Sofortzuschlag von monatlich 20 Euro im Vorgriff auf die für 2025 angekündigte Kindergrundsicherung hat keinen Effekt auf den Abbau von Kinderarmut, da die inflationsbedingten Verluste der anspruchsberechtigten Familien aus den Jahren 2021 und 2022 damit nicht einmal ausgeglichen werden (ebd.: 79).

Kinderarmut bedeutet jedoch keineswegs ausschließlich ökonomischen Mangel. Vielmehr geht sie einher mit vielfältigen Benachteiligungen in unterschiedlichen Dimensionen der Lebenslage von Kindern und kann – beispielsweise bezogen auf Gesundheit oder Bildung – sehr einschränkende Folgen in Gegenwart und Zukunft der Kinder mit sich bringen.

Zum Phänomen Kinderarmut gibt es mittlerweile einen umfangreichen interdisziplinären wissenschaftlichen Diskurs. In pädagogischen und sozialen Berufen ist dieser Diskurs jedoch zum Teil nur in begrenztem Umfang angekommen beziehungsweise aufgegriffen worden. Insbesondere in kindheits- und (grund-)schulpädagogischen Studiengängen spielen Fragestellungen sozialer Ungleichheit und vor allem Armut eine untergeordnete Rolle. Dabei scheint eine armutssensible Qualifizierung und Bildung gerade für Absolvent:innen von kindheits- und schulpädagogischen Studiengängen sowie von Studiengängen Sozialer Arbeit unabdingbar. Sollen nämlich Angebote der Sozialen Arbeit, Kindertagesstätten und Schulen kompensatorische Wirkung gegen die Folgen von Kinderarmut entfalten, bedarf es von den beruflichen respektive professionellen Akteur:innen Wissen über Kinderarmut, Handlungskompetenz im Umgang mit ihr und die Möglichkeit zu einer Positionierung in fachlichen und politischen Debatten. Als Ergebnis der wissenschaftlichen Auseinandersetzung muss Kinderarmut nämlich als ein komplexes Phänomen begriffen werden, für das es zudem keine einfachen Lösungen gibt.

Bildung ist in der öffentlichen Wahrnehmung zu einem Schlüsselbegriff für die Überwindung der Lebenslage Armut geworden. Insbesondere von Kindertagesstätten und dort speziell von den Krippen wird ein Bildungsangebot erwartet, das kompensatorisch auf die Folgen der Mangellage wirkt und zu einer die Lebenslage überwindbaren Lebensführung verhilft. Die Einzelnen sollen so und über den Erwerb schulischer Bildungszertifikate die Chance erhalten, ein gutes oder besser ein erfolgreiches Leben – im Sinne der gesellschaftlichen Normalitätserwartung – in der Wissensgesellschaft zu führen. Mag das im Einzelfall zutreffen beziehungsweise gelingen, so ist ganz allgemein davon auszugehen, dass es gesellschaftspolitischer und struktureller Weichenstellungen bedarf, um Kindern nachhaltig die Voraussetzungen zu schaffen, an Gesellschaft teilhaben zu können: zum Beispiel in Form einer Gesetzgebung, die Kindern ein Aufwachsen in Armut und der damit einhergehenden Stigmatisierung und Marginalisierung oder dem einhergehenden sozialen Ausschluss sowie psychosozialer, gesundheitlicher und kognitiver Folgen erspart. Kinderarmut wirkt sich nicht nur auf das aktuelle Kinderleben aus, sondern auch auf die Zukunftschancen der Kinder.

Für Menschen, die in sozialen und pädagogischen Berufen tätig sind, ist es wichtig, über Kinderarmut, wie sie ihnen in ihrem jeweiligen Arbeitsfeld begegnet, nachzudenken, die Zusammenhänge zu erkennen und Sachverhalte richtig einzuschätzen, um die Möglichkeiten und Grenzen ihres beruflichen Handelns ausloten zu können – beispielsweise für Konzeptentwicklung, Unterrichtsgestaltung oder Fallarbeit. Soziale und pädagogische Studiengänge müssen dafür dem Anspruch eines armutssensiblen Qualifizierungs- respektive Bildungsangebots gerecht werden.

Die Idee des Buches

Dieses Lehrbuch zu Fragen der Kinderarmut will vor allem einen Beitrag zur Bildung einer armutssensiblen Haltung leisten. Dazu stehen im Zentrum der Veröffentlichung Interviews mit für den Diskurs in Deutschland wichtigen beziehungsweise interessanten wissenschaftlichen Akteur:innen. Die Interviews ermöglichen einen lebendigen und interessanten Einblick in die Arbeit, das Denken, die Auseinandersetzung, die Positionen et cetera einiger Wissenschaftler:innen, die mit unterschiedlicher Intensität und unterschiedlichen Perspektiven Fragestellungen zu Armutslebenslagen von Kindern bearbeiten. Gemeinsam ist den interviewten Expert:innen aber, dass sie mit ihren Arbeiten Beiträge liefern für die Auseinandersetzung in den Studien- und Arbeitsbereichen der Sozialen Arbeit, der Kindheits- und der Schulpädagogik – Beiträge, von denen wir denken, dass sie Auseinandersetzungs-, Reflexions- und Erkenntnisprozesse in Gang setzen können, mit denen die *Sensibilität* für die Komplexität und Vielschichtigkeit des Themas Kinderarmut erhöht und das *Verstehen* der Lebenslagen und -weisen der betroffenen Kinder und ihrer Familien gefördert werden können. Insofern ist die Bildung einer armutssensiblen Haltung in gewissem Maß auch immer Bewusstseinsbildung – sie fordert auf zur kritischen Auseinandersetzung mit Gesellschaft, gesellschaftlichen Strukturen, sozialer Ungleichheit und sozialer Gerechtigkeit; und letztlich auch dazu, über das Verstehen zu einer Positionierung zu kommen. Denn Armutsbekämpfung im Sinne der Verbesserung der Lebenslagen oder der Lebenswirklichkeit der betroffenen Kinder und ihrer Familien wird begünstigt durch eine advokatorische und/oder solidarische Haltung der Forschenden, der Theoretiker:innen und der Praktiker:innen, nicht im Sinne einer moralischen Kraft, die es aus ihrem Verstehen heraus paternalistisch besser weiß, sondern die es ermöglicht, dass die Menschen, die in Armutslagen leben, selbst die Lösungen beurteilen, mit denen ihre Situation beziehungsweise ihre Misere verändert werden soll (Rahn 2020: 189). Heinz Sünker argumentiert, dass eine Soziale Arbeit, die sich als Bildungsarbeit begreift, „sowohl mit Individuen als auch an gesellschaftlichen Strukturen arbeitet, um Demokratie zu befördern, gesellschaftliche Ungleichheit zu überwinden und individuelle Bewusstseins- und Handlungsfähigkeit zu unterstützen" (2012: 264). Um solch eine Perspektive für die Bekämpfung der Kinderarmut zu realisieren, bedarf es neben anderem und nicht zuletzt einer armutssensiblen Qualifizierung der Hilfesysteme (Lutz 2007: 185). Gemeint sind damit Kindertageseinrichtungen, Schulen, Angebote der Kinder- und Jugendhilfe und andere – und dort nicht nur die beruflichen Akteur:innen, die konkret oder direkt mit Kindern und Familien arbeiten, sondern auch Leitungskräfte, Verantwortliche in Träger:innenstrukturen, letztlich die gesamte Organisation. Sie sind Teil einer sozialen Infrastruktur, die adäquat ausgebaut und finanziert, neben Transferleistungen, maßgeblich Ermöglichungsräume bieten könnte, die Kinder ein Aufwachsen im Well-being eröffnen könnten. Das ist sehr optimistisch formuliert, denn eigentlich stellen sich hier viele Fragen, beispielsweise die nach der Mittelschichtsorientierung des Schulsystems oder nach dem Normalisierungsdruck in der Kinder- und Jugendhilfe. Das sind zwei Beispiele, an denen zu zeigen wäre, dass im pädagogischen Handeln schnell Situationen entstehen werden, die Widersprüche offenbaren und die konflikthaft sind.

Studentische Mitarbeit und Perspektive

Die Besonderheit dieses Lehrbuchs ist, dass es in Zusammenarbeit mit Studierenden entstanden ist. Im Sommersemester 2021 und im Wintersemester 2021/2022 haben wir eine Lehrveranstaltung zum Thema Kinderarmut für Studierende im Bachelorstudiengang Soziale Arbeit an der Hochschule für Wirtschaft und Gesellschaft Ludwigshafen angeboten. Unter dem Titel *Kinderarmut bekämpfen?! Meet the Expert* haben die Studierenden, begleitet von uns Lehrenden, neben einer inhaltlichen Bearbeitung des Themas Kinderarmut wissenschaftliche Expert:innen für die Interviews ausgewählt und angefragt, Interviewfragen erarbeitet sowie die Interviews durchgeführt, bearbeitet und mit einem einführenden Text versehen, der zum einen inhaltlich in das Interview einführt und zum anderen die interviewte Person vorstellt.

Dabei wurden die ersten und letzten Fragen im Interview allen Interviewpartner:innen in ähnlicher Weise inhaltlich übereinstimmend gestellt. Ein mittlerer Frageblock ist auf die spezifische inhaltliche Auseinandersetzung der jeweiligen interviewten Person ausgerichtet. Auf diese Art und Weise – und weil in den Interviewfragen die studentische Sichtweise zum Ausdruck kommt – sind Interviews entstanden, die in besonderer Weise das studentische Interesse am Thema und an ihren Interviewpartner:innen dokumentieren – und die daher als Lektüre sicherlich besonders interessant für andere Studierende sozialer und pädagogischer Studienrichtungen sind.

Die meisten Interviews wurden im Juni 2021 geführt, mitten in der Corona-Pandemie, zu einer Zeit, in der noch kaum jemand geimpft war. Die Lehrveranstaltung fand notgedrungen im digitalen Raum statt, und auch die Interviews wurden nicht in physischer Präsenz geführt: ein Teil von ihnen wurde digital realisiert, ein Teil fand telefonisch statt, ein Teil per E-Mail – ganz nach Wunsch der Interviewpartner:innen.

Aufbau des Buches

Im ersten Beitrag des Buches geht *Peter Rahn* auf einige Facetten des Phänomens Kinderarmut ein und gibt einen einführenden Einblick in den Stand der (sozial-)pädagogischen Kinderarmutsforschung beziehungsweise des Kinderarmutsdiskurses in Deutschland. Neben der Analyse, wie Kinderarmut betrachtet werden und welche Folgen sie haben kann, geht es darum, was gegen sie unternommen werden muss. Dabei geht es eher beiläufig und kursorisch um pädagogische Interventionen, dafür stärker um Fragen der Kindergrundsicherung und sozialen Infrastruktur sowie um die armutssensible Qualifizierung des Hilfesystems.

Es folgen die Beiträge, in denen Studierende Expert:innen aus dem wissenschaftlichen Diskurs zu Fragen der Kinderarmut interviewen. Die Interviews sind jeweils mit einem einleitenden Text versehen, in dem die Studierenden ihre Motivation für die thematische Auseinandersetzung schildern, mit dem aber vor allem das Interview inhaltlich vorbereitet wird und der gleichzeitig einen Einblick in die berufliche Biografie der interviewten Wissenschaftler:innen bietet. Am Ende jedes Beitrags finden sich noch Literaturtipps zur Vertiefung der im Interview angesprochenen Aspekte und ein Verweis auf die Literatur, auf die im einleitenden Text und dem Interview hingewiesen oder die dort zitiert wird.

Im Einzelnen finden sich in diesem Buch acht Interviews, in welchen sich die Expert:innen zunächst mit der Frage konfrontiert sehen, welche persönliche Motivation sie hatten, sich dem Thema Kinderarmut zuzuwenden. Ansonsten werden in den Interviews unterschiedliche Schwerpunkte deutlich:

Karl August Chassé macht sehr anschaulich deutlich, was Kinderarmut ist – theoretisch wie praktisch und unter Einbezug von vielfältigen Forschungsergebnissen –, und entwickelt daraus politische Forderungen und fachliche Perspektiven. Wenn er am Ende des Interviews davon spricht, dass es um „Schritte zur Milderung von Armut" geht, wird deutlich, dass Kinderarmutsbekämpfung eine anspruchsvolle und schwierige Aufgabe in unserer Gesellschaft darstellt. Chassé fordert schließlich nicht nur mehr Forschung, sondern von der Kinderarmutsforschung, dass sie sich stärker den Interessen der Kinder widmet, und von den großen Survey-Studien (wie PISA oder World-Vision), die mit Schichtenmodellen arbeiten, dass sie einen relativen Armutsbegriff in ihr Konzept integrieren.

Carolin Butterwegge geht im Interview auf Kinder einer sehr heterogenen Gruppe ein: Kinder mit Migrationshintergrund. Obwohl in der Literatur oftmals die etwas fragwürdige Formulierung zu finden ist, dass der Migrationshintergrund einen Armutsrisikofaktor darstellt, konstatiert Butterwegge der Kinderarmutsforschung in der Auseinandersetzung mit dieser Gruppe oder besser mit diesen Gruppen einen blinden Fleck. Sie geht im Interview auf einige wichtige Fragen wie verdeckte Armut, Flüchtlinge, Aufenthaltsverfestigung, die Bedeutung der Sprache, institutionelle Diskriminierung und weiteres ein, die deutlich machen, warum es notwendig ist, die Zusammenhänge von Armut und Migration intensiver zu bearbeiten und zu erforschen.

Sabine Andresen betont im Interview die Frage der Gerechtigkeit und die Hoffnung, dass sie mit ihrer Wissenschaft etwas an der Armutsbekämpfungspolitik ändern kann. Sie geht vor allem auf das Konzept des Child Well-being ein, und stellt in der Konsequenz die Forderung, dass die Kinderarmutsforschung Kinder stärker als Subjekte wahrnehmen sollte, deswegen an ihrem Bild von Kind arbeiten müsse und sie davon profitieren könnte, stärker an Erkenntnissen der Kindheitsforschung anzuknüpfen.

Michael Klundt spricht im Interview besonders stark die gesellschaftliche Ebene des Armutsphänomens an und geht auf Fragen von Gleichheit und Gerechtigkeit in der kapitalistischen Klassengesellschaft ein. Neben anderen Vorschlägen zu Bekämpfung von Kinderarmut hält er eine Repolitisierung der Kinderarmutsforschung für notwendig. Zudem setzt er sich kritisch mit der Rolle der Bertelsmann Stiftung in der Kinderarmutsforschung auseinander.

Kirsten Fuchs-Rechlin plädiert dafür, dass unterschiedliche Zugänge im Diskurs zum Thema Kinderarmut sichtbar bleiben sollten und macht deutlich, dass sie sich dem Thema über die Frage der Bildungsungleichheit nähert. Sie setzt sich mit der Frage auseinander, wann Kitas kompensatorisch auf Folgen sozialer Ungleichheit wirken und wann sie sie verstärken. Sie thematisiert dabei ebenso die Kitaqualität als auch den Professionalisierungsgrad des Kitateams – geht aber auch auf Segregationseffekte durch die Trägerschaft von Kitas ein.

Gerda Holz hat die in Deutschland einzig vorliegende Längsschnittstudie zur Kinderarmut konzipiert und viele Jahre lang geleitet. Sie berichtet im Interview von den theoretischen Grundannahmen der Untersuchung und gibt viele Beispiele von dem, was arm sein bedeutet und wie sich Begrenzungen durch Armut auswirken. Ihr Interesse an Theorie-Praxis-Transfers hat aber auch dazu geführt, dass das Konzept der *Präventionskette gegen Kinderarmut* entwickelt wurde. Sie stellt das Konzept in seinen unterschiedlichen Varianten vor und beschreibt Vor- und Nachteile. Ähnlich wie Chassé plädiert Gerda Holz dafür, in den „großen Bevölkerungserhebungen" die Armutsthematik zu berücksichtigen. Zudem beschreibt sie die Notwendigkeit von Langzeitstudien, unter anderem, um die Bedeutung der Armutsprävention empirisch in den Blick nehmen zu können.

Margherita Zander macht sich seit langem für die Resilienzperspektive in der Kinderarmutsprävention stark. Entsprechend geht sie in ihren Ausführungen darauf ein, was Resilienz ist und welche Bedeutung sie haben kann. Sie schildert ausführlich, wie Kinder entsprechend gefördert werden können. Sie merkt aber skeptisch an, dass Soziale Arbeit wohl kaum mehr leisten kann als Sekundärprävention – was nicht gering zu schätzen ist. Soziale Arbeit bekämpft damit Armutsfolgen, da Armut aber ein gesellschaftliches Problem darstellt, muss sie politisch bekämpft werden. Mit der Politisierung der Sozialen Arbeit sei es aber nicht gut bestellt; trotz Verlautbarungen von Fachverbänden und in Publikationen, die eine „politisch positionierte Praxis" fordern.

Nadia Kutscher thematisiert in dem mit ihr geführten Interview Kinderarmut beziehungsweise soziale Ungleichheit in Bezug zu Fragen der Digitalisierung. Sie macht deutlich, welchen Stellenwert auch in dem Bereich der digitalen Medien die Familie als Sozialisationsinstanz hat und wie bedeutend es wäre, Eltern in ihren Medienkompetenzen zu stärken. Allein Kindern und Jugendlichen Medienkompetenz zu vermitteln, reicht nicht aus. Die Kinder- und Jugendhilfe und insbesondere die Kitas haben das Potenzial, gerade hinsichtlich digitaler Medien und bezogen auf Kinderarmut kompensatorisch zu wirken. Das setzt aber voraus, dass zum einen die Fachkräfte einen reflexiven Umgang mit dem Thema pflegen und es zum anderen auch einen Ausdruck in den institutionellen Strukturen findet.

Im letzten Beitrag des Buches diskutiert *Sabine Zimmermann* vergleichend die zentralen Überlegungen und die wichtigsten Positionierungen und Perspektiven, die in den Interviews zur Sprache kommen. Bezüglich der Analyse von Kinderarmut und den möglichen Lösungsstrategien reflektiert sie dabei politisch-gesellschaftliche, sozioökonomische, pädagogische und individuelle (diese letzte nur bezogen auf die Analyse) Perspektiven und Antworten. Zudem arbeitet sie daraus entstehende Fragestellungen für die Kinderarmutsforschung sowie für die politische, soziale und pädagogische Praxis pointiert heraus und endet mit der Aufforderung, in sozialen Zusammenhängen zu denken und der Ermunterung zur politischen Einmischung.

Ein kleiner Hinweis zum Vorgehen

Bei manchen Interviews wird den Leser:innen dieses Buches auffallen, dass so, wie im Buch wiedergegeben, wohl meist nicht gesprochen wird. Dies liegt zum einen daran, dass wir bemüht waren, dieses Buch in gendergerechter Sprache zu veröffentlichen. Auch anderes, wie zum Beispiel eingeklammerte Begriffe oder Literaturhinweise wurden zum anderen erst in der verschriftlichten Form realisiert – zum Teil von den Studierenden, zum Teil von den Interviewten. Alle Interviewten konnten ihre jeweiligen Interviews überarbeiten und haben schließlich die Veröffentlichung autorisiert.

Literatur

Butterwegge, Christoph (2022): Infektion, Invasion, Inflation: Die Armen im Ausnahmezustand. In: Blätter für deutsche und internationale Politik 9/22, S. 73–79.

Lutz, Ronald (2007): Wege aus der Kinderarmut. Die Bedeutung sozialräumlicher Vernetzung. In: Deutsches Kinderhilfswerk e.V. (Hrsg.): Kinderreport Deutschland 2007. Freiburg: Velber, S. 185–203.

Lutz, Ronald/Steinhaußen, Jan/Kniffki, Johannes (Hrsg.) (2021): Corona, Gesellschaft und Soziale Arbeit. Neue Perspektiven und Pfade. Weinheim, Basel: Beltz Juventa.

Paritätischer Gesamtverband (2023): Zwischen Pandemie und Inflation. Der Paritätische Armutsbericht 2022. Akt. 2. Aufl. Berlin: Parität.

Rahn, Peter (2020): Kinderarmut und die Perspektive der Kinder. In: Rahn, Peter/Chassé, Karl-August (Hrsg.): Handbuch Kinderarmut. Opladen & Toronto: Barbara Budrich, S. 188–196.

Rahn, Peter/Chassé, Karl August (2020): Kinderarmut – Einleitende Überlegungen zu diesem Buch. In: Rahn, Peter/Chassé, Karl-August (Hrsg.): Handbuch Kinderarmut. Opladen & Toronto: Barbara Budrich, S. 9–26.

Sünker, Heinz (2012): Soziale Arbeit und Bildung. In: Thole, Werner (Hrsg.): Grundriss Soziale Arbeit. 4. Aufl. Wiesbaden: VS Verlag, S. 249–266.

Peter Rahn

Kinderarmut in Deutschland
Einführung in wichtige Aspekte des Diskurses

In diesem Beitrag geht es im Sinne einer *Einführung in das Thema Kinderarmut* darum, einige wichtige Aspekte des Phänomens Kinderarmut sowie der Kinderarmutsbekämpfung und -prävention in den Blick zu nehmen und zu diskutieren. So wird in dem Beitrag Kinderarmut als relative Armut thematisiert, gleichzeitig aber auch argumentiert, dass es die Komplexität von Kinderarmut notwendig macht, sie differenziert zu betrachten, und dass dafür Lebenslagenansätze hilfreich sind. Anschließend wird die Frage der Armutsmessung thematisiert und das Ausmaß von Kinderarmut in Deutschland dargestellt. Nachdem auf die Folgen von Kinderarmut eingegangen wird, geht es darum, zu erörtern, was gegen Kinderarmut getan werden kann. Nach einer überblickshaften Darstellung pädagogischer Ansätze werden die Themen Kindergrundsicherung und soziale Infrastruktur diskutiert. Abgeschlossen wird die Auseinandersetzung mit Überlegungen zur armutssensiblen Qualifizierung des Hilfesystems. Damit wird einerseits ein Einblick in den Diskurs zur Kinderarmut in Deutschland gegeben und die Komplexität des Themas verdeutlicht. Außerdem soll andererseits dazu angeregt werden, sich mit einzelnen Themen intensiver auseinanderzusetzen.

Auch wenn es in sozialen und pädagogischen Handlungsfeldern häufig darum geht, mit Kindern zu arbeiten, die in Armutslagen aufwachsen, um mit einem entsprechenden Bildungsangebot[1] auf die Folgen der finanziellen Mangellage einzugehen und Kinder darin zu unterstützen, handlungsfähig zu sein, reicht das allein aus Sicht der Kinderarmutsforschung nicht aus. In sozial-, kindheits- oder schulpädagogischen Kontexten ist es vielmehr notwendig, gesellschaftspolitische und sozioökonomische Bedingungen des Aufwachsens und Lebens mitzudenken, sie zu analysieren, sowie sie konzeptionell und praktisch zu berücksichtigen, um mit den Angeboten nicht nur einzelne Kinder zu unterstützen, sondern auch um eine Verbesserung ihrer Lebensverhältnisse mit anzustoßen und herbeiführen zu können.

---

1 Mir ist wichtig zu betonen, dass es hier nicht nur um Bildung im Sinne von Schulbildung und den Erwerb von Bildungszertifikaten geht. Ihre Bedeutung für Teilhabechancen an der Gesellschaft ist zwar unbestritten. Mir geht es aber um einen Bildungsbegriff oder ein Bildungsverständnis, bei dem es um die Entfaltung der ganzen Persönlichkeit, um Bewusstseinsbildung, Zusammenhangsdenken et cetera geht, mit dem im Kern ein emanzipatorisches Interesse verfolgt wird (ausführlicher siehe Rahn 2017).

Kinder- und Familienarmut als relative Armut

Wenn wir in Deutschland von Kinder- und Familienarmut sprechen, dann sprechen wir in der Regel von *relativer Armut* und beziehen uns entweder auf die sozialstaatlich definierte Armutsgrenze des soziokulturellen Existenzminimums und entsprechendem Sozialleistungsbezug nach dem Sozialgesetzbuch (SGB II oder SGB XII) oder auf das Konzept der relativen Einkommensarmut (Gerull 2020: 30f.). Letzteres geht zurück auf eine Definition des Rates der Europäischen Gemeinschaft von 1984 und findet unter anderem Verwendung in den Armuts- und Reichtumsberichten der Bundesregierung. Danach gelten Personen als arm, „die über so geringe (materielle, kulturelle und soziale) Mittel verfügen, dass sie von der Lebensweise ausgeschlossen sind, die in dem Mitgliedsstaat, in dem sie leben, als Minimum annehmbar ist" (ebd.: 31). Der Anteil der Haushalte, deren Nettoäquivalenzeinkommen weniger als 60 Prozent des Median-Einkommens aller Haushalte beträgt, wird als *Armutsrisikoquote* verstanden (Garbuszus u. a. 2018: 77) – die 60-Prozent-Grenze wird *Armutsschwelle* genannt. Diese lediglich an materiellen Ressourcen orientierte Betrachtungsweise stellt zwar auch in der Kinderarmutsforschung den Ausgangspunkt dar; allerdings wird hier die gesamte Lebenslage der Kinder in den Blick genommen und davon ausgegangen, dass es mit dem finanziellen Mangel einhergehend in allen Lebensbereichen zu sozialer Deprivation oder Benachteiligung kommen kann, die das Leben und vor allem das Wohlergehen respektive -befinden der Kinder nachhaltig, gegenwärtig, aber auch zukünftig negativ beeinträchtigen und belasten kann. Insbesondere Karl August Chassé u. a. (2010) und die AWO-ISS-Langzeitstudie (Volf u. a. 2019) haben in ihren Studien Lebenslagenmodelle empirisch angewandt und so wichtige Beiträge zu einer Theorie der Kinderarmut beigesteuert (vgl. Lutz 2004; vgl. Chassé 2020). Gerda Holz (2019: 5) weist mit Bezug auf die AWO-ISS-Studie zudem darauf hin, dass ein kindgerechter Armutsbegriff vom Kind ausgehen und die Lebenssituation der Kinder, anstehende Entwicklungen und die subjektive Wahrnehmung berücksichtigen muss. Insbesondere der letztgenannte Aspekt wird in den letzten Jahren verstärkt angemahnt, da unter einem subjektorientierten Blick Kinder als Expert:innen ihrer Lebenswelt verstanden werden, als Akteur:innen, die auch an der Gestaltung ihres Lebens aktiv mitarbeiten (vgl. Laubstein u. a. 2016: 22). Eine konsequentere Einbeziehung der Sichtweisen der Kinder insbesondere in die Forschung verspricht nicht nur das differenziertere Verstehen des Phänomens Kinderarmut, sondern ermöglicht auch, Ansätze ihrer Bekämpfung zu entwerfen, welche die Interessen und Bedürfnisse betroffener Kinder zentral fokussieren und berücksichtigen (vgl. Rahn 2020: 193f.). Margherita Zander (2007: 45 u. 49) würdigt die Sichtweise auf Kinder als Konstrukteur:innen ihres Lebens und ihre Einbeziehung in Forschung als Subjekte, angestoßen durch die neuere Kindheitsforschung, die UN-Kinderrechtskonvention und die Sozialberichterstattung, gar als Paradigmenwechsel.

Nichtsdestotrotz sind Kinder arm, weil sie in der Regel in armen Familien aufwachsen. Es wäre auch ein Ansatz der Bekämpfung von Kinderarmut, unabhängig von der Familienform, die Unterversorgung armer Familien zu beenden, beispielsweise durch die Erhöhung von Transferleistungen, einer sozial ausgleichenderen Steuer- und einer generell gerechteren Familienpolitik (Butterwegge/Butterwegge 2021: 255–258), aber auch durch das Angebot einer sozialen Infrastruktur, die den Erwachsenen Beratung, Bildung und andere Unterstützung vielfältigster Art zur Verfügung stellt.

Insofern muss die Beschäftigung mit Kinderarmut immer beide Aspekte verschränken: (1) Kinder bedürfen einer eigenen Berücksichtigung, weil Armut sie in ihrem Aufwachsen betrifft, sie gegenüber anderen Kindern in der Gegenwart benachteiligt sind, ihre Teilhabechancen an Gesellschaft durch Armut stark eingeschränkt werden und Armut auch drastische Folgen für ihre Zukunft haben kann. Zudem entwickeln Kinder eine eigene Sicht auf ihre Lebenssituation und ein eigenes Verständnis von ihr. Chassé u. a. (2010: 58ff.) konnten mit ihrer Studie zeigen, dass sich kindliche und elterliche Armut kategorial unterscheiden lassen, beispielsweise im Umgang mit oder in der subjektiven Relevanz von Armut. Unabhängig davon muss festgestellt werden, dass die Sozialisation von Kindern durch Armut in spezifischer Weise stark tangiert wird und daher eigenständiger Unterstützung sowohl durch soziale und pädagogische Institutionen als auch durch monetäre Unterstützung bedarf. Dies trifft vor allem auf Kinder zu, die durch die Armutssituation psychisch und physisch belastet sind. Insbesondere die psychischen Belastungen (z. B. Beeinträchtigung des Selbstwertgefühls) bleiben auch nach dem Ende einer Armutsperiode meist noch länger bestehen (Walper 2005: 187). (2) Gleichzeitig kann erwartet werden, dass dort, wo Verbesserungen bei den Kindern festgestellt werden können, die Nachhaltigkeit der Unterstützung aber infrage zu stellen ist, wenn sich die Lebenslage der ganzen Familie nicht verbessert, wenn also beispielsweise der Stresslevel, den das Leben in Armut mit sich bringt, nicht gesenkt werden kann, wenn sich die Lebensumstände für die Eltern nicht so verändern, dass ihre Erschöpfung abnehmen kann, wenn sich die Wohnsituation nicht verbessern lässt et cetera. Hätten Erwachsene in unserer reichen Gesellschaft *armutsfeste Lebensbedingungen*, dann hätten alle Kinder bessere Start- und Teilhabechancen. Die soziale Ungleichheit in unserer Gesellschaft wäre damit immerhin etwas relativiert.

Kinderarmut ist also ein sehr facettenreiches Phänomen, dessen Bestimmung gesellschaftlich aber nicht in erster Linie über all diese Facetten in den Blick genommen wird, sondern meist nur über das Familieneinkommen. Grund genug, sich die finanzielle Mangellage gut anzuschauen. Zunächst aber werde ich im nächsten Kapitel etwas genauer auf die in der Kinderarmutsforschung gängigen Lebenslagenansätze eingehen, weil sich hier zeigt, wie vielfältig die Auswirkungen von Armut sein können und wie umfassend das Leben der Kinder davon tangiert ist. Um Kinderarmut und arme Kinder besser zu verstehen, ist die Auseinandersetzung damit insbesondere für Menschen wichtig, die in sozialen und pädagogischen Berufen tätig sind.

Lebenslagenansätze in der Kinderarmutsforschung

Mit der AWO-ISS-Studie als bisher einziger deutscher Längsschnittstudie, die sich explizit mit Kinderarmut auseinandersetzt sowie der Untersuchung von Karl August Chassé, Margherita Zander und Konstanze Rasch wurden Anfang der 2000er-Jahre in Deutschland erstmals Lebenslagenansätze in der beginnenden Kinderarmutsforschung zur Grundlage der Betrachtungsweise von Kinderarmut gemacht. Sie spielen vor allem deswegen eine wichtige Rolle, da sie über die materielle Frage hinausgehend ein erweitertes multidimensionales und auf Kinder bezogenes Armutsverständnis bieten. Zwar wachsen Kinder in einkommensarmen Familien auf und sind deswegen arm, aber sie sind in ihrem Aufwachsen direkt davon betroffen, müssen mit dem Mangel, den sozialen Benachteiligungen und den psychosozialen Folgen der Armutslage umgehen. Sie sind Akteur:innen, die die Situation bewältigen müssen, um in ihrem Alltag handlungsfähig zu bleiben oder es wieder zu werden. Mit Lebenslagenkonzepten können die Dimensionen der Benachteiligung differenziert in den Blick genommen werden. Darüber hinaus ermöglichen sie auch, die Bewältigungsanstrengungen der Kinder zu rekonstruieren.

In der AWO-ISS-Studie werden neben der materiellen Situation des Haushalts (familiäre Armut) vier Lebenslagendimensionen des Kindes differenziert:

- die *materielle* Versorgung des Kindes, bei der die Grundversorgung unter anderem in den Bereichen Wohnen, Nahrung und Kleidung analysiert wird,
- die *kulturelle* Versorgung, bei der Bildungsfragen eine Rolle spielen und die unter anderem über das Arbeits-, Spiel-, und Sprachverhalten eingeschätzt wird,
- die *soziale* Dimension, bei der die soziale Integration unter anderem über Kontakte und soziale Kompetenzen betrachtet wird und schließlich
- die *psychische und physische Lage*, also die *gesundheitliche* Dimension, bei der der Gesundheitszustand und die körperliche Entwicklung in den Blick genommen werden. (Holz 2008: 72f.)

Auf dieser Grundlage werden in dieser Studie drei Lebenslagentypen herausgearbeitet; das *Wohlergehen*, bei dem trotz materiellem Mangel keine Auffälligkeiten in zentralen Lebenslagendimensionen zu bemerken sind, die *Benachteiligung,* bei der Auffälligkeiten in wenigen Bereichen festgestellt werden sowie der der *multiplen Deprivation*, bei der Auffälligkeiten in allen zentralen Lebens- und Entwicklungsbereichen deutlich werden. Können Auffälligkeiten festgestellt werden, bedeutet das, dass dem Kind notwendige Ressourcen für die eigene weitere Entwicklung fehlen (Holz u. a. 2006: 46ff., Holz 2008: 74). Im Sinne der Resilienz schützen vor allem soziale Ressourcen, wie elterliche Unterstützung, schulisches Wohlbefinden, ein soziales Netzwerk von Freund:innen und Verwandten sowie Familien- und Freizeitaktivitäten vor armutsbedingten Belastungen (Holz u. a. 2006: 207). Insbesondere gemeinsame

Familienaktivitäten scheinen geeignet, armutsbedingten Belastungen bei Kindern entgegenzuwirken. Allerdings wird auch festgestellt, dass gerade Familien von multipel deprivierten Kindern nicht in der Lage sind, dies alles zu leisten und so einen Ausgleich zu den Belastungen zu schaffen (ebd.: V). Die Eltern sind selbst stark belastet, entsprechend oftmals entsprechend erschöpft (vgl. Lutz 2012) und in der Folge überfordert, auch eigenen Ansprüchen an die Unterstützung ihrer Kinder gerecht zu werden. Die AWO-ISS-Studie arbeitet ein differenziertes Bild kindlicher Armutslagen und kindlichen Bewältigungshandelns heraus. Ronald Lutz würdigt die Anlage und die Erkenntnisse entsprechend: „Mit einem dermaßen kindgerechten Armutsbegriff, der sich an der sozialisatorischen Ausstattung mit Kapital im Sinne Bourdieus orientiert und sich zugleich als Prozess allmählicher Ausgrenzung und Benachteiligung versteht, kann Armut als eine zunehmende Beschränkung von Autonomie und als eine Minderung von Lebensoptionen begriffen werden, die massive Auswirkungen im weiteren Lebensverlauf haben kann" (Lutz 2004: 45).

Chassé u. a. (2010) legen ihrer Untersuchung eine etwas andere lebenslagentheoretische Betrachtung zugrunde, die etwas komplexer, aber auch schwerer operationalisierbar ist. Sie folgen einer Tradition in der Theorie der Sozialpolitik, in welcher der Begriff der Lebenslage im Sinne der Verbesserung der Lebensverhältnisse emanzipatorisch verstanden wird und übertragen das sozialpolitische Spielraumkonzept Ingeborg Nahnsens auf die Lebenssituation von Kindern. „Der Begriff der Lebenslage verweist auf die Zwischenstruktur zwischen subjektivem Verhalten und objektiven sozialen Verhältnissen" (Böhnisch 1993: 90). Die Verhältnisse bilden den sozialstrukturellen Hintergrund, vor dem die Subjekte handeln können und müssen (ebd.). Die Dimensionen des Spielraumkonzeptes werden von Chassé u. a. aus der Perspektive von Kindern betrachtet, womit unter anderem deutlich gemacht werden kann, inwiefern Konvergenz und Divergenz zu der Ausgestaltung der Spielräume durch die Eltern besteht (ebd.: 58ff.). Im Kern geht es Nahnsen darum, „nach den Bedingungen zu fragen, unter denen Interessen überhaupt ins Bewusstsein gehoben und befriedigt werden können" (Chassé 2020: 39). Entsprechend thematisieren sie sozialpolitische Möglichkeiten, Bewältigungsstrategien der Kinder und Unterschiede in den Betrachtungsweisen von Kindern und Eltern auf der Folie der fünf von Nahnsen entwickelten Dimensionen, die sie für die Lebenssituation von Kindern folgendermaßen nutzbar gemacht haben:

- der *Versorgungs- und Einkommensspielraum* thematisiert die innerfamiliäre Ressourcenaufteilung mit Blick auf Ernährung, Kleidung und Wohnen genauso wie das für Kinder verfügbare Geld (Taschengeld) und deren Wahrnehmung des familiären Einkommensspielraums,
- mit dem *Lern- und Erfahrungsspielraum* werden Qualität und Struktur der Aneignungsmöglichkeiten in den Blick genommen,
- der *Kontakt- und Kooperationsspielraum* fragt danach, wie die materiellen Rahmenbedingungen die soziale Integration der Kinder beeinflussen,

- mit dem *Regenerations- und Mußespielraum* werden Spiel-, Regenerations-, Entspannungs- und Ruhemöglichkeiten in Familie, Wohnumfeld und im Zugang zu sozialer Infrastruktur erfragt,
- der *Dispositions- und Entscheidungsspielraum* stellt die Frage, inwieweit die Kinder ihre eigenen Interessen verfolgen können, also die Frage nach der Autonomie der Kinder und deren Partizipations- und Gestaltungsmöglichkeiten. (Chassé u. a. 2010: 59–63)

Während die strukturellen Bedingungen in der Studie als Realisierungschancen verstanden werden, werden die rekonstruierten Bewältigungschancen als Versuche der Kinder verstanden, Autonomie zu erhalten oder wiederherzustellen. Es wird herausgearbeitet, dass arme Kinder in den meisten Lebenslagenbereichen Unterversorgung benennen, insbesondere bezogen auf Wohnung und Kleidung, den Freizeitbereich und Freundschaften. Außerdem wird festgestellt, dass elterliche und kindliche Armut sich kategorial unterscheiden, insbesondere im Umgang mit Armut oder in der subjektiven Relevanz (ebd.). Die elterlichen und kindlichen Lebenslagen als solche können sich beispielsweise sehr unterscheiden, wenn die Kinder über ein Netzwerk verfügen, das sowohl ihre Benachteiligungen als auch elterliche Funktionen ausgleichen kann, gleichzeitig aber eine gute Eltern-Kind-Beziehung besteht und die Kinder mit den Eltern gut über Probleme und ihre Bewältigung kommunizieren können (ebd.: 253).

Wohlgemerkt können Lebenslagendimensionen erst dann für Armut analytisch in den Blick genommen werden, wenn im finanziellen Bereich von Armut gesprochen werden kann. Denn wie die AWO-ISS-Studie gezeigt hat, können auch Kinder, die nicht in einer Armutslage, also in einem Familieneinkommensbereich oberhalb der Armutsschwelle, aufwachsen, Deprivation in einzelnen Lebenslagendimensionen aufweisen. Es erscheint insofern folgerichtig, die Lebenslage Armut unter verschiedenen Dimensionen zu fokussieren. Ronald Lutz (2004) sieht in ihnen letztlich die Grundlage und den wichtigen Beitrag für eine Theorie der Kinderarmut.

Aber Lebenslagenansätze werden auch kritisiert, da zum einen die theoretische Begründung für die ausgewählten Dimensionen fehlt und es zum anderen herausfordernd ist, zu begründen, wie viele Lebensbereiche als unterversorgt gelten müssen, damit von Armut gesprochen werden kann (Dittmann/Goebel 2018: 27). Das letzte Argument gilt bezogen auf die betrachteten Kinderarmutsstudien nicht, da sie den monetären Mangel als zentrale Kategorie setzen und auf dieser Grundlage untersuchen, wie stark die Lebenslagendimensionen Einschränkungen aufweisen oder nicht. Lutz (2004: 44) kritisiert am Spielraumansatz von Chassé u. a., dass dort Anstöße der Frauenforschung, eine geschlechtsspezifische Erweiterung der Spielräume in Richtung eines Sozialbindungsspielraum, eines Geschlechtsrollenspielraums und eines Schutz- und Selbstbestimmungsraums nicht aufgegriffen werden. Er betont aber auch, dass das Lebenslagenmodell für eine integrierte Sozialraumplanung „ein fruchtbarer Ausgangspunkt planerischer Prozesse" (Lutz 2007: 200) sein kann. Chassé (2020: 45) weist zudem darauf hin, dass das im Fordismus entwickelte emanzipatorische Konzept zur Erweiterung von Handlungsspielräumen für arme Kinder sehr ambivalent sein kann, da sie sich heute mit meritokratischer Bildung und der Aufforderung zu Selbstverantwortung und Selbstoptimierung konfrontiert sehen. Nichtsdestotrotz sieht er einen großen Bedarf an Studien, um Lebenslagen unter heutigen Rahmenbedingungen (z. B. Hartz IV, jetzt zum Bürger:innengeld weiterentwickelt, öffentliche Infrastruktur, Prävention im Sozialraum) zu untersuchen (ebd.).

Für die zukünftige Kinderarmutsforschung wird dabei interessant sein, wie die Lebenslagenansätze weiterentwickelt werden und wie insbesondere andere theoretische Konzepte integriert werden, wie das Child Well-being, mit dem die Subjektperspektive stark gemacht wird (vgl. Chassé 2020: 42f.) oder die Verwirklichungstheorie (Capabilities Approach), mit der eine normative Perspektive hinsichtlich dessen diskutiert werden kann, was gesellschaftlich zur Verfügung gestellt werden muss, um gelingendes Aufwachsen von Kindern zu ermöglichen (vgl. Ziegler 2020).

Armutsmessung und Armutsschwelle

Sinn und Zweck der Festlegung von Armutsgrenzen ist eine Bestimmung, wer als arm gelten kann und wer nicht. Dabei beruhen alle Bestimmungsversuche[2] auf mehr oder weniger gut begründeten Versuchen, etwas über die Möglichkeiten der Menschen auszusagen, mit ihren Ressourcen adäquat am gesellschaftlichen Leben teilzuhaben, oder wie es Jan Goebel und Peter Krause (2018: 59) beschreiben: „Von relativer Armut wird dann gesprochen, wenn der Lebensstandard oder die Lebensbedingungen eines Menschen zu weit vom durchschnittlichen Lebensstandard oder den durchschnittlichen Lebensbedingungen in einem Land nach unten abweichen." Diese Versuche stellen aber immer nur Annäherungen dar und sind daher im Sinne einer genaueren Erfassung kritisierbar und verbesserungsbedürftig. Sie können nicht objektiv sein, sondern immer nur Ergebnis von Auseinandersetzungen oder Kämpfen, gesellschaftlichen Kompromissen und Übereinstimmungen darüber, welcher Lebensstandard in einer Gesellschaft zur Teilhabe am gesellschaftlichen Leben und zur gesellschaftlichen Integration den Menschen ermöglicht werden muss.

Die in der Europäischen Union geltende Armutsgrenze wurde bereits zu Beginn des Beitrags angesprochen: Haushalte, deren Nettoäquivalenzeinkommen unter 60 Prozent des Median-Einkommens aller Haushalte liegt, sind von Armut betroffen[3]. Genauer wird diese Grenze als Maß für die Armutsrisikoquote verstanden. Zwei Be-

---

2 Überblicke über entsprechende Modelle der Armutsmessung finden sich beispielsweise bei Goebel/Krause (2018) und für Kinder bei Gerull (2020).
3 In der Armuts- und Verteilungsforschung wird mit unterschiedlichen Anteilswerten Armut stärker differenziert: Bei einem Wert von 40 Prozent des Medianeinkommens wird von strenger Armut, bei 50 Prozent von Armut, bei 60 Prozent von milder Armut und bei 75 Prozent von Niedrigeinkommen gesprochen (Steffen 2021).

griffe sind in dieser Definition erläuterungsbedürftig, der des Median-Einkommens und der des Nettoäquivalenzeinkommens.

Das *Median-Einkommen* bezeichnet das Einkommen, das genau in der Mitte aller Nettoeinkommen liegt. 50 Prozent aller Einkommensbezieher:innen verfügen also höchstens und 50 Prozent mindestens über dieses Einkommen. Im Unterschied zum arithmetischen Mittel, bei dem alle Einkommen addiert und durch die Summe der Einkommensbezieher:innen geteilt werden und dessen Wert stark von sehr hohen und sehr niedrigen Einkommen bestimmt wird, wird das Median-Einkommen durch die untere Hälfte der Einkommensbezieher:innen bestimmt – da die meisten Menschen in Deutschland mittlere oder geringe Einkommen beziehen (Eggen 2006: 168). Interessant ist das Median-Einkommen neben einigen nicht unwesentlichen Nachteilen (ebd.: 170), wie beispielsweise der Tatsache, dass das Vermögen nicht berücksichtigt wird (Chassé 2017: 95), jedoch auch hinsichtlich der Armutsbekämpfung. Durch Einkommensveränderungen und eine entsprechende Einkommenspolitik kann Armut empirisch verschwinden. Eggen zeigt an einem von drei Szenarien der Einkommensentwicklung, dass selbst ohne die sehr hohen Einkommen zu verändern, eine Anhebung der unteren und mittleren Einkommen rein theoretisch dafür sorgen könnte, dass diese Einkommen oberhalb der Armutsschwelle liegen könnten (ebd.: 169f.) und schlussfolgert, dass „wer durch den Schleier des Median blickt", seine Sicht auf die Gesellschaft schärft (ebd.: 170). Denn in einer reichen Gesellschaft ist Armut nicht zwingend notwendig, sondern ein Ergebnis, das vor allem durch gesellschaftliche Strukturen, durch politische Entscheidungen respektive durch politische Regulation mit zu verantworten ist. Die klassische Stellschraube dafür ist die Steuerpolitik. Aber auch Tarifabschlüsse und die Festlegung des Mindestlohns spielen hier eine Rolle. Und schließlich könnte auch die Einführung eines allerdings kontrovers diskutierten bedingungslosen Grundeinkommens[4] zu einer Anhebung der Haushaltseinkommen auf ein Niveau oberhalb der Armutsschwelle führen.

Äquivalenzskalen zu entwickeln ist wichtig, um die Einkommen von Haushalten unterschiedlicher Größe und Familienstruktur miteinander vergleichen zu können. In solch einer Skala erhält jede Person eines Haushalts ein Äquivalenzgewicht. Wird das verfügbare Haushaltseinkommen durch die Summe der Gewichte der Haushaltsmitglieder dividiert, ergibt sich das bedarfsgewichtete Pro-Kopf-Einkommen, das auch *Nettoäquivalenzeinkommen* bezeichnet wird. Üblicherweise wird zur Berechnung des Nettoäquivalenzeinkommens die *modifizierte OECD-Skala* herangezogen. Demnach erhält ein erstes Haushaltsmitglied den Faktor 1,0, jedes weitere Haushaltsmitglied ab

---

4 Einen guten Überblick über das Pro und Contra zum bedingungslosen Grundeinkommen bieten das Buch von Butterwegge und Rinke (2018) und das Pro vertiefend in historischer Perspektive der Band von Kovce und Priddat (2019).

einem Alter von 14 Jahren den Faktor 0,5 und die unter einem Alter von 14 Jahren den Faktor 0,3 (Garbuszus u. a. 2018: 11[5]).

Diese Äquivalenzwerte sind alles andere als unbedeutend; sie haben Einfluss auf die Armutsquote und Wirken sich auf die Berechnung von Bedarfssätzen im Sozialgesetzbuch aus (Goebel/Krause 2018: 59). „Sind die Bedarfsgewichte für weitere Haushaltsmitglieder geringer, zeigt sich eine größere Armutsbetroffenheit von Ein-Personen-Haushalten und eine dementsprechend geringere Betroffenheit bei Haushalten mit (mehreren) Kindern. Analog kehrt sich dieses Ergebnis um, wenn höhere Gewichte für weitere Haushaltsmitglieder […] genutzt werden" (ebd.).

Konkretisiert heißt das für die 60-Prozent-Armutsgrenze: Der Schwellenwert für die Armutsgefährdung in Deutschland lag laut Mikrozensus im Jahr 2020 für alleinlebende Erwachsene bei einem monatlichen Nettoeinkommen von 1.124 Euro und für eine Familie (zwei Erwachsene) mit zwei Kindern unter 14 Jahren bei 2.362 Euro[6] (bpb 2022).

Ausmaß von Kinderarmut

Es muss konstatiert werden, dass die soziale Schere in Deutschland weit geöffnet ist. Die Einkommensungleichheit ist nicht nur sehr groß, sondern neben ihrer ungleichen Verteilung bezüglich Klassen- beziehungsweise Schichtzugehörigkeit und Ethnie sind die Einkommen zusätzlich noch zwischen den Geschlechtern zu Ungunsten von Frauen ungleich verteilt. Zusätzlich zur Einkommensungleichheit muss festgestellt werden, dass Deutschland zu den Industrieländern mit der größten Vermögensungleichheit zählt, was wohl mit dafür sorgt, dass die soziale Mobilität respektive soziale Durchlässigkeit, also der Wechsel in eine andere soziale Schicht, eher abnimmt: Wer arm ist bleibt wahrscheinlich arm und wer reicht ist bleibt reich (vgl. Oxfam 2019). Während

---

5 Garbuszus u. a. (2018) setzen sich differenziert mit der Messmethode und der OECD-Skala auseinander. Ein wichtiger Hinweis ist, dass es sich hier um eine zum Standard gewordene Messkonvention handelt, die weder empirisch noch normativ begründet ist (ebd.: 79). Garbuszus u. a. entwickeln ein neues Messkonzept, welches hier nicht dargestellt wird. Wichtig ist der Befund ihrer Studie, dass das Ausmaß der Armut von Familien mit Kindern eher unterschätzt wird, was vor allem für Ein-Eltern-Familien gilt, da die Messung nach den bisherigen Standards hier zu den größten Verzerrungen führt (ebd.: 19). Auch Becker u. a. (2022) versuchen, ein neues Messkonzept zu entwickeln, mit dem empirisch begründeter und differenzierter als mit der OECD-Skala auf Armut geblickt werden kann. Die Kritik an der OECD-Skala berücksichtigend entwickeln sie ein Modell, das Armut und Reichtum mittels der Kategorien Einkommen, Vermögen und Konsumausgaben analysiert. Becker u. a. kommen zum Schluss, dass die Armuts- und Reichtumsgrenze ähnlich wie unter den Maßgaben der etablierten Verteilungsforschung zu bestimmen ist. Konkret bestimmen sie die Armutsgrenze hinsichtlich des Einkommens mit 65 Prozent des Medianeinkommens.
6 Berechnet nach der OECD-Skala: 1.124 Euro für die eine erwachsene Person im Haushalt, 562 Euro für die zweite erwachsene Person (Faktor 0,5) und je 337 Euro für die Kinder unter 14 Jahren (Faktor 0,3).

der Corona-Pandemie hat in Deutschland die sehr starke Konzentration der Vermögen weiter zugenommen. Die zehn reichsten Personen haben ihr kumuliertes Vermögen seither von circa 144 Milliarden auf etwa 256 Milliarden US-Dollar gesteigert. Demgegenüber erreicht die Armutsquote in Deutschland einen Höchststand (Oxfam 2022, 3). Laut Paritätischem Armutsbericht (Paritätischer Gesamtverband 2023) lag die Armutsquote 2021 in Deutschland bei 16,9 Prozent. 14,1 Millionen Menschen waren von Armut betroffen. Vor dem Beginn der Pandemie waren es 900.000 Menschen weniger. Frauen und Kinder sind zudem überdurchschnittlich betroffen. Die mittlerweile größte Gruppe armer Erwachsener ist die der Working Poor: 33,2 Prozent der armutsbetroffenen Erwachsenen sind erwerbstätig, 24,8 Prozent sind in Rente oder Pension, 21 Prozent sind arbeitslos, 12,4 Prozent sind in Ausbildung und 8,3 Prozent sind nicht erwerbstätig (Paritätischer Gesamtverband 2018).

In den 1990er-Jahren hat Richard Hauser (1997) bereits von der Infantilisierung von Armut gesprochen. Und seit mehr als 20 Jahren wird regelmäßig darauf hingewiesen, dass ungefähr jedes fünfte Kind in Deutschland in Armut aufwächst. Die Quote lag in den Jahren 2005 bis 2020 immer zwischen 18,2 und 20,5 Prozent (WSI 2022). Nach der Pandemie hat sie einen Höchststand von 21,3 Prozent erreicht (Paritätischer Gesamtverband 2023). Besonders gefährdet, in einer Armutslage aufzuwachsen sind Kinder, die in Familien leben, deren Eltern erwerbslos sind, Kinder, die in Ein-Eltern-Familien leben, Kinder mit Migrationshintergrund und Kinder, die mehr als zwei Geschwister haben (Holz 2008: 75). Das Risiko für die Kinder ist umso größer, je jünger sie sind (Paritätischer Gesamtverband 2018. 20).

Zu beachten sind dabei aber auch regionale Disparitäten. Armutsquoten unterscheiden sich nach Regionen, Städten und Stadtteilen erheblich. Dies verweist einerseits auf unterschiedliche regionale, wirtschaftliche und sozialstrukturelle Entwicklungen sowie andererseits auf die soziale Segregation benachteiligter Gruppen (Rahn/Chassé 2020: 12). Die ärmsten Stadtteile, „innenstadtnahe Mischgebiete mit einem großen Altbaubestand, vielfach ehemalige Arbeiterviertel, […], und in Stadtrandlage liegende Großsiedlungen des sozialen Wohnungsbaus der 1960er bis 1980er Jahre" (El-Mafaalani/Strohmeier 2015: 20), die sich unter anderem durch eine defizitäre Infrastruktur, schlechten Wohnwert und besondere Immissionsbelastungen auszeichnen, konzentrieren benachteiligte Menschen räumlich und wirken sich darüber zusätzlich benachteiligend (ebd.: 18f.) auf die dort lebenden Menschen aus.

Die Armutserfahrung der Kinder unterscheidet sich zudem auch in ihrer Dauer. So hat die AWO-ISS-Studie gezeigt, dass über die Hälfte der Kinder, die zum ersten Messzeitpunkt in Armut lebten, auch nach zehn Jahren noch in Armut lebten (Laubstein u. a. 2016). In einer Studie, in die über 3000 Kinder einbezogen waren, konnte Silke Tophoven (2020: 107ff.) zeigen, dass zu fünf Messzeitpunkten innerhalb von acht Jahren 69 Prozent der Kinder in einer relativ *dauerhaft gesicherten* Einkommenslage aufwuchsen. Die anderen Kinder wurden den Armutsmustern *temporär nicht gesichert* (10 Prozent), *prekäre Einkommenslage*, mit zeitweiligen Wechseln in eine Zwischenlage (4 Prozent), *dauerhaftem Leistungsbezug* (6 Prozent) und *dauerhaft nicht gesichert*, also dauerhaft unter der Armutsschwelle lebend (12 Prozent), zugeordnet. Mit einer etwas anderen Blickrichtung beschreibt die Bertelsmann-Stiftung (2016: 5) die Verweildauer der 7- bis unter 15-Jährigen im SGB-II-Bezug im Jahr 2015 derart, dass um die 20 Prozent unter einem Jahr, um die 23 Prozent zwischen ein und drei Jahren und um die 57 Prozent drei Jahre und länger Anspruch auf Transferleistungen hatten. Studien, die diese zeitlichen Perspektiven der Armutserfahrung von Kindern unterscheiden und deren Auswirkungen auf den weiteren Lebensverlauf der Kinder untersuchen, existieren bisher aber leider nicht (vgl. Tophoven 2020: 109).

Folgen von Kinderarmut und kindliche Bewältigung

Die oben besprochenen Studien auf der Grundlage von Lebenslagenansätzen haben gezeigt, dass die Folgen von Armut auf und für das Leben von Kindern sehr unterschiedlich sein können. Zwischen multipler Deprivation und kindlicher Kompensation der Mangellage scheinen vielfältige Auswirkungen möglich. Auch wenn mit dem finanziellen Mangel vielfältige und zum Teil erhebliche Einschränkungen einhergehen können, sind diese nicht bei allen und bei manchen Kindern überhaupt nicht zu beobachten. Sabine Walper (2008) hat Studien im internationalen Vergleich ausgewertet, die sie aus ihrer Perspektive der Sozialisationsforschung sehr differenziert darstellt. Im Ergebnis zeigt Walper, dass Armutsfolgen teils erhebliche Folgen für Gegenwart und Zukunft mit sich bringen können, die sich in vier Kategorien unterteilen lassen:

- *Beeinträchtigung der körperlichen Gesundheit*, vor allem wegen ungünstiger Ernährung und mangelndem Gesundheitsverhalten
- *Selbstbild, Wohlbefinden und Problemverhalten* der Kinder aufgrund von vor allem subjektiv empfundener Benachteiligung, emotionaler Belastung und erhöhtem internalisierendem und externalisierendem Problemverhalten
- *Soziale Beziehungen und Partizipation*, da Kinder in Armutslagen weniger in Gruppen und Vereine eingebunden sind und wegen ihres Verhaltens von Peers oft abgelehnt werden
- *Intelligenzentwicklung, Sprache und schulische Entwicklung* aufgrund schulischer und familiärer Faktoren

Ergebnisse aus in Deutschland durchgeführten Studien mit einem stärker kindheits- und sozialpädagogischen Fokus können dieses Bild ergänzen: Sabine Andresen und Danijela Galic (2015) arbeiten in ihrer Studie heraus, dass Familien in Armutslagen in ihrer Sorge um die Kinder einen Mangel an Entscheidungsmöglichkeiten und sehr eingeschränkte Handlungsspielräume erleben. Dies betrifft insbesondere finanzielle Engpässe, fehlende Mobilität, ein unsicheres Wohnumfeld, begrenzte Möglichkeiten der Freizeitgestaltung, eingeschränkte Gestaltungsperspektiven für die Zukunft sowie fehlende Bildungs- und Teilhabechancen. Darüber hinaus stellen Sabine Andresen und Susann Fegter (Bepanthen-Kinderarmutsstudie 2009) fest, dass Kinder von dem Bedürfnis berichten, *nicht stigmatisiert zu werden*. Ich betone das letzte Ergebnis vor allem deswegen, weil es mir bedeutsam erscheint für die Gestaltung von Interventionen jedweder Art, seien sie monetär, pädagogisch oder politisch motiviert oder ausgerichtet.

Auch Margherita Zander (2007) hält aus Kinderperspektive fest, dass arme Kinder Einschränkungen in den Bereichen Wohnen, Essen und Kleidung thematisieren, sich in ihrer Interessenentfaltung in der Freizeit begrenzt sehen und über mangelnde soziale Kontakte mit Peers klagen. Die Frage der Eingebundenheit in Peerkontexte haben wir (Rahn/Chassé 2009, Chassé/Rahn 2010) in einer Studie weiter verfolgt und konnten dabei gut zeigen – wie das aber in allen qualitativen Studien, die bisher im Zusammenhang mit einem Lebenslagenansatz erwähnt wurden, der Fall ist – dass Kinder aktiv Bewältigungsstrategien entwickeln, bezüglich der Peers, um Anerkennung von anderen Kindern zu erhalten und um in Peerkontexte integriert zu werden. Diese Bemühungen sind nicht immer erfolgreich, manchmal auch wenig konstruktiv. Aber es sind Anstrengungen, um die eigene Handlungsfähigkeit zu sichern oder wieder herzustellen. So lassen sich die Anstrengungen der Kinder zumindest vor dem Hintergrund des von Lothar Böhnisch (2019) entwickelten Bewältigungskonzepts interpretieren. Unter anderem lässt sich der Blick damit noch einmal stärker auf die Perspektive lenken, dass und wie Kinder selbst Akteur:innen sind und um ihre Selbstbestimmungspotenziale kämpfen, die von der Lebenslage Armut bedroht werden (vgl. Chassé/Rahn 2010: 144).

Was gegen Kinderarmut getan werden kann

So klar es ist, dass das Problem der Kinderarmut nicht alleine pädagogisch gelöst werden kann, so klar ist auch, dass es nicht alleine monetär gelöst werden kann. Die Verbesserung der materiellen Lebenslage ist zwar zentrales Moment einer erfolgreichen Kinderarmutsbekämpfung; da Kinderarmut aber vielgestaltig und komplex ist, müssen auch andere Lebenslagendimensionen fokussiert werden und hinsichtlich der Überlegung, wie Kinder und ihre Familien adäquat unterstützt werden können, damit die Kinder im Wohlbefinden aufwachsen können, diskutiert werden.

Roland Lutz (2007: 185) unterscheidet zwei Ansatzpunkte zur Diskussion von Wegen aus der Kinderarmut. Zum einen muss es auf der gesellschaftspolitischen Ebene um die Herstellung von Teilhabegerechtigkeit und um Bedingungen für ein gutes Leben gehen, als einer Aufgabe, die von unterschiedlichen Politikfeldern bearbeitet werden muss. Zur Bekämpfung von Kinderarmut, so Christoph Butterwegge (2020), ist es notwendig, Politikfelder von der Arbeitsmarkt- und Beschäftigungspolitik über Maßnahmen der Familien-, der Bildungs-, der Gesundheits- und Sozialpolitik bis zur Stadtentwicklung, Raumplanung und Wohnungs(bau)politik miteinander zu verknüpfen. Der zweite Ansatzpunkt von Lutz betrifft „die Ebene lokalpolitischer und sozialpädagogischer Maßnahmen, die sich in Interventionen und Prävention im sozialräumlichen Kontext und insbesondere in einer armutssensiblen Qualifizierung der Hilfesysteme zeigt" (Lutz 2007: 185). Lutz (2007: 192f.) beschreibt einzelne Maßnahmen, die seines Erachtens vor allem dann sinnvoll sind und eine Unterstützung für die Kinder und ihre Familien darstellen, wenn sie vernetzt angeboten werden: Frühe Hilfen für Eltern mit kleinen Kindern als spezieller Zielgruppe, Sozialisationshilfen in Kindertagesstätten und Grundschulen, die Begleitung der Übergänge von Kindertageseinrichtungen zur Schule, Intensivierung der Zusammenarbeit von Schule und Jugendhilfe, dem sozialräumlichen Ausbau der sozialen Infrastruktur und deren Vernetzung sowie – vor allem mit Blick auf die Bedeutung eines positiven Familienklimas – die Stärkung familiärer Erziehungs- und Wirtschaftskompetenz durch Beratung und Training. Am weitgehendsten ist dieser sozialraumbezogene Vernetzungsgedanke wahrscheinlich im Konzept der Präventionsketten gedacht. „Als Präventionsketten werden sowohl eine spezifische Ordnungsstruktur und Handlungsstrategie in Kommunen als auch die Verwirklichung eines integrierten Handlungskonzeptes durch Kommunen verstanden" (Holz 2020: 309) zu einer kindbezogenen Armutsprävention. Gerda Holz (ebd.: 305) sieht die Qualitäten der Präventionsketten, die sich mit vernetzten Angeboten der Förderung, Unterstützung, Bildung, Partizipation und des Schutzes an arme Kinder wenden und armen Eltern Begleitung bieten, und die mit Angeboten rund um die Geburt starten und erst nach der Berufsausbildung enden in dreierlei Hinsicht: es wird eine strukturell abgestimmte professionelle Begleitung und Unterstützung angeboten, die Belange von Kindern und Eltern werden verknüpft, ohne in den Unterstützungsangeboten die Ansprüche einer Gruppe zu vernachlässigen und es wird auf den bestehenden Strukturen und Netzwerken aufgebaut. Die Idee der Präventionskette verdeutlicht gut, dass Armut als Querschnittsthema und -aufgabe begriffen werden muss, dem „nur mit einer kommunalen Sozialpolitik als einer Lebenslagenpolitik" (Lutz 2007: 200) begegnet werden kann und von dem entsprechend auch alle pädagogischen Institutionen – Kindertagesstätten wie Schulen – betroffen sind.

Neben den Präventionsketten wird im Präventionsdiskurs der letzten Dekade dem Thema der Resilienzförderung zunehmende Aufmerksamkeit geschenkt. Sie soll Kinder dahingehend fördern, dass sich die durch die Lebenslage eingeschränkten Spielräume der Kinder erweitern, sodass Wirkungen auf die Armutslage der Kinder entstehen können (Zander 2020: 346). Am Beispiel von Grundschulkindern macht Margherita Zander unter Rekurs auf ihre Forschungsergebnisse deutlich, wo sie Förderungsmöglichkeiten sieht: Förderung von Lebenssinn und Selbstwertgefühl, von sozialen Kompetenzen und Konfliktlösefähigkeiten, von sozialen Kontakten zu Peers und Freundschaften, von Fähigkeiten und Neigungen sowie von schulischer Leistungsfähigkeit (ebd.: 344f.).

Damit solch wichtiges sekundärpräventives Engagement aber nachhaltige Wirkung für möglichst viele Kinder haben kann, bedarf es politischer Anstrengungen, Kinderarmut zu bekämpfen. Insbesondere eine finanzpolitische Idee, die seit einigen

Jahren in der Debatte ist, die Kindergrundsicherung, in der fachlichen Diskussion interessanterweise immer gekoppelt an den Ausbau der sozialen Infrastruktur, soll hier in den Blick genommen werden.

Kindergrundsicherung und soziale Infrastruktur

Da Kinderarmut zunächst ein monetäres Problem darstellt, muss beim Kampf gegen Kinderarmut zuerst immer die Frage gestellt werden, wie Kindern ein armutsfreies Leben und Aufwachsen ermöglicht werden kann. Die *National Coalition* – das Netzwerk für die Umsetzung der UN-Kinderrechtskonvention – hat bereits 2010 dringenden Handlungsbedarf angemahnt: Die wirtschaftlichen, sozialen und kulturellen Kinderrechte[7] müssten unter größtmöglicher Ausschöpfung zur Verfügung stehender Mittel umgesetzt werden, die Transferleistungen für Kinder müssten gebündelt werden zu einer armutsfesten Grundsicherung und es müssten niedrigschwellige Infrastrukturangebote für alle Kinder in den Bereichen Bildung, Freizeit, Sport und Kultur zur Verfügung gestellt werden (Maywald 2010: 14). In den letzten Jahren hat die Diskussion um eine Kindergrundsicherung deutlich an Fahrt aufgenommen. Das Bündnis Kindergrundsicherung[8], ein Zusammenschluss von 16 Verbänden (u. a. AWO, Paritätischer, Naturfreunde, Kinderschutzbund, Volkssolidarität) und 13 Wissenschaftler:innen, fordert für alle Kinder bis zum 18. Lebensjahr eine Grundsicherung in Höhe von zwischen 330 und 695 Euro (Stand 2021) monatlich, abhängig von der Einkommenssituation der Eltern. Die 695 Euro stellen das vom Bundesverfassungsgericht bezifferte notwendige Existenzminimum dar, das sich aus dem sächlichen Existenzminimum von 451 Euro und dem Freibetrag für Betreuung und Erziehung beziehungsweise Ausbildung von 244 Euro zusammensetzt. Mittlerweile liegen Konzepte unterschiedlicher Akteur:innen vor, darunter auch von den politischen Parteien Bündnis 90/Die Grünen, der SPD, der FDP und der LINKEN (vgl. Ahner 2019: 56f., mit Kostendarstellung einiger Konzepte bei Liebert 2021: 27).

Ähnlich der Grundsicherung wird in Publikationen der Bertelsmann Stiftung ein Teilhabegeld für Kinder und Jugendliche gefordert, steuerfinanziert und nicht am Existenzminimum orientiert. Stattdessen soll eine Bedarfsermittlung mit Kindern und Jugendlichen stattfinden, über die dann die Höhe der materiellen Bedarfe festgelegt werden können, die in Relation zum Familieneinkommen ausgezahlt werden sollen (z. B. Andresen u. a. 2019: 14).

Beide Ansätze erachten zudem den Ausbau einer guten beziehungsweise bedarfsgerechten Infrastruktur zur Unterstützung aller Familienmitglieder als notwendig. Ein Vorteil von Grundsicherungsmodellen ist sicherlich der, dass – im besten Fall – kei-

---

7 Ein Überblick über die Rechte der Kinder findet sich im angegebenen Artikel von Maywald, aber auch unter www.unicef.de/kinderrechte.
8 http://www.kinderarmut-hat-folgen.de/ [03.08.21]

ne Anträge gestellt werden und keine Bedarfsprüfungen stattfinden müssen. Insofern wäre die Kindergrundsicherung, soweit sie allen Kindern ausgezahlt werden würde, eine stigmatisierungsfreie Leistung.

Problematisch erscheint mir die Idee, die Grundsicherung an das Existenzminimum zu knüpfen. Denn die Kindergrundsicherung müsste *auskömmlich* sein, wenn damit Teilhabegerechtigkeit hergestellt werden soll. Kommt es allerdings tatsächlich zu einer realistischen Neuberechnung des Existenzminimums, wie sie sich Jana Liebert (2021: 25) vorstellt, dass Grundbedarfe des Lebensunterhalts sowie Kosten für Bildung und soziale Teilhabe gedeckt sind, könnte die Kindergrundsicherung zu einer auskömmlichen werden. Allerdings kommt das auf die Referenzgruppe an, die „für die Berechnung des Existenzminimums gewählt wird und welcher Abstand zur Mitte gesellschaftlich akzeptiert ist" (ebd.).

Nichtsdestotrotz verbessert eine solche Kindergrundsicherung die finanzielle Situation vieler armer Kinder. Viel mehr von ihnen werden in den Genuss existenzsichernder Leistungen kommen, wenn ihren Familien das Geld, das ihnen bisher nur im Antragsdschungel zugänglich war, der oftmals nicht zu durchdringen war, gebündelt ausgezahlt wird. So zeigt darüber hinausgehend Raimund Geene kritisch, dass Leistungen wie das Elterngeld und das Bildungs- und Teilhabepaket „keineswegs universelle Maßnahmen zur Armutsreduktion dar[stellen], sondern [...] in vielen Aspekten eher Verfestigungen und Verstärkungen von Verarmungstendenzen [bewirken]" (Geene 2019: 50). Marion Ahner (2019: 54f.) weist darauf hin, dass die Vielzahl der Leistungen in der Handhabbarkeit sehr kompliziert und intransparent sind, und dass sie als Gesamtsystem nicht widerspruchsfrei sind und dadurch Gerechtigkeitsprobleme verursachen. Insofern ist die Kindergrundsicherung ein Schritt in die richtige Richtung – durch den rein existenzsichernden Charakter wird Kinderarmut aber nicht besiegt.

Allerdings gibt es auch gute Argumente, die Kindergrundsicherung grundsätzlich kritisch zu sehen. So sieht Anne Lenze die Kindergrundsicherung eher als Notlösung. Zu präferieren wäre die Sicherstellung sicherer und gut bezahlter Arbeitsplätze, um die Kinder aus selbst verdientem Einkommen finanzieren zu können. Um das zu ermöglichen müssten Maßnahmen gegen den Niedriglohnsektor ergriffen werden, wofür es aber keine politischen Mehrheiten gibt. In den niedrigen Einkommensbereichen sollten daher die Kosten für den Unterhalt der Kinder vom Staat vollkommen übernommen werden. Kindergeld, Kinderzuschlag und Teile des Bildungs- und Teilhabegeldes sollten zusammengefasst und als Einstieg in die Kindergrundsicherung verstanden werden (Lenze 2019: 30).

Auch Christoph Butterwegge (2019: 32) sieht die Kindergrundsicherung kritisch, da sie fälschlicherweise unterstellt, dass es möglich sei, Kinder unabhängig von der sozialen Lage ihrer Eltern aus der Armut zu befreien. Da Kinder aber arm sind, weil ihre Eltern arm sind, muss, wer Kinderarmut bekämpfen will, etwas für die Eltern tun. Darüber hinaus sei in den Ausbau der Bildungs- und Betreuungsinfrastruktur zu investieren und in die Förderung von Kindern, die strukturell benachteiligt sind. Butterwegge

(2020) weist aber immer wieder darauf hin, dass Kinderarmut nur mehrdimensional zu bekämpfen ist. Armutsbekämpfung muss auf allen Ebenen des föderalen Systems und bei einer ganzen Reihe von Politikfeldern ansetzen. „Nur durch eine konzertierte Aktion im Bereich der Wirtschafts-, Steuer- und Finanzpolitik, der Arbeitsmarkt- und Beschäftigungspolitik, der Sozial- und Gesundheitspolitik, der Familienpolitik, der Bildungspolitik sowie der Wohnungs-, Wohnungsbau- und Stadtentwicklungspolitik sind dauerhafte Erfolge möglich" (ebd.: 276). Strategien der Kinderarmutsbekämpfung müssen jedoch nicht nur auf gesellschaftspolitischer Ebene mit Blick auf die Herstellung von Teilhabegerechtigkeit und der Bedingungen eines guten Lebens für alle diskutiert werden, sondern auch mit Blick auf lokalpolitische und (sozial-)pädagogische Maßnahmen und deren Auswirkungen auf den und im sozialräumlichen Kontext (Lutz 2007: 185).

Auch Laubstein u. a. (2016: 80) verweisen in ihrer Metastudie auf die Notwendigkeit einer ausreichenden Existenzsicherung, betonen aber die Wichtigkeit der Weiterentwicklung der Infrastruktur für Familien als Armutsprävention. Während ihres Erachtens auf kommunaler wie auf Landesebene integrierte Ansätze zur kindbezogenen Armutsprävention zu finden sind, mahnen sie genau dies auf Bundesebene dringlich an (ebd.: 81). Die Praxis, also zum Beispiel die Kinder- und Jugendhilfe oder das Bildungs-, Schul- und Gesundheitswesen, sehen sie aufgefordert, Forschungsergebnisse als professionelles Basiswissen zur Sensibilisierung und Qualifizierung der Fachkräfte stärker aufzunehmen (ebd.). Genauso wichtig ist es aber, die soziale Infrastruktur bedarfsgerecht auszubauen, und zwar so, dass soziale Teilhabe durch Einrichtungen und Angebote der Infrastruktur möglichst gebührenfrei und damit auch unabhängig vom Erwerbseinkommen möglich wird (vgl. Roth 2020: 366). In manchen Bereichen ist das der Fall, in anderen nicht. Teil einer solchen Infrastruktur können „Einrichtungen in den Bereichen Bildung, Soziales, Gesundheit, Pflege, Kultur, Sport, Erholung und Verkehr" (ebd.) sein.

Die von Laubstein u. a. (s. o.) erhobene Forderung, Fachkräfte besser zu qualifizieren, ist zwar richtig, allerdings nur auf die Praxis zu schauen, scheint zu kurz gegriffen. Die Auseinandersetzung mit Fragen sozialer Ungleichheit und insbesondere mit (Kinder-)Armut sollte zum Curriculum jeder Ausbildung und jedes Studiums im sozialen und pädagogischen Bereich gehören. Ausbildung und Studium sind schließlich die Orte, an denen die Grundlagen für eine berufliche beziehungsweise professionelle Haltung und Identität beziehungsweise einen entsprechenden Habitus gelegt werden (Rahn 2010). So ist es zum Beispiel mehr als verwunderlich, dass sich nicht alle Lehramtsstudierenden mit sozialen Fragen auseinandersetzen, wo doch Teil des Anfang der 2000er-Jahre ausgelösten Pisa-Schocks die Erkenntnis war, dass das deutsche Schulsystem nicht in der Lage ist, soziale Unterschiede aufzuheben, sondern sie eher verstärkt (vgl. Baumert/Schümer 2001). Nun liegt das Hauptproblem sicherlich strukturell im Schul*system* begründet. Susanne Miller (2020) verweist aber darauf, dass die Grundschule und die dort tätigen Lehrpersonen soziale Ungleichheit aktiv mit herstellen. Wo, wenn nicht im Studium soll also damit begonnen werden, sich kritisch-reflexiv mit dieser Schulwirklichkeit auseinanderzusetzen? Die Notwendigkeit, die soziale und die je eigene institutionelle Wirklichkeit kritisch-reflexiv in den Blick zu nehmen, gilt selbstverständlich für alle Ausbildungen und Studiengänge im sozialen und pädagogischen Bereich.

Armutssensible Qualifizierung des Hilfesystems[9]

Um in Einrichtungen der Sozialen Arbeit, in Kindertageseinrichtungen und in Schulen fachlich angemessen auf das Phänomen Kinderarmut eingehen zu können, bedarf es Einrichtungen und in ihnen Teams und Mitarbeiter:innen, die *armutssensibel Handeln* können. Armutssensibles Handeln erfordert allgemeines Wissen über Armutslagen und spezielle Kenntnisse über Armutslagen im jeweiligen Sozialraum, in dem agiert wird, sowie die Kompetenz, in Situationsanalysen Armut in ihrer gesamten Komplexität kritisch reflektierend in den Blick nehmen zu können und daraus Handlungen zu entwerfen, mit denen Bildungs- beziehungsweise Hilfeprozesse initiiert und Arbeitsbündnisse eingegangen und gestaltet werden können. Diese Situationen beziehen sich über einzelne Kinder hinaus auf die Familien, in denen sie aufwachsen und ebenso auf Gruppen, Netzwerke und Quartiere. Dies alles kritisch-reflexiv zu betrachten, bedeutet, die gesellschaftlichen Bedingungen und die strukturellen Gegebenheiten unter denen gehandelt wird mit einbeziehen zu müssen. Denn die Folgen von Armutslagen können zwar präventiv und intervenierend pädagogisch bearbeitet werden, bekämpft kann Armut aber nur politisch werden. Damit wird auch deutlich, dass jeweils einzelne Erzieher:innen, Kindheitspädagog:innen, Sozialarbeiter:innen, Lehrer:innen et cetera hier an ihre Grenzen kommen können müssen und dass armutssensibles Handeln immer auch eine Team- und Organisationsaufgabe darstellt.

Konsequent ist es wohl, wie Ronald Lutz (2007: 185f., vgl. oben) von einer armutssensiblen Qualifizierung der Hilfesysteme insgesamt zu sprechen. In der Konsequenz heißt das, dass alle sozialen Dienstleistungen und Angebote, also die Organisationen und Einrichtungen selbst, derart auszurichten sind, dass sie förderlich für Kinder sind, in dem Sinn, dass durch sie Lebenschancen einengende Perspektiven unterbrochen sowie Möglichkeitsräume für soziale Teilhabe und Integration eröffnet werden.

Zu berücksichtigen ist zudem, dass die Akteur:innen in sozialen und pädagogischen Handlungsfeldern sich auf unterschiedlichen Ebenen bewegen. Einerseits gibt es

---

9 Die unter dieser Überschrift formulierten Überlegungen stehen ganz ähnlich in einem Positionspapier der Arbeitsgemeinschaft Kinder- und Jugendhilfe (AGJ): Armutssensibles Handeln – Armut und ihre Folgen für junge Menschen und ihre Familien als Herausforderung für die Kinder- und Jugendhilfe. [www.agj.de/fileadmin/files/positionen/2022/Positionspapier_Armutssensibles_Handeln.pdf], das im Dezember 2022 veröffentlicht wurde und an dessen Erstellung ich beteiligt war. Für den in diesem Rahmen und zu diesem Thema stattgefundenen anregenden Gedankenaustausch mit Prof.in Dr.in Ulrike Voigtsberger, der in das Kapitel miteinfließt, bedanke ich mich recht herzlich.

unterschiedlich qualifizierte berufliche Akteur:innen in der konkreten Arbeit mit Nutzer:innen/Adressat:innen beziehungsweise Schüler:innen und andererseits Professionelle, die innerhalb organisatorischer Rahmungen beispielsweise als Leitungskräfte in Einrichtungen der Kinder- und Jugendhilfe oder Direktor:innen von Schulen agieren. Entsprechend müssen Wissen und Handlungskompetenz im Rahmen grundständiger Qualifizierungsprozesse in Ausbildung und Studium, der Berufseinmündungsphase sowie der Fort- und Weiterbildung angeeignet und regelmäßig aktualisiert werden. Dazu gehört zum Beispiel Grundlagenwissen zu sozialer Ungleichheit und relativer Armut, Auseinandersetzung mit Gesellschaftsanalyse und Zeitdiagnosen, und in dem Zusammenhang die Aneignung eines herrschafts- und machtkritischen Blicks, Aneignung sowohl der Fähigkeit, Stigmatisierungs- und Ausgrenzungsprozesse zu erkennen und zu bearbeiten als auch methodischer Fähigkeiten zur Umsetzung von Handlungsansätzen der Armutsprävention und von Armutsbekämpfungsstrategien, aber auch die Reflexion eigener Hürden und Vorurteile gegenüber Armutslagen sowie die Auseinandersetzung mit der eigenen Lebenslage und biografischen Erfahrungen.

Zum Schluss und zur Überleitung zu den Interviewbeiträgen

Abschließend sollen hier noch einmal drei Aspekte herausgehoben werden, die meines Erachtens für die weitere Auseinandersetzung mit dem Phänomen Kinderarmut bedeutsam sind und die in der Diskussion im Beitrag bereits mehr oder weniger explizit diskutiert werden.

Das Problem der Kinderarmut ist nicht pädagogisch lösbar. Zuallererst ist Kinderarmut ein gesellschaftliches Problem, für welches es politischer Lösungen bedarf. Entsprechend bedarf es Initiativen, die Armut von Kindern und ihren Familien in den Blick nehmen, sie skandalisieren, politische Veränderungen denken und durchsetzen. Die für 2025 angekündigte Einführung der Kindergrundsicherung wird dabei nur *ein* Schritt sein, der eine Verbesserung für Kinder und ihre Familien mit sich bringen wird, der aber wahrscheinlich nicht geeignet sein wird, Kinderarmut nachhaltig zu beseitigen.

Trotzdem oder gerade deswegen: Es bedarf Angebote in den Lebens- respektive Sozialräumen der Kinder, die geeignet sind, Benachteiligungen entgegen zu wirken und abzubauen. Flexible, anpassungsfähige und im Ablauf veränderbare Unterstützungsleistungen scheinen gefragt, um gesellschaftliche Teilhabe der Kinder zu gewährleisten. Vielleicht ist es aber auch sinnvoll, das noch offener auszudrücken, nämlich, dass es Möglichkeitsräume bedarf, die *human flourishing* (Ziegler 2020: 372f.) anregen. Vor allem muss dafür die soziale Infrastruktur als möglichst kostenfreies Angebot ausgebaut werden, um sowohl präventiv als auch kompensatorisch Beiträge zu liefern, die allen Kindern in Gegenwart und Zukunft ein möglichst gutes Leben oder – mit dem oben benutzten und pädagogisch gängigeren Begriff ausgedrückt – ein Leben im Wohlbefinden ermöglichen.

Zudem müssen Kinder oder das Denken der Kinder, ihre Vorstellungen und Wünsche, mit in die Prozesse der Armutsbekämpfung einbezogen werden. Ihre Perspektive muss Berücksichtigung finden und Lösungen müssen *auch* von den Kindern aus gedacht werden. Unabhängig von der normativen Perspektive, dass sich dies aus der Konvention über die Rechte des Kindes ableiten lässt, scheint es mir notwendig, das Denken und Wollen der Kinder zu berücksichtigen, um den Wunsch nach Wohlbefinden nicht in die Zukunft zu verschieben, sondern ihn zu einer wichtigen Aufgabe im Jetzt zu machen. Stigmatisierungsfreiheit könnte so eine Aufgabe sein oder der Wunsch nach Freund:innen. Wohingegen die Thematik Bildung – ein unbestritten wichtiger Aspekt, der aber in der öffentlichen Debatte häufig überschätzt und insbesondere dann, wenn sie wie meist lediglich als meritokratische Schulbildung verstanden, wie ein Königsweg der Armutsbekämpfung betrachtet wird – in der Regel weniger die Gegenwart der Kinder im Blick hat, sondern ihre Zukunft und die Chancen, die sie *später einmal* haben werden.

Und schließlich müssen wir uns neben diesen drei Aspekten in sozialen und pädagogischen Berufen (und nicht nur dort) fragen, in welche Gesellschaft wir Kinder eigentlich integrieren oder inkludieren wollen. Was muten wir gerade sozial benachteiligten Kindern und insbesondere Kindern in Armutslagen zu, wenn es wesentlich darum geht, sie in einem letztlich sogar nur vermeintlich meritokratischen Bildungssystem, in welchem sozialer Aufstieg selten gelingt, fit zu machen für einen deregulierten Arbeitsmarkt mit prekären Beschäftigungsverhältnissen et cetera? Antworten darauf werden unterschiedlich ausfallen, bedeuten aber immer, sich mit sozialer Gerechtigkeit innerhalb unseres kapitalistischen Systems auseinanderzusetzen und letztlich für pädagogische Arbeit, sich auch Gedanken um Einmischung oder Einmischungsstrategien zu machen, die politisch wirksam werden.

In diesem Beitrag wurden einige meines Erachtens wichtige Aspekte des Phänomens Kinderarmut thematisiert und diskutiert und damit ein Einblick in den Kinderarmutsdiskurs in Deutschland gegeben. Manches wurde aber auch nur mit einem Hinweis angesprochen oder mit einem Stichwort angedeutet. In den folgenden Interviews werden Aspekte wie Resilienz, Migration, Kapitalismuskritik, Geschlecht, Corona und anderes – nicht zuletzt auch die wichtige Frage nach der zukünftigen Kinderarmutsforschung – jedoch von den interviewten Wissenschaftler:innen aufgegriffen, sodass ein rundes und vertieftes Bild davon entstehen kann, was gemeint ist, wenn fachlich und politisch von Kinderarmut gesprochen wird.

Literaturtipps

Ich möchte drei Bücher besonders empfehlen. Zum einen ein Buch von Carolin und Christoph Butterwegge, welches sich mit dem Spektrum der Ungleichheit von Kindern in unserer Gesellschaft und den ungleichen Chancen des Aufwachsens für Kinder aus sozial benachteiligten und wohlhabenden Familien auseinandersetzt, und das Handbuch Kinderarmut, das von Karl August Chassé und mir herausgegeben wurde und einen recht guten Überblick über viele Dimensionen von Kinderarmut gibt. Zum anderen empfehle ich die Lektüre der biografischen Erzählung von Christian Baron, die ein spannendes Dokument ist über das Aufwachsen eines Jungen in einer Familie, die in Armut lebt und wie dieser seinen Weg aus der Armut findet:

Baron, Christian (2020): Ein Mann seiner Klasse. Berlin: Ullstein.

Butterwegge, Carolin/Butterwegge, Christoph (2021): Kinder der Ungleichheit. Wie sich die Gesellschaft ihrer Zukunft beraubt. Frankfurt, New York: Campus.

Rahn, Peter/Chassé, Karl August (Hrsg.) (2020): Handbuch Kinderarmut. Opladen & Toronto: Barbara Budrich.

Weitere im Text verwendete Literatur

Ahner, Romy (2019): Der Weg aus dem Leistungsdschungel? Konzepte für eine Kindergrundsicherung. In: Archiv für Wissenschaft und Praxis Sozialer Arbeit: Kinderarmut bekämpfen – Armutskarrieren verhindern. 3/2019. S. 54–63.

Andresen, Sabine/Galic, Danijela (2015): Kinder. Armut. Familie. Alltagsbewältigung und Wege zu wirksamer Unterstützung. Gütersloh: Bertelsmann Stiftung.

Andresen, Sabine/Wilmes, Johanna/Möller, Renate (2019): Children's World+. Eine Studie zu Bedarfen von Kindern und Jugendlichen in Deutschland. Gütersloh: Bertelsmann.

Baumert, Jürgen/Schümer, Gundel (2001): Familiäre Lebensverhältnisse, Bildungsbeteiligung und Kompetenzerwerb. In: Deutsches Pisakonsortium (Hrsg.): PISA 2000. Basiskompetenzen von Schülerinnen und Schülern im internationalen Vergleich. Opladen: Leske+ Budrich, S. 323–407.

Becker, Irene/Schmidt, Tanja/Tobsch, Verena (2022): Wohlstand, Armut und Reichtum neu ermittelt. Materielle Teilhabe aus mehrdimensionaler Perspektive – Bericht zum ersten Modul des Projekts „Materielle Teilhabe im Lebensverlauf". Study 472. Düsseldorf: Hans Böckler Stiftung. file:///C:/Users/prahn.000/Downloads/p_study_hbs_472-1.pdf [15.09.2022].

Bepanthen-Kinderarmutsstudie 2009 (2009): Spielräume sozial benachteiligter Kinder. Leverkusen.

Bertelsmann-Stiftung (2016): Factsheet Kinderarmut in Deutschland. Bielefeld: Bertelsmann-Stiftung.

Böhnisch, Lothar (1993): Sozialpädagogik des Kindes- und Jugendalters. Eine Einführung. 2. Aufl. Weinheim, München: Juventa.

Böhnisch, Lothar (2019): Lebensbewältigung. Ein Konzept für die Soziale Arbeit. 2. Aufl. Weinheim, Basel: Beltz Juventa.

bpb – Bundeszentrale für politische Bildung (2022): Ausgewählte Armutsgefährdungsquoten. www.bpb.de/kurz-knapp/zahlen-und-fakten/soziale-situation-in-deutschland/61785/ausgewaehlte-armutsgefaehrdungsquoten/ [04.02.23]

Butterwegge, Christoph (2019): GroKo: Bessere Kitas, gestärkte Familien? In: Blätter für deutsche und internationale Politik, 2/2019, S. 29–32.

Butterwegge, Christoph (2020): Was gegen Kinderarmut in Deutschland zu tun ist. In: Rahn, Peter/Chassé, Karl August (Hrsg.): Handbuch Kinderarmut. Opladen & Toronto: Barbara Budrich, S. 275–283.

Butterwegge, Christoph/Rinke, Kuno (Hrsg.) (2018): Grundeinkommen kontrovers. Plädoyers für und gegen ein neues Sozialmodell. Weinheim, Basel: Beltz Juventa.

Chassé, Karl August (2017): Bildung und Kinderarmut. In: Fischer, Sabine/Rahn, Peter (Hrsg.): Kindsein in der Stadt. Bildung und ein gutes Leben. Opladen, Berlin, Toronto: Barbara Budrich, S. 93–104.

Chassé, Karl August (2020): Kinderarmut und das Konzept der Lebenslage. In: Rahn, Peter/Chassé, Karl August (Hrsg.): Handbuch Kinderarmut. Opladen, Toronto: Barbara Budrich, S. 38–46.

Chassé, Karl August/Rahn, Peter (2010): Bewältigung durch Peerintegration im Übergang zu weiterführenden Schulen – Eine Perspektive moralischer Ökonomie benachteiligter Kinder. In: Zander, Margherita (Hrsg.): Kinderarmut. Einführendes Handbuch für Forschung und Soziale Praxis. 2. Aufl. Wiesbaden: VS, S. 142–160.

Chassé, Karl-August/Zander, Margherita/Rasch, Konstanze (2010): Meine Familie ist arm. Wie Kinder im Grundschulalter Armut erleben und bewältigen. 4. Aufl. Wiesbaden: VS.

Dittmann, Jörg/Goebel, Jan (2018): Armutskonzepte. In: Böhnke, Petra/Dittman, Jörg/Goebel, Jan (Hrsg.): Handbuch Armut. Opladen & Toronto: Barbara Budrich, S. 21–34.

Eggen, Bernd (2006): Das Kreuz mit der Armut in einer reichen Gesellschaft. In: WSI Mitteilungen 3/2006, S. 168–170. www.wsi.de/data/wsimit_2006_03_eggen.pdf [08.08.21].

El-Mafaalani, Aladin/Strohmeier, Klaus Peter (2015): Segregation und Lebenswelt. Die räumliche Dimension sozialer Ungleichheit. In: El-Mafaalani, Aladin/Kurtenbach, Sebastian/Strohmeier, Klaus (Hrsg.): Auf die Adresse kommt es an ... Segregierte Stadtteile als Problem- und Möglichkeitsräume begreifen. Weinheim und Basel: Beltz Juventa, S. 18–42.

Garbuszus, Jan Marvin/Ott, Notburga/Pehle, Sebastian/Werding, Martin (2018): Wie hat sich die Einkommenssituation von Familien entwickelt? Ein neues Messkonzept. Gütersloh: Bertelsmann Stiftung.

Geene, Raimund (2019): Regulierung von Ungleichheitsverhältnissen: Wirkungen des Elterngelds und des Bildungs- und Teilhabepakts. In: Archiv für Wissenschaft und Praxis Sozialer Arbeit: Kinderarmut bekämpfen – Armutskarrieren verhindern. 3/2019. S. 40–52.

Gerull, Susanne (2020): Armutsverständnisse im Kontext von Kinderarmut. In: Rahn, Peter/ Chassé, Karl August (Hrsg.): Handbuch Kinderarmut. Opladen & Toronto: Barbara Budrich, S. 29–37.

Goebel, Jan/Krause, Peter (2018): Quantitative Messung von Armut. In: Böhnke, Petra/Dittmann, Jörg/Goebel, Jan (Hrsg.): Handbuch Armut. Ursachen, Trends, Maßnahmen. Opladen & Toronto: Barbara Budrich, S. 56–68.

Hauser, Richard (1997): Vergleichende Analyse der Einkommensverteilung und der Einkommensarmut in den alten und neuen Bundesländern 1990 bis 1995. In: Becker, Irene/ Hauser, Richard (Hrsg.): Einkommensverteilung und Armut. Deutschland auf dem Weg zur Vierfünftel-Gesellschaft? Frankfurt/Main, New York: Campus, S. 63–82.

Holz, Gerda (2008): Armut verhindert Bildung – Lebenslagen und Zukunftschancen von Kindern. In: Sanders, Karin/Werth, Hans-Ulrich (Hrsg.): Armut und Teilhabe. Wiesbaden: VS, S. 70–95.

Holz, Gerda (2019): Armutsfolgen für Kinder und Jugendliche. In: Archiv für Wissenschaft und Praxis der sozialen Arbeit. 3/2019. S. 4–16.

Holz, Gerda (2020): Präventionsketten – kind-/jugendbezogene Armutsprävention auf kommunaler Ebene. In: Rahn, Peter/Chassé, Karl August (Hrsg.): Handbuch Kinderarmut. Opladen & Toronto: Barbara Budrich, S. 302–310.

Kovce, Philip/Priddat, Birger P. (Hrsg.)(2019): Bedingungsloses Grundeinkommen. Grundlagentexte. Berlin: Suhrkamp.

Laubstein, Claudia/Holz, Gerda/Seddig, Nadine (2016): Armutsfolgen für Kinder und Jugendliche. Erkenntnisse aus empirischen Studien in Deutschland. Gütersloh: Bertelsmann.

Lenze, Anne (2019): Kinder als Armutsrisiko? Familien im Steuer- und Sozialrecht. In: ARCHIV für Wissenschaft und Praxis der sozialen Arbeit 3, S. 18–31.

Liebert, Jana (2021): Vom Sinn der Kindergrundsicherung: Ein Vergleich grundlegender Reformkonzepte der Kinder- und Familienförderung. Sozial Extra, 1/2021, S. 24-30.

Lutz, Ronald (2004): *Kinder, Kinder...!* Bewältigung familiärer Armut. In: Neue Praxis, 34 (2004) 1, S. 40–61.

Lutz, Ronald (2007): Wege aus der Kinderarmut. Die Bedeutung sozialräumlicher Vernetzung. In: Deutsches Kinderhilfswerk (Hrsg.): Kinderreport 2007. Daten, Fakten, Hintergründe. Freiburg i. Brsg.: Velber, S. 185–203.

Lutz, Ronald (2012): Soziale Erschöpfung – Erschöpfte Familien. In: Lutz, Ronald (Hrsg.): Erschöpfte Familien. Wiesbaden: VS, S. 11–70.

Maywald, Jörg (2010): UN-Kinderrechtskonvention. Bilanz und Ausblick. In: APuZ 38, S. 8–15.

Miller, Susanne (2020): Kinderarmut in der Grundschule – Analyse und Handlungsperspektive. In: Rahn, Peter/Chassé, Karl August (Hrsg.): Handbuch Kinderarmut. Opladen & Toronto: Barbara Budrich, S. 226–234.

Oxfam (2019): Ungleichheitsbericht Oxfam 2020 – Factsheet (deutsch): Im Schatten der Profite. www.oxfam.de/system/files/2020_oxfam_ungleichheit_studie_deutsch_schatten-der-profite.pdf [18.09.2022].

Oxfam (2022): Gewaltige Ungleichheit. www.oxfam.de/system/files/documents/oxfam_factsheet_gewaltige_ungleichheit.pdf [18.09.2022].

Paritätischer Gesamtverband (2018): Wer die Armen sind. Der Paritätische Armutsbericht 2018. Berlin: Parität.

Paritätischer Gesamtverband (2023): Zwischen Pandemie und Inflation. Der Paritätische Armutsbericht 2022. Akt. 2. Aufl. Berlin: Parität.

Rahn, Peter (2017): Bildung … und das gute Leben von Kindern. eine sozialpädagogische Betrachtung. In: Fischer, Sabine/Rahn, Peter (Hrsg.): Kind sein in der Stadt. Bildung und ein gutes Leben. Opladen, Berlin, Toronto: Barbara Budrich. S. 13–26.

Rahn, Peter (2020): Kinderarmut und die Perspektive der Kinder. In: Rahn, Peter/Chassé, Karl August (Hrsg.): Handbuch Kinderarmut. Opladen & Toronto: Barbara Budrich, S. 188–196.

Rahn, Peter/Chassé, Karl August (2009): Children in Poverty in Germany: Reflections on recent Social Work Research. In: Journal of Social Work Practice Vol. 23, No. 2, June 2009, pp. 243–252.

Rahn, Peter/Chassé, Karl August (2020): Kinderarmut – Einleitende Überlegungen zu diesem Buch. In: Rahn, Peter/Chassé, Karl August (Hrsg.): Handbuch Kinderarmut. Opladen & Toronto: Barbara Budrich, S. 9–26.

Steffen, Johannes (2021): Armutsrisiko. Die Messung von Einkommensarmut. In: Portal Sozialpolitik. www.portal-sozialpolitik.de/index.php?page=armutsrisiko-mikrozensus [29.08.2022].

Roth, Roland (2020): Reale Utopien zur Überwindung von Kinderarmut: Garantiertes Grundeinkommen und soziale Infrastruktur. In: Rahn, Peter/Chassé, Karl August (Hrsg.): Handbuch Kinderarmut. Opladen & Toronto: Barbara Budrich, S. 362–370.

Tophoven, Silke (2020): Armutsmuster in der Kindheit. In: Rahn, Peter/Chassé, Karl August (Hrsg.): Handbuch Kinderarmut. Opladen & Toronto: Barbara Budrich, S. 105–113.

Volf, Irina/Laubstein, Claudia/Sthamer, Evelyn (2019): Wenn Kinderarmut erwachsen wird … Kurzfassung der Ergebnisse der AWO-ISS-Langezeitstudie von (Langzeit-)Folgen von Kinderarmut im Lebensverlauf. Frankfurt: ISS.

Walper, Sabine (2005): Tragen Veränderungen in den finanziellen Belastungen von Familien zu Veränderungen in der Befindlichkeit von Kindern und Jugendlichen bei? In: Zeitschrift für Pädagogik, 51. Jg., H. 2, S. 170–191.

Walper, Sabine (2008): Sozialisation in Armut. In: Hurrelmann, Klaus/Grundmann, Matthias/Walper, Sabine (Hrsg.): Handbuch Sozialisationsforschung. 7. Aufl. Weinheim, Basel: Beltz. S. 203–216.

WSI (2022): WSI Verteilungsmonitor. Armutsquoten von Kindern und Älteren in Deutschland. www.wsi.de/de/armut-14596-armutsquoten-kinder-und-aeltere-15193.htm [29.09.2022].

Zander, Margherita (2020): Kinderarmut, Resilienz und Handlungsfähigkeit. In: Rahn, Peter/Chassé, Karl August (Hrsg.): Handbuch Kinderarmut. Opladen & Toronto: Barbara Budrich, S. 341–349.

Ziegler, Holger (2020): Armut als Entfremdung – Elemente einer emanzipatorischen Möglichkeitstheorie. In: Rahn, Peter/Chassé, Karl August (Hrsg.): Handbuch Kinderarmut. Opladen & Toronto: Barbara Budrich, S. 371–381.

Samira Anwar, Isabelle Deuss, Jasmin Faßbender und Debora Gafner

Kinderarmut im aktuellen Diskurs
Ein Interview mit Karl August Chassé

Zu Beginn ein kurzes Zitat aus dem Interview mit Karl August Chassé: *„Aus persönlicher Sicht halte ich Kinderarmut im fünftreichsten Land der Welt für ein Verbrechen an den Kindern, weil sie den Betroffenen ein gutes Leben in der Gegenwart vorenthält."* Etwa 20,5 Prozent (vgl. Statista Research Department 2020) der Kinder in Deutschland sind von Kinderarmut betroffen. Diese Zahl macht deutlich, wie verbreitet Kinderarmut in unserer Gesellschaft ist und wie wichtig es ist, sich mit dem Thema Kinderarmut gesellschaftlich, aber auch in allen sozialen und pädagogischen Handlungsfeldern auseinanderzusetzen. Nachdem wir im Rahmen unseres Praxissemesters erste Erfahrungen im Bereich der Sozialen Arbeit mit Kindern und jungen Erwachsenen sammeln konnten, wurde uns die Relevanz von Kinderarmut bewusst. Wir entschieden uns, unseren Fragen in einem Seminar zum Thema Kinderarmut, das an unserer Hochschule angeboten wurde, nachzugehen, um so ein größeres Wissen und Bewusstsein zur Thematik zu erlangen. Zu Beginn stellten wir uns vor allem Fragen wie: Ab wann wird ein Kind als arm bezeichnet? Wie differenziert sich Kinderarmut von anderen Formen der Armut? Und wie wird Kinderarmut definiert? Um diesen Fragen nachzugehen und darüber hinaus mehr über das Thema Kinderarmut zu erfahren, entschieden wir uns, ein Interview mit *Prof. Dr. Karl August Chassé* zu führen. Er ist Lehrbeauftragter an der Hochschule für Wirtschaft und Gesellschaft Ludwigshafen und beschäftigt sich schon seit Ende der 1990er-Jahre mit dem Thema Kinderarmut. Er hat zum Thema geforscht und publiziert, weshalb er für uns der passende Interviewpartner war, um einen Überblick über das Thema zu erhalten.

Karl August Chassé kommt aus einfachen Verhältnissen. In seiner Kindheit war dies, wie er berichtet, eine verbreitete Lebenslage, weshalb er dies nicht als Armut bezeichnen würde. Er besuchte zuerst die Realschule und wechselte anschließend auf das Gymnasium. Daraufhin studierte er Philosophie, Erziehungswissenschaft und Sozialpädagogik und schloss dies mit einem Diplom ab. Seine erste akademische Beschäftigung, neben Tutorien, war die Mitarbeit am Forschungsprojekt *Randgruppensozialisation* an der Johann Wolfgang Goethe-Universität in Frankfurt am Main. Das Projekt unter der Leitung von *Gerd Iben* beschäftigte sich sowohl theoretisch als auch praktisch mit dem Leben und dem Aufwachsen in Obdachlosensiedlungen. Nach einigen Jahren der Tätigkeit in der Heimerziehung erhielt Karl August Chassé an der

Universität Trier eine Promotionsstelle, wo er über das Thema *Armut nach dem Wirtschaftswunder* promovierte, woraus sich das DFG-Forschungsprojekt *Armut im ländlichen Raum* entwickelte. Mit diesem Thema habilitierte er später. Ab 1993 ging er einer Professur für Theorie und Geschichte der Sozialen Arbeit, Kinder- und Jugendhilfe mit dem Schwerpunkt Hilfen zur Erziehung an der Fachhochschule Jena (heute Ernst-Abbe-Hochschule Jena) nach. Zusammen mit *Margherita Zander* – auch mit ihr findet sich ein Interview in diesem Buch – entstand das Forschungsprojekt über arme Kinder in Thüringen, dessen Ergebnisse unter dem Titel *Meine Familie ist arm* (Chassé/Zander/Rasch 2010) veröffentlicht wurden. Anschließend führte Karl August Chassé gemeinsam mit *Peter Rahn* ein Projekt über kindliche Bewältigung von Armutslagen durch. Das erste Projekt wurde vom Land Thüringen, das zweite vom Bundesministerium für Bildung und Forschung (BMBF) gefördert. Neben dem Kinderarmutsthema arbeitet(e) er insbesondere zum Thema *Transformation in Ostdeutschland und der Jugendhilfe*, zur aktuellen Lage und Theorie der Sozialen Arbeit, zum *Unterschichtsdiskurs* und zur *inklusiven Reform der Jugendhilfe*.

Kinderarmut stellt auch in der heutigen Zeit ein soziales Problem dar und sollte vor allem in der Politik mehr Beachtung finden. Dazu ist es aber notwendig, Kinderarmut in ihrer Komplexität zu begreifen und zu beschreiben. Sie ist weit mehr als ausschließlich finanzieller Mangel. Um dies differenziert in den Blick nehmen und beschreiben zu können, haben Chassé, Zander und Rasch (2010) das sozialpolitische Konzept der Lebenslage aufgegriffen, insbesondere die Überlegungen von Ingeborg Nahnsen (1975), nach der die Lebenslage als „Gesamtinbegriff der sozialen Chancen der Einzelnen" gilt und „als Spielraum, den die gesellschaftlichen Umstände den Einzelnen zur Entfaltung ihrer wichtigen Interessen bieten" (Chassé 2020: 40) begriffen wird. Sie kann als der strukturierende soziale Hintergrund für biografische Erfahrungen verstanden werden, der Rahmen, der Handlungsspielräume vorstrukturiert, vor dem auch subjektive Bedeutung und subjektive Bewältigung thematisiert werden können (vgl. ebd.: 44). Chassé, Zander und Rasch (2010: 54–64, zusammenfassend: 62) haben die von Nahnsen entwickelten Spielräume auf die Lebenssituation von Kindern übertragen und so für die Kinderarmutsforschung nutzbar gemacht. Insgesamt soll das Konzept der Lebenslage dabei helfen, Zusammenhänge der gesellschaftlichen Entwicklung und die jeweiligen Ausformungen der sozialen Spielräume zu erschließen. Für Karl August Chassé ist es dabei wichtig, dass Kinder als eigenständige Individuen gesehen werden, die einen Anspruch auf ein Leben ohne Armut haben. Insgesamt geht es in dem Interview um einen allgemeinen Überblick über das Thema der Kinderarmut sowie um aktuelle Problematiken, wie beispielsweise die Coronasituation. Durch sie wird Armut wieder stärker öffentlich zum Thema. *„Außerdem hat sich unter Corona zunächst wohl die Einkommenssituation der Familie verschlechtert. [...] Der virtuelle Kontakt mit der Schule wurde durch fehlende Hardware erschwert und der Kontakt zu Gleichaltrigen kam zum Erliegen"* (Karl August Chassé). Aber nicht nur die Coronapandemie, sondern auch das Lebenslagenkonzept und die Kinderarmutsforschung werden im Interview thematisiert.

Zu Beginn eine persönliche Frage: Wie sind Sie darauf gekommen, sich mit dem Thema Kinderarmut zu beschäftigen?

Ich bin auch erst Ende der Neunzigerjahre darauf gekommen, mich mit Kinderarmut zu beschäftigen; aber ich habe mich vorher natürlich schon mit Armut befasst. Ich komme selbst aus einfachen Verhältnissen und bin im Zuge der Bildungsreform, als Begabungsreserven mobilisiert werden sollten, 1964 auf Empfehlung der Schule von der Realschule aufs Gymnasium gekommen. Das Gymnasium hatte damals speziell naturwissenschaftlich ausgerichtete Zweige eingerichtet. Das klassische Gymnasium war eher humanistisch ausgerichtet, also mit Griechisch und Latein; obwohl ich dann auch Latein im Gymnasium gelernt habe. Meine erste wissenschaftliche Tätigkeit war die Mitarbeit im Projekt „Randgruppensozialisation", geleitet von Gerd Iben, gefördert von der Alfried Krupp von Bohlen und Halbach-Stiftung. Sein Ziel war es, neue Möglichkeiten in der Arbeit mit Menschen in Obdachlosensiedlungen zu entwickeln. In Bezug auf Kinder und Jugendliche haben wir uns damals an den Situationsansatz angelehnt, der grob gesagt an den Alltagssituationen und Alltagserfahrungen der Kinder und Jugendlichen ansetzt, um neue (emanzipatorische?) Erfahrungen zu ermöglichen. Außerdem haben wir mit Paulo Freire gesprochen, den wir nach Frankfurt eingeladen hatten, um Schlüsselsituationen zu finden, mit denen sich die Kinder und Jugendlichen mit ihren Lebenssituationen auseinandersetzen und lernen können. Ich selbst bin nicht von Anfang an dabei gewesen, sondern später dazu gekommen und habe an den Situationen *arm und reich sein, spielen und kochen, zur Schule gehen* und einigen anderen mitgearbeitet. Aus der Arbeit an diesem Projekt hat sich das Thema meiner Dissertation „Armut nach dem Wirtschaftswunder" von 1988 entwickelt. Danach habe ich in Trier das DFG-Forschungsprojekt „Armut im ländlichen Raum" für fünf Jahre durchgeführt, geleitet von Hans Pfaffenberger. Ganz grob gesagt ist dabei herausgekommen, dass wir im ländlichen Raum zwar nach der Zahl der Fälle einen ordentlichen Anteil an Altersarmut haben (über ein Drittel), nach der Zahl der betroffenen Personen aber ein Übergewicht von „modernen" Problemen wie Allein-Erziehung und Arbeitslosigkeit. 45 % aller Sozialhilfebeziehenden des ländlichen Untersuchungsgebiets waren Kinder oder Jugendliche bis 25 Jahren. Das Projekt in zwei Landkreisen im Hunsrück und der Eifel zeigte, dass mithelfende Familienangehörige (meist Frauen), die erst spät sozialversichert wurden, noch in starkem Maße auf die traditionellen Selbsthilfestrukturen (Wohnen mit Wohnrecht, mietfrei, im eigenen Haus, bei Verwandten, verwandtschaftliche Unterstützung bei Hilfe, Pflege oder Betreuung) vor allem in den Dörfern zurückgreifen konnten, bei großer Distanz zu sozialen Diensten. Diese Form der Altersarmut wird, vor allem im ländlichen Raum, wahrscheinlich aussterben. Zugleich haben wir in den Dörfern und Kleinstädten einen hohen Anteil „moderner" Armut, vor allem von Alleinerziehenden und Arbeitslosen vorgefunden, die quantitativ, wenn man es also in Personenzahlen misst, die Mehrheit waren. Diese Menschen hatten auch Strukturen von Selbsthilfe, also teilweise auch nachbarschaftlicher Selbsthilfe, die sie untereinander entwickelt haben, weil sie im selben Wohnblock in der Kleinstadt lebten. Das war ein interessantes Ergebnis, weil wir im ländlichen Raum schon moderne Strukturen, nämlich Ein-Elternteil-Familien und überhaupt Familien mit Kindern vorgefunden haben. Das hatte damals in der Fachwelt keiner gesehen. Vor allem an der Inanspruchnahme einmaliger Beihilfen zeigte sich die soziale Distanz als deutlicher Aspekt ländlicher Mentalität, der eine grundsätzliche Reserve gegenüber Transferbezügen (außer Altersrenten) entspricht, man könnte sie mit dem Prinzip „für sich selbst sorgen können in jeder Lebenslage" umschreiben. Generell zeigte sich, dass Arbeitslosigkeit und Hilfebezug ein erhebliches individuelles und soziales Problem darstellen. Das dahinter stehende Strukturprinzip, die soziale Anforderung der Arbeitsamkeit, ist nun aber kein Spezifikum ländlicher Räume bzw. Mentalitäten. Die ländlichen Selbsthilfestrukturen (etwa Mitarbeit beim Hausbau oder Gelegenheitsarbeiten) tragen hier nur eine begrenzte Zeit. Arbeitslosigkeit und Hilfebezug zeigten sich als eine zentrale Gefährdung sozialer Identität und lebensweltlicher Integration, die mit den überkommenen Mitteln des Verwandtschafts- und Nachbarschaftsnetzwerks und einer auf Gegenseitigkeit beruhenden ländlichen Hilfestruktur nicht mehr zu bewältigen sind. Für die Frauen kann die Reproduktionsarbeit der Kindererziehung eine temporäre wie eine dauerhafte Lösung sein, für die Männer eher nicht. Als allgemeiner Trend zeigte sich in diesem Kontext eine soziale Neuorientierung jenseits des Dorfes, die man als regionale Orientierung an einem eigenständig gewählten Sozialbereich interpretieren kann, und die zunächst neben den traditionalen Teil der Lebenswelt treten und zum Teil auch im bewussten Gegensatz zum Dorf. Man könnte sagen, es entstehen neue Teil-Lebenswelten mit entsprechenden Orientierungen, die nur partiell an die dörflichen Milieus angekoppelt sind. Hier entstehen teilweise auch spezifische Selbsthilfestrukturen (zum Beispiel in der Kinderbetreuung, in der Beratung zu Konflikten mit Ämtern).

Ich komme mal zur Kinderarmut zurück. Kinderarmut war damals kein Thema, das kam erst mit der sogenannten neuen Kindheitsforschung auf, welche Kindheit als generationale, relationale Struktur interpretiert. Sie fordert, Kindheit als System von Beziehungen zwischen sozialen Positionen zu betrachten, wobei die Beziehungen interdependent, aber asymmetrisch und mit Machtverhältnissen verflochten sind. Die Kinder wurden dabei als Akteur:innen betrachtet, die innerhalb dieser generationalen Strukturen ihr Kinderleben mehr oder weniger gestalten können. Im zehnten Kinder- und Jugendbericht von 1998 wurde erstmals auf drei, vier Seiten das Thema Kinderarmut als eine eigenständige Form von Armut dargestellt. Da dieser etwas zu spät veröffentlicht wurde, nämlich im Sommer, während im Herbst Bundestagswahlen waren, hat er ziemlich großes Aufsehen erregt. Der Kinder- und Jugendbericht hat Kinderarmut als eine eigenständige Form von Armut dargestellt. Wir kannten die Fachdiskussion und damals hat das meine Kollegin Margherita Zander und mich dazu gebracht, ein eigenes Forschungsprojekt zum Thema Kinderarmut zu entwickeln, in dem die Frage im Mittelpunkt steht, wie sich Kinder mit dieser Situation auseinandersetzen und wie sie diese bewältigen können.

Und wie würden Sie einmal persönlich und einmal wissenschaftlich Kinderarmut definieren?

Ich weiß nicht, ob man das so trennen kann. Aus persönlicher Sicht halte ich Kinderarmut im fünftreichsten Land der Welt für ein Verbrechen – nicht durch Personen, sondern durch Strukturen – an den Kindern, weil sie den Betroffenen ein gutes Leben in der Gegenwart vorenthält. Zudem macht es die Entwicklung von Interessen und Begabungen unmöglich oder erschwert diese und weist den Kindern damit schlechte Lebenschancen für die Zukunft und eine schlechte gesellschaftliche Positionierung zu. Aus wissenschaftlicher Sicht kann gesagt werden, dass Armut der Familie in allen Lebenslagenbereichen mit Benachteiligungen verbunden ist. Generell stehen armen Familien manche Dinge nicht zur Verfügung. Jeder vierte kann zum Beispiel keine neue Kleidung für das Kind oder die Kinder kaufen. In jeder dritten Familie hat das Kind kein eigenes Zimmer. Man kann sich nur den Zahnersatz leisten oder die Brille, die von der Kasse erstattet wird. Eine Einladung von Freund:innen nach zuhause, einen einwöchigen Urlaub im Jahr oder gar einen Restaurantbesuch können sich zwischen 60 und 83 Prozent aller Armutsfamilien nicht leisten. Armut bedeutet meist eine schlechtere, beengte Wohnsituation, was auch starke Folgen für die Persönlichkeitsentwicklung der Kinder haben kann. Da haben wir in der Fachdiskussion hauptsächlich zwei Dinge angesprochen. Einmal fehlt ein Rückzugsraum, um zum Beispiel Hausaufgaben ungestört zu erledigen, und es fällt die Möglichkeit weg, mit Freund:innen oder Spielkamerad:innen in einem Zimmer oder in der Wohnung zu spielen, diese einzuladen, diese übernachten zu lassen und so weiter. Also insofern wirkt das Materielle direkt auf das Soziale und auf die Sozialisation, also die Persönlichkeitsentwicklung, zurück. Hinsichtlich der Ernährung ist oft die Grundversorgung nicht gewährleistet, vor allem hinsichtlich der ausgewogenen und gesunden Ernährung der Kinder. Wir stellen deshalb bei armen Kindern häufig Fehlernährung fest, also eher im Sinne von Übergewicht. Die außerhäusliche Versorgung, etwa im Kindergarten oder in der Schule, ist finanziell mit dem Regelsatz nicht zu stemmen. Das hat jetzt Corona auch sehr deutlich gezeigt, wo nicht überall, aber meistens das kostenlose Mittagessen für Kinder im Kindergarten oder in der Schule wegfiel. Wenn Sie bedenken, dass das etwa 2,50 Euro oder mehr pro Tag kostet und jetzt vom normalen Regelsatz bezahlt werden muss, dann sehen Sie, dass die Schwierigkeiten der Familie enorm zugenommen haben. Bei der Bekleidung steht aus der Perspektive der Kinder vor allem die symbolische kinderkulturelle Funktion im Vordergrund. Im Gegensatz zur eher funktionalen Perspektive der Eltern. Für die Kinder ist es von größerer Bedeutung, in der Kinder- und Jugendkultur mithalten zu können. Dieser Teilhabeaspekt kann meist nicht erfüllt werden. Das gilt auch oft für Klassenausflüge, Klassenfahrten, Zoobesuche oder Museumsbesuche, die Geld kosten.

Bewältigungsstrategien können hier der Kauf gefälschter Markenware sein oder die Weitergabe von Kleidung unter Familien in einer ähnlichen Lebenslage. Eine allgemeine und grundlegende Bewältigungsstrategie von Kindern und Eltern in Armut, die das Familienleben und die Kindheit prägt, ist das Üben von Verzicht bei allem, was über die Grundversorgung hinausgeht. Ausflüge und Urlaube sind für arme Familien nur ganz selten möglich, wenn überhaupt. Die letzten Studien, etwa Silke Tophoven und andere von 2015 zeigen, dass sich mehr als dreiviertel der Familien im SGB-II-Bezug keine einwöchige Urlaubsreise im Jahr leisten können. Für die Kinder fehlen damit wichtige Erfahrungs- und Erlebnismöglichkeiten einer gemeinsamen Zeit der Erholung, in der Schönes erlebt werden kann. Manche Kinder können das in ihren Unterstützungsnetzwerken erleben, also etwa mit geschiedenen Vätern, denen es besser geht, Großeltern und so weiter. Aber dieser Ersatz ist natürlich den gemeinsamen Aktivitäten von Eltern und Kindern nicht gleichwertig. Aus der Perspektive der Kinder sind die Bewältigungsstrategien stark abhängig von den Eltern und deren Strategien. Ein offener Umgang mit der Armutssituation erweist sich deshalb auch am angemessensten. Dann ist die Gesundheit der Kinder ein wichtiges Thema. Zum einen die Ernährung und das Gesundheitsverhalten betreffend, dazu habe ich eben schon etwas gesagt. Zum anderen auch mit Blick auf die Entwicklung akuter und chronischer Krankheiten, die bei armen Kindern deutlich häufiger sind. Außerdem hat sich unter Corona zunächst wohl die Einkommenssituation der Familie verschlechtert. Aufgrund der beengten Raumsituation setzte der Lockdown vor allem Kindern und Frauen vermehrt häuslicher Gewalt aus und er verringerte die Bildungschancen von Kindern und Jugendlichen. Der virtuelle Kontakt mit der Schule wurde durch fehlende Hardware erschwert und der Kontakt zu Gleichaltrigen kam zum Erliegen.

Wäre eine einheitliche Definition von Kinderarmut wichtig für den Umgang mit Kinderarmut und wie könnte diese den Diskurs beeinflussen?

Es gibt keine einheitliche Definition von Kinderarmut. Ich denke, daran müssten wir noch arbeiten. Wir haben einerseits qualitative Untersuchungen zur Kinderarmut, also da würde ich unsere Jenaer Untersuchung, die Studie *Meine Familie ist arm* nennen, und auch die ISS Studie. Wir haben andererseits in Deutschland aber auch den Vorteil, dass wir ziemlich große Datensätze, vor allem im Bereich der Bildungsforschung im weiteren Sinne, haben. Zum Beispiel *IGLU*, die *internationale Grundschul- und Leseuntersuchung*, *PISA* und andere, die mit ganz großen Datensätzen arbeiten und natürlich durchweg Ergebnisse liefern, dass soziokulturell benachteiligte Kinder Einschränkungen erleben. Aber sie arbeiten mit Schichtenmodellen. Und die Bildungsberichterstattungen arbeiten überwiegend mit Ungleichheitskonzepten. Das alles erlaubt zwar Aussagen über sozialstrukturell unten stehende Kinder und Familien; sie müssten aber in Richtung Armutsforschung weiterentwickelt werden, indem Einkommensfragen aufgenommen werden. Auch andere direkte Adressat:innenbefragungen, wie etwa die *World-Vision-Studien* oder die *Shell Studien* arbeiten mit einem Schichtenmodell, also Oberschicht, Mittelschicht, Unterschicht und manchmal noch ein bisschen differenzierter: obere Unterschicht, untere Unterschicht und so weiter. Die können schon einige Erkenntnisse liefern, sind aber zur Vertiefung von Einsichten zu Folgen und zur Bewältigung von Armutslagen deswegen nur begrenzt in der Lage. Ich spreche mich deswegen seit Längerem dafür aus, eine einheitliche Definition von Kinderarmut, gegründet auf einen relativen Armutsbegriff, anzuwenden und diese in Schichtenmodelle und Ungleichheitskonzepte zu integrieren. Das würde nicht nur den Diskurs beeinflussen, weil wir zwischen Benachteiligung oder Ungleichheit und Armut dann genauer differenzieren könnten, sondern würde auch unsere empirische Forschung entscheidend präziser weiterentwickeln.

Inwieweit widerspricht das EU-Verständnis von Armut dem Lebenslagen-Verständnis von Armut?

Darauf möchte ich ein bisschen differenzierter eingehen. Ich finde, da muss man zweierlei berücksichtigen. Einmal hat die EU-Kommission 1982 eine umfassendere Armutsdefinition gegeben, indem sie sagte: „Personen, Familien und Gruppen sind arm, wenn sie über so geringe (materielle, kulturelle und soziale) Mittel verfügen, dass sie von der Lebensweise ausgeschlossen sind, die in ihrer Gesellschaft als Minimum annehmbar ist." Das wurde natürlich in den einzelnen Mitgliedsländern sehr unterschiedlich umgesetzt. Ich will jetzt nur darauf hinaus, dass diese Definition darauf aufmerksam macht, dass Armut mehrere Dimensionen aufweist: Armut bezieht sich nicht ausschließlich auf die materielle Komponente, also Einkommensarmut, sondern auch auf die soziale und kulturelle Teilhabe am Leben. Der Lebenslagenansatz schließt übrigens an diese multidimensionale Sichtweise von Armut an. Zum anderen wurde, ich glaube 2005, das bisherige Konzept in der EU von 50 Prozent des Durchschnittseinkommens auf 60 Prozent des Medianeinkommens umgestellt, bei veränderter Gewichtung der einzelnen Haushaltsmitglieder. So veränderte sich bei der Berechnung des Haushaltsbedarfs etwa die Gewichtung von Kindern von 0,5 auf 0,3 Prozent. Allerdings muss man sagen, ist die Berechnung mit dem Median genauer als die Durchschnittsberechnung, weil sie die Extreme Oben und Unten besser einbezieht. Sie können sich sicherlich vorstellen, wenn der Reichtum in einer Gesellschaft zunimmt, dann steigt das Durchschnittseinkommen und der Median würde das dann genauer abbilden, weil er in zwei Hälften teilt. Die Folge dieser Umstellung war für die Sozialhilfehaushalte damals unterschiedlich. Viele dieser Haushalte haben sich verschlechtert, aber nicht alle. Dazu gibt es eine relativ große Diskussion. Aber worauf es mir hier ankommt, ist zu sagen, dass das eine Konvention war. Also hauptsächlich eine politische Konvention, die nicht wirklich wissenschaftlich begründet ist. Zur Regelsatzberechnung gibt es natürlich viel Literatur, die im Wesentlichen darauf hinausläuft, dass sie nicht sachgemäß ist.

In Ihrem Buch *Meine Familie ist arm* berichten Sie darüber, dass die Forschung nach dem Spielraumkonzept ausgerichtet ist. Uns würde interessieren, warum der Ansatz für Sie so wichtig ist und wieso er auch so zielführend ist?

Das Spielraumkonzept unterscheidet genauer zwischen verschiedenen Bereichen der Lebenssituation. Es geht im Unterschied zur Armutsstatistik beim Einkommen nicht nur um Geld, sondern zum Beispiel auch um Naturalien und Geschenke. Dann lässt das Spielraumkonzept die Spielräume von Kindern mit denen von den Erwachsenen vergleichbar werden und zeigt, dass sie unterschiedlich sind. Es lässt auch die Option zu, dass enge Spielräume in einer Dimension ausgeglichen werden können durch eine andere Dimension. Wir haben auch analytisch die Frage gestellt, wie die einzelnen Spielräume zusammenwirken und was letzten Endes für Handlungsspielräume bleiben, also Gestaltungsmöglichkeiten in oder trotz Armut. Das kann sowohl für die Familie gefragt werden, als auch für die Kinder. Das Spielraumkonzept hat sich in der Nachkriegszeit als sozialpolitisches Konzept des Wirtschaftswunders entwickelt. Es ging in der Sozialpolitiktheorie darum, die Handlungsmöglichkeiten der Bevölkerung begleitend zur ökonomischen Entwicklung, zu der Wohlstandsentwicklung durch Sozialpolitik zu erweitern. Es war also in diesem Sinne ein emanzipatorisches Konzept, vor allem bei Ingeborg Nahnsen 1975, weil sie die Entwicklung von Interessen als abhängig von der Lebenslage betont hat.

Wie kann es möglich gemacht werden, dass die Kinder selbst in die Kinderarmutsforschung mit einbezogen werden? Und welche Relevanz hat das für Sie?

Ich halte es von großer Bedeutung, weil die Beteiligung von Kindern und Jugendlichen auch in der Sozialen Arbeit unterentwickelt ist. Im letzten Kinder- und Jugendbericht von 2021 geht es um die Beteiligung von Kindern; und er zeigt das sehr detailliert. Für vielversprechend halte ich den internationalen Ansatz von *Children's Worlds+*. Er fragt Kinder und Jugendliche danach, was sie aus ihrer Sicht brauchen und untersucht Zugänge zu bedarfsgerechter Infrastruktur, Zeit, Zuwendung und Fürsorge, finanzielle Absicherung der Rechte, Beteiligung und gute Interaktion, sowie den Versorgungsgrad, die Mangel- und Defiziterfahrungen und die Haltung der Erwachsenen dazu. Das wurde bisher realisiert in 24 Gruppendiskussion und der Auswertung mit einem jugendlichen Expert:innenteam, wodurch die Zielgruppe einbezogen ist. Wenn Sie das mal anschauen, kommen die zu der Forderung „Fragt uns", also die Kinder und Jugendlichen selbst. Sie sollen zudem an der Interpretation der Daten und der Kommunikation in der Gesellschaft beteiligt werden. Das finde ich einen wichtigen Ansatz. Ich möchte nur dazu bemerken, dass für benachteiligte Kinder das Engagement in solchen Gruppen ungewöhnlich ist, da sie das nicht kennen und da wahrscheinlich für arme Kinder andere Formen als eine normale Gruppendiskussion entwickelt werden müssten. Das wäre dann noch eine methodische Herausforderung.

Wie können von Armut betroffene Kinder bestmöglich in Bildungseinrichtungen gefördert werden?

Das ist keine leichte Frage. Ich gehe die Bildungseinrichtungen mal durch. Was die Kindertagesstätten und Krippen betrifft, habe ich die Entwicklung von Bildungsplänen durch die Bundesländer für gut gehalten. Das war vor ungefähr zehn Jahren. Diese Bildungspläne haben überwiegend einen universalistischen Bildungsbegriff, das heißt, die Kinder sollen an Natur, Kunst, Musik und viele andere Bereiche, wie Sprache und so weiter herangeführt werden. Im Unterschied zum französischen System wird hier der Unterschied zur Schule betont und die frühe Kindheit als eigenständig betrachtet. Es gibt keine Untersuchungen darüber, inwieweit in Deutschland die Bildungspläne umgesetzt werden und welche Effekte das hat. Die letzte große Kindergartenuntersuchung Nubbek wurde 2013 veröffentlicht, das ist also schon eine Weile her. Sie kommt zu einem eher mittelmäßigen Befund deutscher Kindergärten. Der Einbezug der Eltern wird auf die verschiedenste Weise verwirklicht. Da gibt es Erfahrungen, etwa aus Modellprojekten von der Mitarbeit im Kindergarten, damit die Eltern das, was sie im Kindergarten sehen und erleben, in die Familie übernehmen können, also vom Spielen mit den Kindern, dem Vorlesen und Singen bis hin zu eigenständigen Angeboten für die Eltern, also etwa Sport, Bewegung, Yoga, Beratung in Erziehungsfragen und Müttertreffs; wohlgemerkt nur für die Eltern. Die Beratung bei Ämtern scheint mir ein weiteres entscheidendes Glied zu sein. Und ferner sollten die Einrichtungen im Stadtteil vernetzt sein, um den Kindern und Eltern neue Erfahrungs- und Beteiligungsmöglichkeiten zu eröffnen. In der Schule bedarf es einer Pädagogik, die eigenmotiviertes, selbstständiges Denken und Lernen höher schätzt als Ergebnisse in Gestalt von Punktzahlen und Kompetenzbewertungen. Die Dispositionen benachteiligter Kinder sind als Potenziale zu verstehen, die sich eher an inhaltlicher Logik als an formaler Logik orientieren und sich eher an allgemeinen Kontexten als an Abstraktion und analytischer Zerlegung und auf Empathie statt Klassifikation berufen. Solche Kompetenzen werden übrigens in technischen und sozialen Berufen zunehmend gebraucht. Generell sollte vor allem in der Grundschule die Leistungsbewertung zurückgefahren werden. Die frühe Selektion in der vierten Klasse übergeht den Persönlichkeitsschub in der Pubertät. Gemeinschaftsschulen von der ersten Klasse bis zum Ende der Schulpflicht, halte ich für sinnvoll. Auch wenn die Erfahrungen mit der Ganztagsschule bisher uneinheitlich sind, ist die Grundidee wichtig, nämlich vor allem den benachteiligten Kindern neben der Schule auch andere Möglichkeiten der Interessensentfaltung und Beteiligung zu bieten, durch Musik, Theater, Kunst, Sport und vieles andere. Dann ist auch die flächendeckende Einführung von Schulsozialarbeit an Grundschulen wichtig und hat sich bewährt. Die offene Kinder- und Jugendarbeit sollte zudem ausgebaut statt weiter gekürzt werden. Und schließlich sollte die berufsbezogene Soziale Arbeit nach Paragraph 13 SGB VIII stärker sozialpädagogisch ausgestaltet werden.

Sollte es eher Familienarmut oder Kinderarmut heißen? Welche Rollen haben die Perspektiven der Kinder und der Familie in der Bekämpfung von Kinderarmut? Und was sollte eine Existenzsicherung für Kinder beinhalten, damit diese von der finanziellen Situation ihrer Eltern unabhängiger sind?

Ich bin für Kinderarmut und bringe ich Ihnen ein Beispiel aus unserem Jenaer Projekt. Wir hatten da einen Jungen, der in geteilter Elternschaft lebte und der in der Regel am Wochenende bei seinem Vater war. Der Vater hat ihn eingekleidet, ist mit ihm in den Zoo, ins Museum und ins Schwimmbad gegangen, hat mit ihm Urlaub gemacht und so weiter. Der Junge hat praktisch die Armut der Familie nicht gespürt, weil der Vater das ausgeglichen hat. Trotzdem war die Familie arm. Er hatte einen Bruder von einem anderen Vater, zu dem der Kontakt abgebrochen war und dem ging es richtig schlecht. Also, das muss ich jetzt vielleicht nicht weiter ausführen, aber Sie sehen, dass Familienarmut zwar in der Regel Kinderarmut bedeutet, jedoch nicht immer. Man kann natürlich sozialpädagogisch in die Richtung weiterdenken: Was könnte Kindern helfen die Begrenzung ihres Kinderlebens, die die Familie nicht ausgleichen kann, zu überwinden? Da mache ich später ein paar Vorschläge, die hauptsächlich die kommunale Infrastruktur betreffen. Die zweite Frage war die Perspektive der Kinder. Die sind unserer Einschätzung nach meistens ziemlich realistisch und beziehen sich auf die Anerkennung in der Schule, die Möglichkeit der Realisierung von Interessen, auf ein eigenes Zimmer, auf mehr Freund:innen und Spielkamerad:innen und darauf, mithalten zu können in der Kinderkultur. Das ist, wie oben erwähnt, oft nicht machbar. Eine Hartz-IV-Familie kann sich zum Beispiel keine 300 Euro Mitgliedschaft in Sportvereinen leisten. Auch der Kauf von Sachen, die in der Kinderkultur gerade hochgeschätzt werden, ist nicht immer möglich. Mehr Freund:innen und Spielkamerad:innen, das ist natürlich ein weites Feld, aber da spielt auch etwa die Wohnung eine Rolle, zum Teil auch das Stadtviertel, also die Möglichkeit überhaupt Kinder und Spielkamerad:innen zu treffen. Zur Perspektive der Eltern möchte ich sagen, dass diese meist darunter leiden, dass sie ihre Kinder nicht besser fördern und ihnen wenig dabei helfen können, Anerkennung in der Kinderkultur zu erreichen; meist schränken sich die Eltern zuerst selbst ein. Dann spielt der Wunsch nach weniger Bürokratie im Hilfebezug eine Rolle. Die Bürokratie ist häufig mit Demütigung und Entwürdigung verbunden, was Eltern und Kinder gleichermaßen beklagen.

Was wünschen Sie sich (außer einer Existenzsicherung für Kinder) für die Kinderarmutsforschung in Zukunft und was würden Sie sich in fünf Jahren wünschen?

Also zunächst müssen wir zu den letzten anderthalb Jahren, also zur Zeit der Coronapandemie, sagen, dass sie nach allem, was wir bisher wissen, für die armen Kinder eine Katastrophe war. Wir überblicken das zwar noch nicht genau, aber soweit wir das bisher sehen, kann das so gesagt werden. Die Aufgabe, Kinderarmut zu beseitigen ist also noch größer geworden. Ich glaube aber auch davon unabhängig, dass diese Aufgabe insgesamt zu groß ist, als dass sie in den nächsten fünf Jahren gelöst werden könnte. Sie kann vielleicht abgemildert werden. Wie gesagt, meine Forderung wäre eine auskömmliche Kindergrundsicherung, die auch nicht an alle gehen muss, sondern nur an die Bedürftigen. Wie bereits erwähnt braucht es zudem eine kostenlose kommunale Infrastruktur, also Zugang zu Mittagessen, ÖPNV, Sportvereinen, Musikschulen, Schwimmbädern, Kinos, Museen und so weiter.

Welche Möglichkeiten sehen Sie, oder was wäre nötig, um die Kinderarmutsforschung weiterzuentwickeln?

Die letzten großen Studien liegen ewig zurück, also unsere 20 Jahre und die *AWO-ISS-Studie* im Grunde auch. Wir bräuchten aktuelle Untersuchungen und Erhebungen, um Lebenslagen unter heutigen Rahmenbedingungen wie Hartz IV, Prekarität, im Ausbau der öffentlichen Infrastruktur, also zum Beispiel Kindertagesbetreuung mit Bildungsauftrag, Schulsozialarbeit, Ganztagsschule, Präventionsketten oder der Verbreitung von Präventionsansätzen im Sozialraum zu untersuchen. Das ist alles relativ neu und hat es zu den Zeiten, als die genannten Studien durchgeführt wurden, nicht gegeben. Die *AWO-ISS-Studie* hat zwar die Kinder jetzt bis zum 25. Lebensjahr weiter befragt, aber für die Armutsforschung wäre natürlich wichtig, dass wir wissen, was mit den heutigen Kindern ist und nicht mit denen, die vor 20 Jahren im Kindergarten waren. Das scheint mir ganz dringlich. Es gibt relativ viele Veröffentlichungen zu Kinderarmut, aber keine aktuelle Empirie unter den heutigen Bedingungen – das fehlt und ist ganz dringend zu ändern. Sicher wäre es auch sinnvoll wieder eine Längsschnittuntersuchung zu machen. Natürlich wäre es heutzutage wichtig, die Kinder, die heute aufwachsen über die Kindheit und die Jugend zu beobachten, zu befragen und vielleicht auch teilhaben zu lassen an der Untersuchung und ihrer Veröffentlichungen, wie wir es vorhin angedeutet haben.

Welche Institutionen sind Ihrer Meinung nach für die kindbezogene Armutsprävention bzw. -bekämpfung verantwortlich und warum?

Wie bereits in einer Ihrer vorherigen Fragen, wie man in Bildungseinrichtungen fördern kann, habe ich schon einiges dazu gesagt. Neben den Institutionen der Sozialisation, also Kindergarten, Jugendhilfe und Schule, ist natürlich die Politik eine wichtige Institution, um etwa auf kommunaler Ebene Zugänge zu sozialer und kultureller Infrastruktur zu schaffen. In Frankfurt ist für Kinder bis 14 Jahren der Besuch von Freibädern, Museen, Musikveranstaltungen und Ähnlichem kostenlos. Das gilt auch für den öffentlichen Personennahverkehr. Ich denke, das wäre überall eine kleine, aber wichtige Verbesserung der Situation der Kinder und würde ihnen mehr Spielräume ermöglichen. Auf kommunaler Ebene sollten Einrichtungen geschaffen werden, sodass Kinder gehört werden können. In der Kinderrechtskonvention ist die Verpflichtung formuliert, in allen Angelegenheiten, die Kinder betreffen, also meinetwegen Städtebau,

Straßenbau, Verkehrsplanung, die Kinder zu berücksichtigen; das passiert so gut wie nirgends. Ferner ist die Wohnungsfrage eine politische Herausforderung ersten Ranges. Hier müssten eigentlich alle föderalen Ebenen zusammenarbeiten, um Familien eine angemessene Wohnungsgröße von ordentlicher Qualität und Kindern einen Rückzugs- und Spielort, zu ermöglichen. Das halte ich für eine große Herausforderung. Wie zum Beispiel auch Christoph Butterwegge in unserem Handbuch Kinderarmut sagt, da müssten alle föderalen Ebenen zusammenarbeiten. Aber davon sind wir weit entfernt. Da werden höchstens kleine Schritte möglich sein. Also wie erwähnt, ich habe selbst seit Jahren gefordert, Grundsicherungen mit kostenloser öffentlicher Infrastruktur für Kinder einzurichten. Das letzte könnte man über Jugendhilfe erreichen, also über das SGB VIII. Das hätte den Vorteil, dass die föderalen Ebenen bestimmt würden und die das nicht durch Nichtstun oder Weghören unterminieren können.

Armutsprävention stellt eine gesellschaftliche Verpflichtung dar. Was könnte jede:r einzelne Bürger:in machen, um dieser nachzukommen?

Erstmal würde ich sagen, muss ganz genau hingeschaut werden, welche Parteien in der Kommune, also etwa in einer Stadt oder in einem Dorf, dann in den Bundesländern und schließlich im Bund, Armutsprävention wie im Blick haben und entsprechend auch Einfluss nehmen. Das kann sehr unterschiedlich sein. In Frankfurt gehen die Initiativen überwiegend auf die Frankfurter SPD und den Frankfurter Oberbürgermeister zurück. Was man von der Bundes-SPD nicht behaupten kann. Das sind also schon sehr unterschiedliche Ebenen. Dann würde ich auch sagen, dass innerhalb der Kommunen der Länder sehr genau geschaut werden muss, welche Organisationen der Jugendhilfe was wie machen. Da steht manchmal Armutsprävention drauf, das ist aber nicht immer das Optimale. Da können wir, also vor allem wir als Sozialarbeiter:innen, dann auch mal fachlich tätig werden und sagen: „Hey Leute, ihr seid da nicht auf dem neusten Stand, da gibt's anderswo viel bessere Dinge, schaut euch das mal an!" Als letzten Punkt würde ich sagen, auch ehrenamtliche Hilfe macht manchmal Sinn. Zum Beispiel Patenschaften für Kinder oder Familien. Ansonsten arbeiten wir beruflich hauptsächlich mit diesen, da gilt es aber auch sehr genau hinzuschauen. Ich würde sagen, es ist nicht unbedingt überall Prävention drin, wo Prävention draufsteht. Wir haben in der Einleitung zum Kinderarmutshandbuch, sagen wir mal eine eher skeptische Einschätzung entwickelt. Wir haben gesamtgesellschaftlich ein geteiltes Entwicklungsmodell, in dem die Produktion von Prekarität, also von vulnerablen Arbeitsverhältnissen, Deutschland hat ja mit 25 Prozent den größten Niedriglohnsektor in der EU, zu diesem aktuellen Entwicklungsmodell gehört. So gesehen hat die Kinderarmutsbekämpfung schlechte Karten, weil dieses Modell darauf beruht, dass ein Teil der Familien in prekären Arbeitsverhältnissen bleibt, was natürlich auf die Lebenslage der Kinder Auswirkungen hat. Dennoch würde ich sagen, all das, was wir jetzt besprochen haben, sind Schritte zur Milderung von Armut und das sollte nicht geringgeschätzt werden, das muss gemacht werden. Auch da gibt es im Einzelnen noch viele Verbesserungsmöglichkeiten, sowohl in der Schule als auch im Kindergarten, in der offenen Kinder- und Jugendarbeit und so weiter.

Wir bedanken uns bei Ihnen für dieses Gespräch.

Literaturtipps

Butterwegge, Christoph (2020): Was gegen Kinderarmut in Deutschland zu tun ist. In: Rahn, Peter/Chassé, Karl August (Hrsg.): Handbuch Kinderarmut. Opladen & Toronto: Verlag Barbara Budrich, S. 275–283.

Chassé, Karl August/Zander, Margherita/Rasch, Konstanze (2010): Meine Familie ist arm: wie Kinder im Grundschulalter Armut erleben und bewältigen. 4. Auflage. Wiesbaden: VS Verlag für Sozialwissenschaften.

Chassé, Karl August (2011): Widersprüche der Bekämpfung von (Kinder)Armut in der Sozialen Arbeit. Widersprüche, 31. Jg. 2011, Heft 119/120, S. 79–97.

Chassé, Karl August (2020): Kinderarmut und das Konzept der Lebenslage. In: Rahn, Peter/Chassé, Karl August (Hrsg.): Handbuch Kinderarmut. Opladen & Toronto: Verlag Barbara Budrich, S. 38–46.

Weitere im Text verwendete oder angesprochene Literatur

Nahnsen, Ingeborg (1975): Bemerkungen zum Begriff und zur Geschichte des Arbeitsschutzes. In: Osterland, Martin (Hrsg.): Arbeitssituation, Lebenslage und Konfliktpotenzial. Frankfurt: EVA, S. 145–166.

Rahn, Peter/Chassé, Karl August (Hrsg.) (2020): Handbuch Kinderarmut, Opladen & Toronto: Verlag Barbara Budrich.

Statista Research Department (2020): Armutsgefährdungsquote von Kindern in Deutschland von 2005 bis 2019. https://de.statista.com/statistik/daten/studie/785520/umfrage/armutsgefaehrdungsquote-von-kindern-in-deutschland/ [29.11.2021].

Tophoven, Silke/Wenzig, Claudia/Lietzmann, Torsten (2015): Kinder- und Familienarmut. Lebensumstände von Kindern in der Grundsicherung. Gütersloh: Bertelsmann Stiftung.

Artur Dirks und Milena Frankenberger

Kinderarmut und Migrationshintergrund – ein blinder Fleck der Armutsforschung?
Ein Interview mit Carolin Butterwegge

Nachdem die seit den frühen 1980er-Jahren stark gestiegene Armutsbetroffenheit nichtdeutscher Familien in der Armutsforschung lange Zeit wenig behandelt wurde, hatten im Laufe der 1990er-Jahre Armutsberichte nichtstaatlicher Organisationen belegt, dass Ausländer:innen in Deutschland zu den besonders armutsbedrohten Bevölkerungsgruppen zählen (vgl. Butterwegge 2010: 65). Das hohe Armutsrisiko der ausländischen Bevölkerung lässt sich neben einer höheren Arbeitslosenquote auch auf benachteiligende Rahmenbedingungen und individuelle Schwierigkeiten (beispielsweise sprachliche Defizite oder keinen deutschen Berufsabschluss) zurückführen (vgl. ebd.: 68).

Für das Jahr 2017 gab der Mikrozensus des Statistischen Bundesamtes an, dass 15 Prozent der Familien mit minderjährigen Kindern armutsgefährdet waren, 29 Prozent davon waren Kinder aus Familien mit Migrationshintergrund (vgl. Butterwegge 2020: 164). Dass Familien mit Migrationshintergrund häufiger Schwierigkeiten haben, für alle im Haushalt lebenden Personen ein ausreichendes Einkommen zu verdienen, lässt sich unter anderem darauf zurückführen, dass einige Eltern gar nicht oder nur in geringem Maße erwerbstätig sind beziehungsweise sein können, die Eltern häufiger nur gering qualifiziert sind oder die Qualifikation nicht anerkannt wird sowie auf den häufiger vorkommenden Kinderreichtum in Familien mit Migrationshintergrund (vgl. ebd.: 165).

Sind die Kinder von Armut betroffen, zeigen sich deutliche Auswirkungen in allen Lebenslagebereichen: Das Verhalten der Kinder wird auffälliger, Integrationsprozesse und Bewältigungsstrategien schlagen häufiger fehl. Laut Carolin Butterwegge wurden in der AWO-ISS-Langzeitstudie Auffälligkeiten der Kinder im Vor- bis Grundschulalter erforscht. Dabei zeigten sich in allen Lebenslagebereichen (materiell, kulturell, gesundheitlich und sozial) Benachteiligungen der armutsbetroffenen Kinder mit Migrationshintergrund. Die Kinder hatten weniger Spielmaterialien und Freizeitmöglichkeiten zur Verfügung, wurden häufig verspätet eingeschult oder hatten schulische Probleme aufgrund fehlender Sprachkenntnisse der Eltern. Auch psychosomatische und chronische Erkrankungen, aggressives Verhalten und häufigere Regelverletzungen zählen laut der Studie zu den Auswirkungen der Armutsbetroffenheit von Kindern mit Migrationshintergrund (vgl. Butterwegge 2010: 80). Auch Jugendliche der zweiten und dritten Generation und sogenannte Spätaussiedler:innen leiden häufig unter lebensweltlichen Problemen, die unter anderem in Form von Sprach- und Identitätsproblemen, delinquenten Verhaltensweisen und wachsenden Schwierigkeiten der Eingliederung in den Arbeits- und Wohnungsmarkt sichtbar werden (vgl. ebd.: 83f.). Die Reaktionen beziehungsweise die Bewältigungsstrategien einer Gruppe rumänischer Jugendlicher auf diese Armuts- und Enttäuschungserfahrungen zeigten sich unter anderem darin, dass sie sich in den Kreis der Familie oder der Herkunftsgesellschaft zurückzogen oder sich sozial isolierten und entfremdeten. Auch die Flucht in die virtuelle Welt sowie gesteigerte Aggression und Gewaltbereitschaft waren eine Strategie von betroffenen Jugendlichen (vgl. Butterwegge 2010: 87).

Trotz all dieser Fakten möchten wir nicht unerwähnt lassen, dass die Armutsbetroffenheit von Menschen mit Migrationshintergrund (einschließlich der jüngsten Flüchtlingszuwanderung) mit knapp 42 Prozent eine Minderheit der von Armut betroffenen Bevölkerung darstellt (vgl. Butterwegge 2020: 165).

Dennoch wollten wir – Milena Frankenberger und Artur Dirks – mehr über die Armut von Kindern mit Migrationshintergrund erfahren und haben uns daher sehr über die Möglichkeit gefreut, *Dr. Carolin Butterwegge* interviewen zu können. Sie wurde 1974 in Wermelskirchen geboren und ist durch ihr Studium der Sozialen Arbeit und damit einhergehenden internationalen Praktika und Reisen in ihren Freisemestern auf das Thema Kinderarmut aufmerksam geworden. Im Rahmen ihrer Diplomarbeit wurde sie selbst in diesem Feld aktiv und hat in verschiedenen Projekten mitgearbeitet. Im Jahr 2009 promovierte sie an der Universität Duisburg-Essen über die Armut von Kindern mit Migrationshintergrund. Aufgrund ihrer Leidenschaft für das Thema Kinderarmut wurde Butterwegge auch politisch aktiv. Seit 2007 ist sie Mitglied der Partei Die Linke und war zwischen 2010 und 2012 für diese Partei Abgeordnete im nordrhein-westfälischen Landtag. Seit 2018 ist sie sozial- und kinderpolitische Sprecherin ihrer Partei im Landesvorstand von Nordrhein-Westfalen. Nach vielen Jahren der Forschung und Veröffentlichungen über Kinderarmut und Migration arbeitet Carolin Butterwegge als Dozentin an der Professur für Erziehungswissenschaft an der Universität zu Köln und widmet sich besonders dem Gebiet Kinderarmut und Bildung.

Das Interview mit Carolin Butterwegge verdeutlicht im Kontext der Kinderarmutsforschung die Probleme, mit denen sich die Forschenden vor allem im Bereich der Kinderarmut und Migration konfrontiert sehen. Ein wesentliches Problem dabei ist, dass zu wenig in diesem Bereich geforscht und die wissenschaftliche Annäherung an das Thema durch die Komplexität von Migration sowie der Heterogenität von Migrant:innen weiter erschwert wird (vgl. Butterwegge 2020: 162). Verdeutlicht werden kann diese Heterogenität beispielsweise damit, dass die Armutsgefährdung je nach Herkunftsgruppe höchst unterschiedlich ausfällt. So gibt es beispielsweise Gruppen von Migrant:innen aus Ländern wie Österreich, Großbritannien und Frankreich, die sogar weniger armutsgefährdet sind als deutsche Mitbürger:innen (vgl. ebd.: 164). Aus diesem Grund müssen in der Erforschung des Themas (Kinder-)Armut und Migration die

Herkunftsländer, -gruppen und die (historischen) Umstände sowie Rahmenbedingungen der jeweiligen Familien berücksichtigt werden.

Das Ziel unseres Interviewbeitrages soll daher sein, auf die Schwierigkeiten der Kinderarmutsforschung in Bezug auf Migration hinzuweisen und die Dringlichkeit zu betonen, dass entsprechende Forschung entwickelt und gefördert wird. Gelingt es, die Forschung in diesem Bereich zu vertiefen und weitere Erkenntnisse zu erlangen, ist der Staat in seiner politischen Verantwortung gefragt, die Lebenssituationen der jeweiligen Kinder beziehungsweise Familien zu verbessern.

Gleich zu Beginn eine persönliche Frage: Wie sind Sie darauf gekommen, sich mit dem Thema Kinderarmut zu beschäftigen?

Dass ich begonnen habe, mich mit dem Thema zu beschäftigen, war unter anderem durch mein Studium der Sozialen Arbeit bedingt. Auch viele Reisen, etwa in einem Freisemester und internationale Praktika, beispielsweise in Indien oder Kenia, haben mich geprägt. Bei diesen habe ich mich mit Armut, Globalisierung und deren Auswirkungen befasst, da ich feststellen konnte, dass es weltweit eine große Zahl von Menschen gibt, die unter miserablen, existenzbedrohenden Bedingungen leben. Dies betraf insbesondere Kinder. So habe ich einerseits schon vorher die Themen interkulturelle Soziale Arbeit und Migrationspolitik verfolgt, andererseits habe ich mich nun immer mehr mit Armut und vor allem Kinderarmut befasst. Insbesondere die Situation von Straßenkindern hat mich berührt, weshalb ich im Rahmen meiner Diplomarbeit in diesem Feld tätig geworden bin. Zu diesem Zweck war ich in Kenia und habe in Projekten für Straßenkinder mitgearbeitet. Auch in Köln habe ich in Notunterkünften für Jugendliche, die auf der Straße wohnen, mitgearbeitet. Dabei konnte ich feststellen, dass sich die Lebenslagen der Jugendlichen in Köln durchaus mit denen von Kindern und Jugendlichen aus Ländern, in denen man von absoluter Armut spricht, vergleichen lassen. Daraus ist meine Diplomarbeit entstanden und auch danach habe ich mich weiterhin mit diesen Themen beschäftigt. Dazu habe ich auf wissenschaftlicher Ebene sehr viel zu Migrationspolitik gearbeitet und in diesem Bereich nach einem Thema für eine Dissertation gesucht. Das Thema der Armut von Kindern mit Migrationshintergrund konnte ich dabei als eine Art Schnittstellenthema aus den Themen, mit denen ich mich bisher beschäftigt hatte, ausmachen. Die nächsten zehn Jahre habe ich mich auf den Stand der Forschung gebracht und versucht, das ganze Thema der Kinderarmut in seiner Komplexität in Publikation, Forschung und für Bildungsangebote aufzuarbeiten. Und dabei bin ich geblieben. Nun bearbeite ich das Thema mit Fokus auf Zusammenhängen mit der schulischen Bildung mit Studierenden in der Lehrer:innenausbildung, es spielt aber auch in meiner politischen Arbeit eine Rolle. Für Die LINKE betreue ich seit langem das Feld der Kinder- und Jugendpolitik, beispielsweise im Landtag zwischen 2010 und 2012 zu Zeiten der Minderheitenregierung in Nordrhein-Westfalen. Politisch treibt mich einerseits die Kinder- und Jugendpolitik, andererseits die Sozialpolitik um, zuletzt verschränkt mit der Frage der Bildungspolitik, der ich mich verstärkt zugewendet habe. Sehr wichtig sind mir vor allem die Zusammenhänge zwischen Kinderarmut und Bildung, für die ein Bewusstsein geschaffen werden muss.

Wie würden Sie aus persönlicher und aus wissenschaftlicher Perspektive Kinderarmut definieren?

Es gibt eine engere Definition der relativen Armut, die sich auf die Situation eines Kindes bezieht, das in einem einkommensarmen oder „armutsgefährdeten" Haushalt lebt. Diese Definition bezieht sich ausschließlich auf den Ressourcenaspekt, also auf die Einkommensarmut der Familien. Häufig bleibt man auf dieser Ebene stehen, wenn man von Kinderarmut spricht. Dann wird beispielsweise über die Zahlen gesprochen, geschrieben und geforscht, nach denen es in Deutschland rund 2,8 Millionen Kinder gibt, die in relativer Armut leben. Innerhalb der Kinderarmutsforschung wird die Kinderarmut aber nicht auf eine haushaltsbezogene Einkommenssituation beschränkt, es wird noch viel mehr mit ihr verbunden. Beispielsweise hat man festgestellt, dass sich familiäre Armut auf die unterschiedlichsten Lebenslagebereiche wie die materielle Grundversorgung, die soziale, kulturelle und gesundheitliche Lage von Kindern und Jugendlichen auswirkt. Besonders gut zeigt dies das Kinderarmutskonzept der AWO-ISS-Studie, welches das Risiko von armen Kindern, Einschränkungen oder eine Unterversorgungslage in Lebensbereichen wie Bildung oder Gesundheit zu erleiden, als sehr viel höher benennt als bei nicht armen Kindern. Dies ist für mich der Kern der Armut und damit eine Art weite Definition.

Wäre eine einheitliche Definition von Kinderarmut wichtig für den Umgang mit Kinderarmut, und wie könnte diese den Diskurs beeinflussen?

Gerade habe ich über einen engen und einen weiten Kinderarmutsbegriff gesprochen. Dabei ist der Enge derjenige, auf den man sich einigen kann und der gesellschaftlich konsensual ist. Das was ich darüber hinaus mit dem weiten Kinderarmutsbegriff fasse, das sind die Aspekte mit denen sich hauptsächlich Fachleute befassen. Wenn es gelänge, dass dieser weite Armutsbegriff ein Konsens wäre, dann würde daraus resultieren, dass mit ganz anderen Gegenmaßnahmen oder Lösungsstrategien gearbeitet werden kann. So könnten wir über die reine Geldfrage hinaus auch mehr auf die Bereiche Gesundheit, Bildung, kindbezogene Infrastruktur usw. schauen, womit sich sehr viele weitere Handlungsfelder eröffnen würden.

Durch die Änderung des Aufenthaltsgesetzes fallen Sanktionen durch den Sozialhilfebezug in Form von möglicher Abschiebung weg. Sind Migrant:innen heutzutage dennoch stark von verdeckter Armut betroffen?

Diese aktuelle Änderung des Aufenthaltsgesetzes ist mir nicht geläufig, allerdings war es lange so, dass der Bezug von Leistungen zur Sicherung des Lebensunterhaltes durch Menschen ohne dauerhaften Aufenthaltsstatus einer Verfestigung des Aufenthaltsstatus entgegenstand. Die Inanspruchnahme einer solchen Leistung stand beispielsweise der Beantragung einer Niederlassungserlaubnis entgegen, Gleiches gilt, wenn man sich einbürgern lassen möchte. Bei all diesen Wegen zur Aufenthaltsverfestigung ist es relevant, dass man in den letzten Jahren keine sozialen Sicherungsleistungen wie beispielsweise Hartz IV in Anspruch genommen hat und sich auch momentan in einer Situation befindet, in der man diese Leistungen nicht benötigt. Dies hindert verständlicherweise viele Menschen mit einem prekären Aufenthaltsstatus daran, Unterstützungsleistungen in Anspruch zu nehmen, auch wenn sie darauf eigentlich ein Anrecht hätten. Andererseits gibt es auch andere Gründe, die Menschen davon abhalten, eine solche Hilfe in Anspruch zu nehmen. Beispielsweise haben Menschen Angst vor dem Jobcenter oder sehen sich nicht in der Lage, die notwendigen Anträge auszufüllen. Auch die Scham, auf diese Leistungen angewiesen zu sein, sowie die Angst, dass eigene Kinder oder Kindeskinder in Rahmen eines Unterhaltsrückgriffes für die Eltern aufkommen müssen, können eine Rolle spielen. Letztendlich gibt es hierzulande auch Menschen ohne Papiere, die keine Möglichkeit haben legal Unterhaltsleistungen in Anspruch zu nehmen, selbst wenn sie in absoluter Armut leben. Grundsätzlich gibt es zu verdeckter Armut zu wenig Forschung und man weiß daher auch nicht allzu viel darüber. Anfang der 2000er-Jahre gab es zu diesem Thema etwas mehr Forschung, dies ist nun allerdings etwas in Vergessenheit gerückt, weswegen ich mir aktuell keine Aussage darüber zutrauen würde, wie stark verdeckte Armut momentan bei Menschen mit Migrationshintergrund vertreten ist. Dies ist ein wenig erforschtes Feld, hinter dem aus unterschiedlichsten Gründen wenig Forschungsinteresse steht. Armut selbst ist kein besonderes Modethema, dessen Erforschung viel mit Drittmitteln gesponsert wird, sondern eher ein Stiefkind in der Forschungslandschaft, weswegen es ohnehin schwer ist, Forschungsgelder für Projekte zu bekommen. Besonders an der Erforschung verdeckter Armut gibt es wenig Interesse, da dies Schwachstellen unseres sozialen Sicherungssystems aufdecken würde.

Was müsste sich ändern, um das Risiko von verdeckter Armut effektiv zu senken?

Einerseits müsste mit Information und Aufklärung gearbeitet werden; die betroffenen Menschen bräuchten Zugang dazu und Beratung, eventuell sogar in den jeweiligen Herkunftssprachen, da auch die Kommunikation häufig eine Hürde darstellt. Andererseits müsste man auch das Aufenthaltsrecht überprüfen und feststellen, wo eine Sicherung des eigenen Lebensunterhalts Voraussetzung ist und ab welchem Jahreseinkommen der Kinder ein Unterhaltsrückgriff wegfällt. Diese Gesetze könnten, wenn es einen politischen Willen dazu gäbe, geändert werden. Ansonsten ist vor allem die Forschung wichtig. Man müsste herausfinden, wie viele Menschen aus welchen Gruppen und aus welchen Gründen in verdeckter Armut leben und weswegen sie ihre Ansprüche nicht geltend machen. Mit diesem Wissen könnte man weitere sozialpolitische Lösungsstrategien ableiten.

Die Leistungen nach dem Asylbewerberleistungsgesetz sind geringer als die SGB-II-Regelleistungen, welche das soziokulturelle Existenzminimum sichern sollen und somit auch in der Forschung als Indikator für relative Kinderarmut verwendet werden. Wie sehr wirkt sich diese Situation auf die Betroffenen aus, da man ja von einer extremen oder absoluten Armut ausgehen kann?

Das Asylbewerberleistungsgesetz wurde in den 1990er-Jahren als eine Säule der sozialen Sicherungsleistung neben der alten Sozialhilfe geschaffen. Damals waren die Leistungen sehr viel niedriger als die Regelleistungen der damaligen Sozialhilfe. Die Leistung für Kinder im Asylbewerberleistungsbezug war damals um ein Drittel niedriger als jene für Kinder im Sozialhilfebezug, was zurecht sehr stark kritisiert wurde. Damals sprach man von „Armut per Gesetz" und „staatlich verordneter Armut". Zusätzlich wurde das Asylbewerberleistungsgesetz zur Abschreckung missbraucht, damit nicht weitere „Zuwanderung in die Sozialsysteme", wie rechtsextreme Argumentationsmuster vermitteln wollten, stattfinde. Somit hat man die gesetzlichen Rahmenbedingungen möglichst wenig einladend gestaltet und dafür auch zu (menschenunwürdigen) Sachleistungen wie Lebensmittelpaketen, zur Residenzpflicht und zu anderen Mitteln gegriffen. Auch die Bezugsgruppen wurden immer weiter ausgeweitet was dazu führte, dass beispielsweise auch geduldete Bürgerkriegsflüchtlinge jahrelang im Asylbewerberleistungsbezug leben mussten. Inzwischen hat sich dies alles etwas verändert. Nun bekommen Zugewanderte nach fünfzehnmonatigem Bezug von Asylbewerberleistungen SGB-II-Leistungen. Außerdem wurden die sehr viel niedrigeren Regelsätze des Asylbewerberleistungsgesetzes vom Bundesverfassungsgericht als verfassungswidrig eingestuft, weswegen diese angepasst werden mussten. Infolgedessen sind die Regelsätze leicht erhöht worden und dennoch liegen sie weiterhin unter den SGB-II-Regelleistungen. Dies zeigt sich beispielsweise bei den Null- bis Fünfjährigen. Im Asylbewerberleistungsbezug erhalten die Kinder pro Monat 247 Euro, im SGB-II-Bezug 283 Euro. Es besteht also weiterhin eine Differenz von rund 40 Euro; dies ist bei anderen Altersgruppen ähnlich. Die Leistungen sind zwar nicht mehr um ein Drittel geringer, liegen aber weiterhin deutlich unter den SGB-II-Regelbedarfen. Nun geht man schon bei der Höhe der SGB-II-Regelbedarfsstufen davon aus, dass diese für den Kindesbedarf nicht ausreichend sind, weshalb Expert:innen immer wieder Erhöhungen oder besser noch eine Kindergrundsicherung fordern. Mit dem Kinderregelbedarf für Ernährung kann ein Kind nicht einen ganzen Monat lang gesund ernährt werden, dasselbe gilt daher natürlich auch für die Kinder im Asylbewerberleistungsbezug, vor allem wenn diese dann auch noch Sachleistungen erhalten. Im Asylbewerberleistungsbezug ist die Lage noch viel schwieriger, es steht noch weniger Geld für Kinderschuhe, Kinderkleidung und Ernährung zur Verfügung. Daher ist davon auszugehen, dass das in vielen Bereichen massive Auswirkungen auf das Leben von Kindern aus geflüchteten Familien hat. Etwas verbessert hat sich die Situation durch das Bildungs- und Teilhabepaket. Auch Kinder aus geflüchteten Familien haben darauf ein Anrecht, was ihre Situation im Bereich Bildung merklich verbessert, da unter anderem die Kosten für das Schul- oder Kitamittagessen übernommen werden und ein Schulbedarf in Höhe von 154 Euro pro Jahr bezuschusst wird. Das sind die Punkte, in denen man die Kinder Geflüchteter mit jenen im SGB-II-Leistungsbezug gleichgestellt hat und den Eltern dadurch die Möglichkeit gibt, die Kinder mit allem Nötigen auszustatten. Dennoch bleiben Einschränkungen von Kindern Geflüchteter erhalten, was gerade in der Corona-Krise sehr deutlich wurde. Kinder, die in Geflüchteten-Wohnheimen leben, waren häufig die letzten, denen man digitale Endgeräte zur Verfügung stellte, vom W-LAN in Geflüchtetenunterkünften ganz zu schweigen.

Ist struktureller Rassismus auch heute noch ein Grund für die weite Verbreitung von Armut und insbesondere Kinderarmut unter Migrant:innen in Deutschland?

In diesem Kontext sollte man vielleicht weniger von strukturellem Rassismus als vielmehr von institutioneller Diskriminierung sprechen. Struktureller Rassismus ist für mich eher ein absichtsvolles, auch aus Vorurteilen und Rassismus gespeistes Phänomen, institutionelle Diskriminierung und Ungleichbehandlung beschreiben vielmehr unserer Gesellschaft und ihren Institutionen immanente Strukturen, mittels derer Menschen zum Beispiel aufgrund ihrer Herkunft oder Hautfarbe benachteiligt, mit minderen Rechten ausstattet oder ausgegrenzt werden, was sehr viel subtiler und unintendiert abläuft. Wenn man über die Ursachen für die höhere Armutsbetroffenheit von Menschen mit Migrationshintergrund spricht, muss man stets bedenken, dass dies eine sehr heterogene Gruppe ist, die sich in keiner Weise pauschal über einen Kamm scheren lässt. Auch die Ursachen der Armut sind vielfältig. Sicherlich liegt eine der Ursachen im Arbeitsmarkt. Dort sind Ausländer:innen und Menschen mit Migrationshintergrund häufiger von Prozessen der Ausgrenzung und Diskriminierung betroffen. Menschen mit ausländisch klingendem Namen werden seltener zu Bewerbungsgesprächen oder Wohnungsbesichtigungen eingeladen. Auch sind Menschen mit Migrationshintergrund häufiger geringer qualifiziert, was das Risiko für Erwerbslosigkeit und eine Tätigkeit im Niedriglohnbereich erhöht. Dadurch sind dann auch die Kinder dieser Familien stärker armutsgefährdet. Eine weitere Ursache lässt sich im Ausländer:innenrecht finden, das eine Hierarchie zwischen unterschiedlichen Gruppen etabliert. EU-Bürger:innen sind Deutschen hier fast gleichgestellt, während Drittstaater:innen häufig nur einen begrenzten beziehungsweise nachrangigen Zugang zum Arbeitsmarkt haben. Verschiedene Gruppen Geflüchteter, die das Ausländerrecht unterscheidet und mit unterschiedlichen Rechten ausstattet, dürfen je nach Status sofort, nach einer Wartezeit oder gar keine Erwerbstätigkeit aufnehmen. Auch der Zugang zu Deutsch- beziehungsweise Integrationskursen oder einer fachsprachlichen Deutschförderung, um sich beruflich auf Augenhöhe in den Arbeitsmarkt einbringen zu können, hängen vom Status ab. Diese komplexen Bestimmungen verfestigen eben diese Hierarchie von EU-Bürger:innen und Deutschen an der Spitze der Statuspyramide bis hin zu Menschen mit befristetem Aufenthaltsrecht oder Duldungsstatus am unteren Ende der Pyramide. Geflüchtete aus als „sicher" deklarierten Herkunftsstaaten sind hier auch weitgehend ohne Rechte. Viele Betroffene, die ihren Lebensunterhalt nicht selbst bestreiten können oder dürfen, leben natürlich von sozialen Transferleistungen, etwa des Asylbewerberleistungsgesetzes, weil sie keinen Zugang zum Arbeitsmarkt haben oder aus vielfältigen Gründen in Tätigkeiten arbeiten, die niedrig entlohnt werden. Diese Gründe sorgen dafür, dass sich die Lebenslagen der Gruppen, die jetzt schon von Armut betroffen sind, nicht verbessern, auch wenn sich innerhalb der Gruppe der Menschen mit Migrationshintergrund immer wieder Verschiebungen der Armutsbetroffenheit beobachten lassen.

Welche Möglichkeiten sehen Sie oder was wäre nötig, um die Kinderarmutsforschung weiterzuentwickeln?

Für die Forschung müssten viel mehr Mittel zur Verfügung gestellt werden. Zwar gibt es eine große Fülle an Literatur im Bereich der Kinderarmut, darunter sind jedoch wenige empirische Studien. Mit meinen Studierenden arbeite ich immer noch mit der AWO-ISS-Studie, weil es bisher die einzige Studie ist, die in einer Langzeiterhebung die Auswirkungen von familiärer Armut für verschiedene Altersgruppen überhaupt deutlich macht. Für einzelne Altersgruppen, beispielsweise Kinder im Grundschulalter, gibt es die ein oder andere Forschung. Insgesamt gibt es zu wenig empirische Forschung zu Kinderarmut, dafür aber sehr viel Interpretation derselben. Zwar publiziert etwa die Bertelsmann Stiftung immer wieder neue Hochglanzbroschüren zu den neuesten Zahlen und Fakten zur Kinderarmut, die für die Presse und Öffentlichkeit bunt aufbereitet und gut lanciert werden. Diese Publikationen ändern jedoch nichts am eigentlichen Problem. Was eigentlich nötig ist, wäre eine langfristige Forschungsperspektive, die auf aktuellem Stand die Situation der in Armut aufwachsenden Kinder und Jugendlichen und die Auswirkungen niedriger Familieneinkommen auf sie in den Blick nimmt, gerne auch in Langzeitperspektive, damit Forschung mit dem Stand von 2003/04 und 2009/10 aktualisiert und erweitert werden kann. Das würde auch dem sich ständig wandelnden Facetten der Kinderarmut in Zeiten von Digitalisierung, Corona und dem Bildungs- und Teilhabepaket, um nur einige aktuelle Herausforderungen zu nennen, besser gerecht werden, weil sich auch viele Rahmenbedingungen verändert haben. Es bräuchte also ein sehr viel stärkeres Forschungsinteresse und vor allem sehr viel mehr Mittel hierfür. Außerdem sollte man nicht nur auf der deskriptiven Ebene der Forschung mehr investieren, sondern auch handlungsorientierte Lösungsansätze entwickeln. Was können beispielsweise Kitas, Schulen, Lehrkräfte oder Erzieher:innen tun? Was müssen sie wissen im Umgang mit Kinderarmut? Was sind Handlungsstrategien von Institutionen? Mit diesen Fragen lässt sich zwar die Kinderarmut selbst nicht bekämpfen, aber so könnte man für Betroffene Möglichkeiten eröffnen, ihre Talente zu entdecken und ihnen Perspektiven geben. Diese Aufgabe kann auch von Institutionen wie Kitas oder Ganztagsschulen übernommen werden. Aber auch dafür ist eine valide Forschungsgrundlage wichtig, um Handlungsstrategien, Best-Practice-Modelle und Kinderarmutsbekämpfungsmöglichkeiten ableiten zu können.

Wie kann erreicht werden, dass ausländer:innenrechtliche und migrationsspezifische Zusammenhänge in der Forschung in Zukunft ausreichend beleuchtet werden?

Die Kinderarmutsforschung weist einen blinden Fleck in Bezug auf die Kinder mit Migrationshintergrund auf, während die Migrationsforschung selten Minderjährige, also Kinder und Jugendliche, fokussiert. Dies ist unter anderem ein statistisches Problem der Erfassung. Beispielsweise unterscheiden viele Forschungsarbeiten weiterhin häufig bloß zwischen deutschen und ausländischen Kindern, was natürlich wenig zeitgemäß ist. Dennoch ist dieses Merkmal immer noch weit verbreitet, beispielsweise in der Schulstatistik. In anderen Erhebungen wird das Merkmal des Migrationshintergrunds beziehungsweise ein Nicht-Migrationshintergrund berücksichtigt. In den seltensten Fällen allerdings wird versucht die Gruppe der Kinder mit Migrationshintergrund noch spezifischer in den Blick zu nehmen. Was sind das für Herkunftsgruppen? Welchen Aufenthaltsstatus haben diese Kinder beziehungsweise ihre Familien? Haben wir es mit Kindern der zweiten oder dritten Generation zu tun oder mit neu eingereisten Familien? All dies sind Fragen, die selten bis keine Erwähnung in empirischen Studien finden, weshalb diese der Heterogenität der Gruppe nicht gerecht werden. Grundsätzlich befasst sich die Kinderarmutsforschung damit nur sehr selten, was jedoch wichtig wäre, um in diesem Bereich weitere Erkenntnisse zu erlangen. Um diese migrationsspezifischen Zusammenhänge in Zukunft besser zu beleuchten wäre es also wichtig, mehr Forschung mit einem differenzierten Blick auf die verschiedenen Gruppen zu betreiben.

Welche Institutionen sind Ihrer Meinung nach für die kindsbezogene Armutsprävention bzw. -bekämpfung verantwortlich und warum?

Das ist eine sehr komplexe Frage. Da Kinderarmut immer auch Elternarmut ist, gelangt man automatisch zur Frage der Armutsbekämpfung. Diese ist Aufgabe des Sozialstaates und der Sozialpolitik, also dem Bund. Als Ansatzpunkte für Armutsbekämpfung rücken daher soziale Sicherungssysteme wie beispielsweise Hartz IV oder das Asylbewerberleistungsgesetz in den Fokus. Diese und andere soziale Sicherungssysteme müssten armutsfest ausgestaltet werden, damit die Betroffenen davon leben und an der Gesellschaft teilhaben können. Dabei müsste auch über sehr viel höhere, existenzsichernde Mindestlöhne und das Aufenthalts- und Ausländer:innenrecht gesprochen werden, um zu versuchen, die Armut der Familien zu bekämpfen. Unterhalb der sozialstaatlichen oder familienpolitischen Handlungsebene gibt es zusätzlich die Handlungsebene der Länder. Diese sind dafür zuständig, dass beispielsweise soziale Infrastruktur auskömmlich finanziert wird, dass Schulen genügend Lehrkräfte und Kitas einen angemessenen Personalschlüssel haben. Auf diesen Ebenen müssen Landesgesetzgeber Sorge dafür tragen, dass die Institutionen, die mit Kindern und Familien zu tun haben, in der Lage sind, den Jüngsten gute Bedingungen des individuellen

Förderns zu geben, um die Kinder aufzufangen und ihnen ein Aufwachsen im Wohlergehen zu ermöglichen. Das funktioniert indes kaum, wenn eine Lehrkraft für dreißig Schüler:innen zuständig ist, dafür sind sehr viel bessere Rahmenbedingungen notwendig. Außerdem gibt es die kommunale Ebene der Städte und Gemeinden, die für Schulbau, Jugendzentren, soziale Infrastrukturen, Spielplätze, und weitere Angebote für Kinder, Jugendliche, Familien zuständig sind und dafür Sorge tragen müssen, dass sich die konkreten Lebensbedingungen der Kinder vor Ort nicht noch verschlechtern, sondern sich verbessern. Dazu ist Stadtentwicklungspolitik nötig sowie beispielsweise die Aufwertung von benachteiligten Quartieren. In vielen Punkten der Kinderarmutsprävention müssten die Städte und Gemeinden tätig werden, beispielsweise auch durch kommunale Präventionsketten oder frühkindliche Hilfen. Dabei wird jetzt schon viel in Kinder- und Jugendarbeit investiert, allerdings ist hier gerade in benachteiligten Sozialräumen noch viel Luft nach oben und manches ist auch vom Rotstift bedroht. Auf dieser Ebene kann man aber das Problem nicht an der Wurzel packen. Dafür bedarf es gesamtgesellschaftlicher Ansätze: ein Ausbau armutsfester Sozialleistungen, eine Re-Regulierung des flexibilisierten Arbeitsmarktes mit Austrocknung des Niedriglohnsektors, eine Steuerpolitik, die hohe Vermögen heranzieht, denn irgendwo muss das Geld herkommen, das man benötigt, um den Sozialstaat besser auszustatten, damit Kinderarmut bekämpft werden kann. Es muss klar sein, dass die Einnahmen der öffentlichen Hand dauerhaft gestärkt werden müssen, um den Sozialstaat, die Bildung, die Städte und Gemeinden, aber auch die öffentliche Daseinsvorsorge finanziell so auszustatten, dass sie in der Lage sind, die Situation für bedürftige Menschen zu verbessern. Dafür bedarf es mehr Einnahmequellen, die beispielsweise durch Vermögensabgaben oder steuerpolitische Maßnahmen wie einer Erhöhung des Spitzensteuersatzes, eine Reform der Erbschaftsteuer oder die Wiedererhebung der Vermögenssteuer erreicht werden könnten. Denn wenn die Sozial- sowie die Familien-, Kinder- und Jugendpolitik der öffentlichen Hand vom Rotstift diktiert wird, ist sie nicht mehr in der Lage, Spielplätze zu sanieren, Übermittagsangebote zu stemmen oder Jugendzentren und öffentliche Schwimmbäder zu betreiben, was sich natürlich auch auf die Lebenslagen von Kindern in den betroffenen Gebieten niederschlägt. Notwendig wäre das Gegenteil, nämlich dass Bund, Länder und Kommunen sehr viel mehr Geld in die Hand nehmen, um die Lebenslagen vor Ort für die Kinder durch bessere und mehr Angebote zu verbessern. Dabei benötigen meines Erachtens nach Schulen, in denen beispielsweise 70 Prozent der Kinder im Hartz-IV-Bezug sind, sehr viel mehr Ressourcen als eine Nachbarschule, die hauptsächlich Kinder aus wohlhabenden Familien besuchen. Sie braucht mehr Lehrkräfte und andere an Schule beteiligte Professionen (Sonderpädagog:innen, Schulsozialarbeiter:innen u. a.), ebenso wie Teamteaching, kleinere Klassen und eine bessere räumliche Ausstattung, um den Kindern das bieten zu können, was sie zuhause nicht erhalten. Dafür ist auch der Staat, also die öffentliche Hand zuständig.

Armutsprävention stellt eine gesellschaftliche Verpflichtung dar. Was kann jede:r einzelne Bürger:in tun, um dieser nachzukommen?

Für einzelne Bürger:innen sehe ich nur relativ wenig Möglichkeiten. Wichtig ist eine Sensibilität für das Problem der sozialen Ungleichheit und dass Menschen, die weniger besitzen oder schlechtere Bedingungen haben, nicht stigmatisiert werden. Es braucht eine Sensibilität, Offenheit und Informiertheit darüber, wie strukturell unterschiedlich die Lebensverhältnisse der Menschen sind und woraus das resultiert, auch im Hinblick darauf, dass Armut nicht die individuelle Schuld der Betroffenen ist. Schon Kindern muss vermittelt werden, dass es kein Grund zur Ausgrenzung sein darf, wenn ein anderes Kind weniger besitzt. Dazu sollten auch Schulen Armut und soziale Ungleichheit thematisieren. Im privaten Bereich ist auch politische Bildung und der Gang zur Wahl wichtig, um sich als Bürger:in zu engagieren. Man kann sich natürlich bei Tafeln oder Patenschaften engagieren oder selbst politisch aktiv werden. Gemeinsam mit nachbarschaftlichem und ehrenamtlichem Engagement sind das mögliche Handlungsfelder. Ein solches zivilgesellschaftliches, ehrenamtliches Engagement darf aber nicht dazu führen, dass man den Staat aus der Verantwortung entlässt. Armutsbekämpfung ist nicht die Aufgabe der Bürger:innen, sondern Verfassungsauftrag und ich halte es für wenig sinnvoll, wenn alle, die es sich leisten können, im Monat einen gewissen Betrag spenden. Die Verantwortung der Teilhabe und des menschenwürdigen Lebens für alle, insbesondere für Kinder, liegt beim Gesetzgeber.

Vielen Dank für dieses Gespräch.

Literaturtipps

Butterwegge, Carolin (2010): Armut von Kindern mit Migrationshintergrund. Ausmaß, Erscheinungsformen und Ursachen. Wiesbaden: VS Verlag für Sozialwissenschaften.

Butterwegge, Carolin (2020): Ethnisierung der Kinderarmut? Entwicklungen relativer Armut von Kindern mit Migrationshintergrund. In: Rahn, Peter/Chassé, Karl August (Hrsg.): Handbuch Kinderarmut. Opladen & Toronto: Verlag Barbara Budrich, S. 161-169.

Butterwegge, Carolin/Butterwegge, Christoph (2021): Kinder der Ungleichheit. Wie sich die Gesellschaft ihrer Zukunft beraubt. Frankfurt, New York: Campus.

Samira Anwar, Isabelle Deuss, Jasmin Faßbender und Debora Gafner

Letztendlich geht es um Gerechtigkeit als Frage der Umverteilung
Ein Interview mit Sabine Andresen

Erste Berührungspunkte mit dem Thema Kinderarmut hatten wir während unseres praktischen Studiensemesters in den Bereichen der Kinder- und Jugendhilfe sowie im Elementarbereich. Um weitere Einblicke in die Thematik der Kinderarmut und der Kinderarmutsforschung zu erlangen, entschieden wir uns dafür, das Seminar „Kinderarmut bekämpfen?! Meet the Expert" im Rahmen unseres Studiums zu belegen.

Durch die Corona-Pandemie und den Wahlkampf zur Bundestagswahl 2021 rückte das Thema der Kinderarmut wieder zunehmend in den Fokus der Öffentlichkeit. Uns hat an dem Thema Kinderarmut hauptsächlich die Kinderarmuts*forschung* interessiert, weshalb unsere Wahl bei der Frage nach einer Interviewpartnerin auf Professorin Dr. Sabine Andresen fiel, die bereits einige Forschungen und Studien im Bereich der Kinderarmut durchgeführt hat. Nachdem wir Texte von ihr gelesen und diskutiert hatten, interessierten uns vorrangig die unterschiedlichen Studien sowie das multidimensionale Konzept, welches sie in den World Vision Studien thematisiert. Außerdem interessierten wir uns für die KiCo Studie, in welcher Sabine Andresen mit Kolleg:innen der Universitäten Hildesheim und Bielefeld den Fragen nachging, welche Veränderungen es im Familienalltag durch die Corona-Pandemie gibt und wie es den Eltern und Kindern in der Pandemie geht (vgl. Andresen u. a. 2020). Doch zunächst wollen wir einen Blick auf die biografischen Daten von Sabine Andresen werfen.

Prof. Dr. Sabine Andresen studierte von 1986 bis 1990 Geschichte, Deutsch und Musik auf Lehramt. Im Anschluss erlangte sie von 1991 bis 1994 ihr Diplom in Pädagogik. 1997 promovierte sie in Erziehungswissenschaften an der Universität in Heidelberg und veröffentlichte ihre erste Publikation: *Mädchen und Frauen in der bürgerlichen Jugendbewegung. Soziale Konstruktion von Mädchenjugend*. In den Jahren 1998 bis 2001 war Sabine Andresen Habilitationsstipendiatin des Landes Baden-Württemberg. Zudem war sie in dieser Zeit wissenschaftliche Angestellte am erziehungswissenschaftlichen Seminar der Universität Heidelberg. Von 2001 bis 2004 zog es Sabine Andresen nach Zürich, wo sie Oberassistentin am Pädagogischen Institut der Universität Zürich war und sich 2003 an der dortigen philosophischen Fakultät in der Fachrichtung Pädagogik habilitierte. Der Titel ihrer Habilitation lautet: *Sozialistische Kindheitskonzepte. Politische Einflüsse auf die Erziehung*. Ab dem Jahr 2004 war Sabine Andresen Professorin für Allgemeine Erziehungswissenschaft an der Fakultät für Erziehungswissenschaft an der Universität Bielefeld. Seit 2011 ist sie Professorin für Familienforschung und Sozialpädagogik an der Goethe-Universität in Frankfurt am Main. Sabine Andresen war obendrein seit 2011 Vizepräsidentin und ist seit 2023 Präsidentin des Kinderschutzbundes (DKSB). Zudem war sie zwischen 2016 und 2021 Vorsitzende der Unabhängigen Kommission zur Aufarbeitung sexuellen Kindermissbrauchs, die Ausmaß, Art und Folgen von sexuellem Kindesmissbrauch in Deutschland untersucht.

Insgesamt hat Sabine Andresen ihren Schwerpunkt in der Kinder- und Familienforschung, wozu sie zahlreiche Publikationen veröffentlicht hat. Sie arbeitet beispielsweise an der *Children's Worlds+* Studie und der *World Vision Kinderstudie* mit.

Bei der *Children's Worlds+* handelt es sich um eine Studie, bei welcher 3.450 Kinder im Alter von acht bis 14 Jahren in Deutschland befragt wurden. Zudem wurden für die Studie 24 Gruppendiskussionen durchgeführt und mit qualitativen Methoden ausgewertet. Ziel der Studie war es herauszufinden, was aus Sicht der Kinder für ein gutes Leben und Aufwachsen wichtig ist und wo sie Mangel oder gar einen Verzicht erleben (vgl. Andresen/Galic 2015).

Die *World Vision Kinderstudie* von 2007 war ein erster Survey in Deutschland, der die Altersgruppe der ab Acht- bis Elfjährigen befragt hat. Hierbei ging es um präzise und vielfältige Einblicke in die Kinderwelt. Dies wurde durch ein Umfragedesign in Anlehnung an die *Shell-Jugendstudien* umgesetzt. Neben einer repräsentativen quantitativen Befragung von Kindern im Alter von acht bis elf Jahren wurde eine qualitative Befragung von zwölf Kindern durchgeführt. Dadurch war es möglich, einen sehr lebendigen und tiefen Eindruck von der Wahrnehmung, Einsicht und dem Empfinden der Persönlichkeiten der Kinder zu bekommen. Der Fokus der *World Vision Studie* liegt auf diesen Ansichten und Einschätzungen von Kindern, um möglichst ein authentisches Bild des Kindseins in Deutschland zu erhalten (vgl. Hurrelmann/Andresen, 2007). Für das Kinderhilfswerk World Vision hat Sabine Andresen noch drei weitere Studien verantwortet (2010, 2013, 2018).

Auf diese Studien geht Sabine Andresen auch im folgenden Interview ein, da hier ein Blick auf Kinderarmut und Kinder weltweit gegeben wird.

Zu Beginn gleich eine persönliche Frage: Wie sind Sie darauf gekommen, sich mit dem Thema Kinderarmut zu beschäftigen?

Das kann ich gar nicht so exakt bestimmen. Ich habe mich selbst als Arbeiterkind früh damit beschäftigt, was es bedeutet, wenn jetzt von zuhause aus nicht so furchtbar viel Geld zur Verfügung steht und welche Konsequenzen das hat, insbesondere mit Blick auf Bildungsverläufe und Bildungsbiografien. Das war so eine Perspektive. Eine zweite Frage, die mich früh beschäftigt hat, war: Was unterscheidet eigentlich Kindsein und Jugendlichsein vom Erwachsensein, und was macht vielleicht auch Kinder nochmal im besonderen Maße verletzlich? Dabei habe ich am Anfang sehr stark auf soziale Rahmenbedingungen geschaut. Hierbei ist das Thema Armut ja sehr naheliegend. Aus der ersten größeren Befragung, die ich dazu gemacht habe, ist die erste World Vision

Kinderstudie von 2007 entstanden. Da konnten wir ganz gut den Anteil der von Armut betroffenen Kindern nachweisen. Das haben wir anhand der Zahlen der prozentualen Anteile veranschaulicht. Aber wir konnten keine Antwort auf Fragen von Journalist:innen geben, die wissen wollten, was es für Kinder bedeutet, wenn sie in einem reichen Land arm sind. Das war für mich schon so eine Initialzündung, dieser Frage nachzugehen und mit qualitativen Methoden zu untersuchen, was es für Kinder bedeutet, in Armut aufzuwachsen.

Wie würden Sie aus persönlicher und aus wissenschaftlicher Perspektive Kinderarmut definieren?

Es gibt eine deutliche Überschneidung zwischen meiner persönlichen Perspektive, die auch eine normative Perspektive ist. Ich fälle damit durchaus auch ein Urteil zu der wissenschaftlichen Perspektive. Das Erste, was ich da als Definitionsmerkmal sagen würde, ist, dass Armut Kinder erheblich darin einschränkt, durchschnittliche Möglichkeiten realisieren zu können. Für Kinder und Jugendliche besteht immer ein Potenzial, unter Mangel zu leiden, weil sie sich mit anderen Gleichaltrigen und deren Möglichkeiten vergleichen und sich damit auseinandersetzen müssen, also damit umgehen müssen, dass sie sich viele Dinge nicht leisten können. Das ist ein weiterer wichtiger Definitionspunkt. Armut bedeutet Mangelerfahrungen. In Kindheit und Jugend hängt das mit allen Bereichen des Aufwachsens zusammen, also im Hinblick auf Bildungsmöglichkeiten, auf die Qualität von Bildungsangeboten, auf Freizeitaktivitäten, auf die Möglichkeit, einen Rückzugsraum zu haben, Freund:innen nach Hause einzuladen. Dies ist häufig sehr viel schwieriger, wenn die Wohnverhältnisse beengt sind.

Ich würde sagen, für mich kommt es auch darauf an, und das geht ein bisschen über die Definition hinaus, was mit meinem persönlichen und wissenschaftlichen Interesse verbunden ist. Woran liegt es, dass ausgerechnet dieses bekannte, empirisch-statistische Wissen über Kinderarmut nach wie vor nicht dazu führt, dass es wirklich eine entschiedene Armutsbekämpfungspolitik gibt? Ich hoffe einfach, dass ich mit meiner Wissenschaft daran vielleicht perspektivisch etwas ändern kann.

Wäre eine einheitliche Definition von Kinderarmut wichtig für den Umgang mit Kinderarmut und wie könnte diese den Diskurs beeinflussen?

Jede Definition oder jede Festlegung bringt ja immer auch Eingrenzungen mit sich. Es wird, glaube ich, auch wenn wir uns noch so viel Mühe geben, nicht die eine perfekte Definition geben. Aber man kann Probleme reduzieren. Es ist beispielsweise wirklich ein Problem, wenn wir mit unterschiedlichen Einkommensdefinitionen arbeiten. Außerdem finde ich das aktuelle Vorhaben der Regierung, das Existenzminimum neu zu bestimmen, ganz zentral. Hier sollten Kinder und Jugendliche beteiligt werden. Ich sehe es auch als problematisch an, dass es in der EU unter anderem unterschiedliche Messungen gibt. Also ab wann ist man eigentlich armutsgefährdet, wenn man

60 Prozent des Netto-Median-Einkommens, weniger als 60 Prozent oder weniger als 50 Prozent hat? Insofern wären bestimmte Festlegungen sicherlich hilfreich, um sehr viel deutlicher die Weite des Problems markieren zu können. Ich halte viel davon, dass versucht wird, mit unterschiedlichen Zugängen zu Armut, der Definition und der Messung von Armut heranzutreten; also beispielsweise durch die Orientierung am relativen Einkommenskonzept einerseits und an einer Listung von Mangelerfahrungen andererseits. Also Kombinationen sind wichtig, denke ich. Das zeigt sich meines Erachtens auch in der Kindheitsforschung. Ich würde trotzdem sagen, dass sich durch die Forschung oder auch durch partizipative Diskussionen, also wo Leute aus der Praxis oder Kinder und Jugendliche selbst mit Wissenschaftler:innen diskutieren, auch nochmal neue Perspektiven aufwerfen lassen. Und die beeinflussen dann auch unsere Definition oder unsere Messvorgänge. Dies hat eine sehr gute Kollegin von mir aus England untersucht, Gill Main. Sie stellt die Frage, wie die Sozialhilfe innerhalb von Familien geteilt wird und welche Mitbestimmungsmöglichkeiten Kinder und Jugendliche selbst haben. Wie unterscheiden sich Familien da? Wenn das genauer angeschaut würde, würden sich sicherlich auch nochmal weitere Perspektiven ergeben.

Sie beschreiben das multidimensionale Konzept, wie es in der World Vision Studie 2013 angewandt wurde in einem Ihrer Texte. Können Sie uns das Konzept erläutern und dabei auch darauf eingehen, inwieweit dieses Konzept in die heutige Kinderarmutsforschung aufgenommen wurde?

Das Konzept in der World Vision Studie von *Child Well-being* ist ein Konzept, das seit fast 20 Jahren, im Grunde in der internationalen Kindheitsforschung, sehr viele spannende Daten und produktive Diskussionen über das Leben von Kindern und Jugendlichen hervorgebracht hat. Das Konzept von *Well-being* stellt die Frage danach, was das gute Leben von Kindern und Jugendlichen kennzeichnet. Als Kindheitsforscherin ist das für mich mit der Frage verbunden, was Kinder und Jugendliche selbst als das gute Leben definieren, was dafür relevant ist und von ihnen relevant gemacht wird.

Da ist sehr schnell klar, dass das Wohlbefinden in der Regel nicht aus einem einzigen Faktor resultiert, sondern dass hier unterschiedliche Dimensionen, die für das Leben von Kindern und Jugendlichen relevant sind, eine Rolle spielen. Beispiele hierfür sind eine gute Beziehung zu den Eltern zu haben oder auf einer sehr guten Schule zu sein.

Insofern geht es dabei immer um die Frage woraus sich das Wohlbefinden zusammensetzt und wie ich versuche damit umzugehen, wenn ich in die Forschung gehe und Kinder und Jugendliche befrage. Wie lässt sich das operationalisieren? Also welche Indikatoren, an denen dann auch Wohlbefinden gemessen werden soll, kann zugrunde gelegt werden, etwa bei einer Fragebogen-Befragung. Aus welchen Dimensionen setzt sich das Wohlbefinden von Kindern und Jugendlichen zusammen? Wie lässt sich das dann erheben oder sogar messen und was kann herausgefunden werden? Das sind dann sehr spannende Analysen von Daten und wir haben in verschiedenen, auch gerade globalen Studien, interessante Vergleiche heranziehen oder vornehmen können. Wir haben eine große Studie durchgeführt – Children's Worlds[1], mit Befragungen von Kindern zwischen acht und zwölf Jahren in ganz unterschiedlichen Ländern, also unterschiedlich auch vom Bruttosozialprodukt und der Armutsquote. Länder wie Norwegen und Nepal, die da beteiligt waren, finde ich sehr interessant. Da gibt es zwei Punkte. Der erste ist für mich, dass es in allen Ländern markante Unterschiede innerhalb der Kindergruppe gibt und ein wichtiger, aber nicht entscheidendster, Indikator ist tatsächlich das Erleben von Armut. Zudem gibt es so eine fast universell scheinende Vorstellung oder Erfahrung von Kindern und Jugendlichen, die, wenn sie positiv sind, zum Wohlbefinden beiträgt. In den verschiedenen Analysen hat sich gezeigt, dass *the self*, also das Bild, das man von sich persönlich hat sowie die Möglichkeiten, zwischen verschiedenen Optionen zu wählen (freedom, to choose) ganz wichtig sind. Es geht den Kindern und Jugendlichen darum, wie sie sich ganz individuell selbst wahrnehmen. Dies kann manchmal, vielleicht von außen auch schwer oder gar nicht, beeinflusst werden. Hier komme ich zum zweiten Punkt, der für mich ganz entscheidende, das ist die Möglichkeiten wählen zu können, also echte Optionen zu haben und sich zwischen diesen Optionen entscheiden und danach handeln zu können. Da sind wir, wenn wir das weiterdenken, aber dann auch wieder bei der Frage der Kinderarmut. Denn ein Kennzeichen von Kinderarmut ist, dass Kinder, die davon betroffen sind, eben keine Bandbreite an Optionen haben, welchen Freizeitaktivitäten sie nachgehen möchten, die zum Beispiel Geld kosten. Das finde ich ganz wichtig, sodass ich davon ausgehend viel darüber nachgedacht habe, welche Bedeutung Spielräume für Kinder und Jugendliche haben und wie diese durch eine Armutsrate eingeschränkt werden.

Sie haben in einem Artikel über das Potenzial von Geschlecht, Klasse und Ethnie in der Kindheitsforschung geschrieben. Wieso sind diese Kategorien für Sie so relevant?

Das sind ja klassische Differenzkategorien und wenn ich von unseren empirischen Studien ausgehe, dann fallen zwischen Jungen und Mädchen einige markante Unterschiede auf. Beispielsweise zieht sich durch alle Studien, auch international, dass das Wohlbefinden von Mädchen, die zwischen 12 und 14 sind, deutlich niedriger ist als das Wohlbefinden von Jungen. Allein dieser Befund führt zu folgenden Fragen: *Womit kann das zusammenhängen? Was kann dazu beitragen? Erleben Mädchen einen höheren Druck als Jungen, wenn es beispielsweise um die Zufriedenheit mit einem Selbst geht? Sind Mädchen vielleicht stärker unter Druck, um zum Beispiel einem bestimmten Körperideal zu entsprechen und schränkt dies dann das Wohlbefinden ein? Gibt es auch nochmal Unterschiede bei der Bewältigung von Belastungen?* Jetzt bei Covid-19 haben wir ja in verschiedenen Studien, auch international, die Situation, dass Mädchen unter der sozialen Isolation und den Ängsten, die mit Covid-19 einhergehen, offenbar stärker

---

1 Die Homepage von Children's Worlds findet sich unter https://isciweb.org/.

belastet zu sein scheinen als Jungen. Also Geschlecht ist einfach eine grundlegende Kategorie und sie ist auch vor dem Hintergrund dessen eine für mich wichtige Kategorie. Und es ist gar nicht so einfach, sich dem auch in der Kindheits- und Jugendforschung zu nähern, die auch dazu aufruft, aus dieser Geschlechterbinarität und Heteronormativität herauszukommen. Also wie eröffne ich denn in allen Fragebögen die Möglichkeit, nach etwas Drittem zu fragen, wenn ich nicht nur frage: „Bist du ein Junge oder ein Mädchen?" Und wird das angenommen? Wir haben in der Erhebung in Deutschland die Möglichkeit gegeben, dass sich Kinder und Jugendliche nicht als Junge oder Mädchen bezeichnen müssen. Doch das wurde von nur wenigen genutzt. Was heißt das nun aber? Hieran möchten wir im Team weiter arbeiten.

Die Frage bzw. die Bedeutung von Migrationsgeschichte, Migrationshintergrund und damit einhergehende zum Beispiel besondere Belastungen durch Armutslagen sind ebenfalls wichtig. Wir sehen in den Untersuchungen, dass Kinder, deren Familien eine Migrationsgeschichte haben, zum Beispiel häufiger mit einer größeren Anzahl an Geschwistern aufwachsen. In Deutschland ist das Problem aber, dass, je mehr Kinder in einer Familie sind, desto höher das Armutsrisiko ist. Da bin ich auch sofort bei der Frage nach sozialen Rahmenbedingungen in der Gestaltung von Familie und Klasse. Wer sich mit Kinderarmut, mit Ungleichheitsphänomenen und mit Fragen von Umverteilung, die ungelöst sind, beschäftigt, kommt ganz schnell zur Frage der Bedeutung der Kategorie Klasse. Insofern finde ich das nach wie vor sehr zentral und finde es auch interessant, wie manche Kolleg:innen mit dem Konzept der Intersektionalität arbeiten und versuchen auch da nochmal weiterzukommen.

Die Pandemie hat auch Auswirkungen auf die Kinder, vor allem auf die Kinder aus ärmeren Familien. Das zeigen immer mehr Studien. Sie haben auch schon eine Studie zu den Lagen in den Familien bezüglich der Corona-Pandemie durchgeführt. Welche ersten Ergebnisse hat diese Studie gebracht? Welche Auswirkungen könnte das Ihrer Meinung nach auf die zukünftige Kinderarmutsforschung haben?

Welche Auswirkungen es für die Forschung hat, ist schwer einzuschätzen. Was anhand der vorliegenden Studien sowie auch unseren eigenen auf jeden Fall sichtbar wird ist, dass diejenigen, die vorher schon mit Armut in ihrem Alltag konfrontiert waren, auch die Konsequenzen im Zuge der Pandemie zum Teil noch verstärkt erlebt haben.

Es hat im ersten Lockdown mehrere Wochen gedauert, bis zum Beispiel der Politik klar wurde, dass Schulschließungen für Familien in Armutslagen bedeuten, ohne zusätzliche materielle Hilfen, also ohne zusätzliches Geld, für das Mittagessen der Familie zu sorgen.

Die ganze technische Ausstattung und die Gewährleistung dieser ist nach wie vor ein großes Thema. Kinder, die in Familien mit Armut aufwachsen, besonders diese, deren Eltern erwerbstätig sind, also *working poor families,* sind häufig in Berufen tätig, die sie nicht von Zuhause aus machen können. Diese Kinder sind elementar auf eine gute Infrastruktur angewiesen. Die Kinder in Armutslagen wurden erst einmal ziemlich abgehängt und sind es zum größten Teil immer noch. Die Infrastruktur ist in den ersten Monaten der Pandemie für Kinder und Jugendliche komplett weggebrochen. Das hat natürlich erhebliche Konsequenzen und wird es auch weiterhin haben. Die ersten Studienhaben auch danach gefragt, wie sich die Lernzeit, also die schlichte Stundenanzahl von vor der Pandemie im Vergleich zur Pandemie verändert hat. Es gibt deutliche Hinweise darauf, dass Kinder in beengten Wohnverhältnissen insgesamt weniger Stunden die Möglichkeit hatten, in Ruhe zu lernen. Sowohl in unserer Elternbefragung (KiCo) als auch in der Jugendbefragung (JuCo) deutet sich an, dass beengte Wohnverhältnisse ein großes Problem darstellen[2]. Das stellten sie auch vorher schon dar, aber in der Pandemie, wo alles auf das Zuhause zurückgeworfen wurde, hat es sich noch verschärft. Die horrenden Mietkosten in den Ballungsräumen, also Wohnen, ist einer der größten Kostenfaktoren. Was das bedeutet, hat sich besonders in der Pandemie nochmal gezeigt. Die Ergebnisse unserer Befragungen zeigen, dass die Jugendlichen, die keinen ruhigen Ort zum Lernen haben, häufiger darüber klagen, dass sie seit der Pandemie größere Geldsorgen haben. Vor der Pandemie hatten sie Sorgen über ihre eigenen finanziellen Mittel, aber auch um die ihrer Familien. Bei beiden hat sich der Anteil verdoppelt. Auch bei der zweiten Befragung im November 2020 war das Thema materielle Ressourcen für bestimmte Gruppen ziemlich markant, ebenso in der dritten JuCo Studie Ende des Jahres 2021. Wenn es um die Forschung geht, nehme ich schon wahr, dass diejenigen, die bereits vorher als Forschende oder Lobbyist:innen aktiv waren, nicht weniger geworden sind. Sie sehen die Pandemie als Verstärker an, um dieses Thema in die Gesellschaft zu bringen.

In einem Artikel haben Sie geschrieben, dass die Erwerbstätigkeit der Mütter entscheidend für die Kinderarmut ist. Können Sie uns erläutern, wieso das so ist?

In verschiedenen europäischen Ländern zeigt sich in unterschiedlichen Studien, dass die Beteiligung von Müttern an Erwerbsarbeit erheblich zum Haushaltseinkommen beiträgt. Damit sinkt die Wahrscheinlichkeit, dass Familien und dadurch auch Kinder, von Sozialtransferleistungen abhängig werden und in Deutschland etwa mit SGB II und damit in Armut aufwachsen. Für die Lebenshaltungskosten in modernen Gesellschaften, in Verbindung mit bestimmten Ansprüchen an Bildungsmöglichkeiten für Kinder und Jugendliche, reicht es nicht mehr aus, eine Familie mit nur einem Einkommen gut zu versorgen. Trotzdem wird von den Schulen in gewisser Weise erwartet, dass die Kinder von ihren Familien über Ausflüge usw. regelmäßig Bildungsinhalte etwa durch Ausflüge in Museen oder in den Zoo mitbekommen.

---

2 Informationen über diese Studien finden sich auf der Projektwebseite: https://www.uni-hildesheim.de/fb1/institute/institut-fuer-sozial-und-organisationspaedagogik/forschung/laufende-projekte/juco-und-kico/.

Insofern ist mit Blick auf die Kinder die Beteiligung ihrer Mütter am Erwerbs- und Arbeitsmarkt ziemlich wichtig. Das setzt aber voraus, dass die Infrastruktur gegeben ist, also, dass die frühkindliche Betreuung und Bildung und die Organisation von Schule über den Mittag hinaus gut gewährleistet ist. Sie sehen, wie Kinderarmutspolitik, Sozialpolitik, Arbeitsmarktpolitik und Frauenpolitik zusammenkommen. Das ist eine wichtige Schnittmenge. In vielen Partnerschaften ist der Fall, dass das eigene Einkommen und das eigene Einzahlen in die Rentenversicherung eine ganz zentrale Rolle spielt. Also kann hier der Bogen von Kinderarmut zur Altersarmut, geschlagen werden.

Welche Möglichkeiten sehen Sie oder was wäre nötig, um die Kinderarmutsforschung weiterzuentwickeln?

Die Kinderarmutsforscher:innen könnten sich auch international stärker als bislang vernetzen, um darüber stärker Gewicht zu bekommen, wenn es um solide wissenschaftliche Daten und vergleichende Analysen geht. Darüber hinaus geht es auch um den Transfer von Wissen, von Erkenntnissen in die Öffentlichkeit, um Kommunikation mit Politiker:innen. Insgesamt könnte die Kinderarmutsforschung sehr davon profitieren, nochmal stärker bei den Erfahrungen betroffener Kinder anzusetzen.

Ich glaube die Kinderarmutsforschung könnte auch davon profitieren, an die Kindheitsforschung anzuknüpfen und ihre Fragen bezüglich der Realisierung von Kinderrechten oder der Beteiligung von Kindern und Jugendlichen weiterzuentwickeln.

Und ich glaube, für die Kinderarmutsforschung ist es auch wichtig über das Bild vom Kind, mit dem wir arbeiten, nachzudenken. Mein Eindruck ist, dass es immer noch häufig die Vorstellung gibt, dass das Kind ausschließlich als Teil der Familie zu betrachten ist. Die Familie und ihre ökonomischen Verhältnisse sind wichtig, aber wir müssen Kinder eben auch als Subjekte eigenen Rechts und eigener Ansprüche sehen. Darum ist die Kindergrundsicherung, die hoffentlich bald eingeführt wird, ganz zentral. Wenn wir nicht wollen, dass Kinder erwerbstätig sind, dann müssen wir auch dafür sorgen, dass sie nicht in Armut aufwachsen. Sie dürfen nicht primär vom Haushaltseinkommen und dem Erwerbstatus ihrer Eltern abhängig sein.

Es ist so deutlich geworden, wie absurd es ist, ein Kind in das Hartz-IV-System zu integrieren, in ein System, das eigentlich ausgeht von Erwerbstätigkeit oder Erwerbslosigkeit, also auf jeden Fall von einem Modell des:der Erwachsenen.

Welche Institutionen sind Ihrer Meinung nach für die kindsbezogene Armutsprävention bzw. -bekämpfung verantwortlich und warum?

Hier ist die Politik auf allen Ebenen gefragt, von der Bundes- über die Landes- bis zur Kommunalpolitik. Viele Eltern sind erwerbstätig und dennoch armutsgefährdet. Hier ist also auch die Wirtschaft in der Verantwortung. Verantwortung ist ein zentrales Stichwort: Seit den 2000er-Jahren wird ein Aufwachsen in öffentlicher Verantwortung gefordert, Familien allein sind mit den Anforderungen an die Gestaltung von Kindheit und Jugend strukturell überfordert. Zu dieser öffentlichen Verantwortung gehören neben Politik und Staat die Wirtschaft und die Zivilgesellschaft. Die Familie ist diejenige, die die private Verantwortung für Kinder hat. Die Politik muss hier diejenige sein, die die Weichen stellt und wirklich entschieden jetzt nicht nur zur Kenntnis nimmt, sondern auch überlegt, wo unser System, unsere sozialpolitischen und armutspolitischen Pfade versagen, wenn es um Kinder und Jugendliche geht. Als Pädagogin kann ich mich in meiner Rolle als Bürgerin in der Zivilgesellschaft aktiv einbringen, indem ich die Partei wähle, die vielleicht am besten Armut bekämpft. Ich kann in meiner Rolle als Pädagogin Armut ja nicht strukturell bekämpfen. Da sind mir Grenzen gesetzt. Aber ich kann mich natürlich durch Fortbildung sensibilisieren. Insofern sind natürlich auch pädagogische Institutionen und die dort Tätigen in der Verantwortung, die Benachteiligung und Beschämung von Kindern und Jugendlichen nicht zu verstärken. Das setzt Wissen, Sensibilisierung und auch Strukturen innerhalb einer Schule oder einer Kita voraus, sich zu überlegen, wie sie mit armutsbetroffenen Kindern und Familien gut umgehen.

Armutsprävention stellt eine gesellschaftliche Verpflichtung dar. Was könnte jede:r einzelne Bürger:in machen, um dieser nachzukommen?

Erst einmal aktiv einen Beitrag dazu leisten, dass der öffentliche Diskurs respektvoll verläuft und nicht mit Schuldzuschreibungen den Druck auf Familien in Armut erhöht. Negativen, stigmatisierenden Bildern von Familien in Armut muss man deutlich entgegentreten.

Dann können sich alle an der gesellschaftspolitischen Diskussion beteiligen und einfordern, dass Kinderarmut in einer so reichen Gesellschaft wie der unseren nicht geduldet werden darf. Ein Modell ist die Kindergrundsicherung. Dafür kann man sich weiter einsetzen, denn angesichts weiterer Krisen haben manche die Sorge, dass die Interessen von Kindern und Jugendlichen in Armutslagen wieder nicht berücksichtigt werden. Hier brauchen junge Menschen eine starke Lobby.

Gibt es noch ein Thema, das wir nicht angesprochen haben, Sie aber gerne ansprechen möchten?

Ich glaube es geht bei dieser Auseinandersetzung mit Kinderarmut und ihrer Bekämpfung auf ganz unterschiedlichen Ebenen um Gerechtigkeit. Es geht zum einen um Gerechtigkeit zwischen den Generationen, weshalb ich es auch so wichtig finde, dies mit der Perspektive auf Beteiligungsmöglichkeiten von Kindern und Jugendlichen zu verschränken. Es geht zum anderen um die Gerechtigkeit im Hinblick auf Ressourcen, also zwischen den verschiedenen Gesellschaftsschichten. Bei Kindern, die in Armut leben, geht es letztlich um Gerechtigkeit als Frage der Umverteilung. Diese Einsicht ist in einer qualitativen Studie mit langen Beobachtungen und ausführlichen Interviews, die wir mit Kindern durchgeführt haben, entstanden. Was macht das Kind zum Kind und was ist unabhängig von Zeit und Raum das Spezifische des Kindes? Ich habe aber gerade in der Armutsforschung gemerkt, dass Kinder in Armut mit Erwachsenen in Armut mehr gemeinsam zu haben scheinen als mit gleichaltrigen und besser privilegierten Kindern. Auch das ist natürlich eine Frage der Gerechtigkeit. Gerechtigkeit würde ich somit noch als einen weiteren Gedanken hinzufügen.

Vielen Dank für das Gespräch.

Literaturtipps

Andresen, Sabine/Galic, Danijela (2015): Kinder. Armut. Familie: Alltagsbewältigung und Wege zu wirksamer Unterstützung. Gütersloh: Verlag Bertelsmann Stiftung.

Andresen, Sabine/Lips, Anna/Möller, Renate/Rusack, Tanja/Schröer, Wolfgang/Severine, Thomas/Wilmes, Johanna (2020): Kinder, Eltern und ihre Erfahrungen während der Corona-Pandemie. Erste Ergebnisse der bundesweiten Studie KiCo. Online verfügbar unter https://doi.org/10.18442/120 [20.12.2021].

Andresen, Sabine/Wilmes, Johanna/Möller, Renate (2019): Children's World +. Eine Studie zu Bedarfen von Kindern und Jugendlichen in Deutschland. Gütersloh: Bertelsmann Stiftung. Online verfügbar unter https://www.bertelsmann-stiftung.de/fileadmin/files/BSt/Publikationen/GrauePublikationen/Studie_WB_Children_s_Worlds_2019.pdf [20.12.2021].

Weitere im Text verwendete oder angesprochene Literatur

Hurrelmann, Klaus/Andresen, Sabine (2007): Kinder in Deutschland 2007. 1. World Vision Kinderstudie. 2. Aufl. Fischer Taschenbuch Verlag.

Main, Gill (2019): Child poverty and subjective well-being: The impact of children's perceptions of fairness and involvement in intra-household sharing. In: Children and Youth Services Review. 97, pp. 49–58.

Christiane Frieg, Nikolas Lukomski und Jennifer Palencia

Kinderarmut in ihrer gesellschaftlichen Bedeutung – und Corona als ihr Katalysator
Ein Interview mit Michael Klundt

„So zeigt sich der Wert von Rechten gerade dann, wenn es darauf ankommt, z. B. in einer Krise. Oder symbolisch gesagt: Ein schönes Dach nutzt nur, wenn es auch bei Regen dicht ist und nicht nur bei Sonnenschein" (Klundt 2020: 3). Diese Aussage entstand im Juni 2020 innerhalb einer Studie, welche von Michael Klundt für die Partei DIE LINKE angefertigt wurde und sich mit den Auswirkungen der Corona-Krise auf die Lebensbedingungen junger Menschen beschäftigt.

Die Corona-Krise ging mit einer massiven Beeinträchtigung der Rechte von Kindern und Jugendlichen einher, so der Tenor einer öffentlichen Sitzung der Kinderkommission des Deutschen Bundestags (KiKo) vom 9. September 2020 (vgl. bundestag. de). Praktisch seien jegliche Maßnahmen der Einschränkung von Kindern ohne Berücksichtigung des Kindeswohls geschehen, wodurch – insbesondere mit Blick auf die Umsetzung der UN-Kinderrechtskonvention – elementare Schutz-, Fürsorge- und Beteiligungsrechte von circa 13 Millionen Kindern und Jugendlichen in Deutschland verletzt wurden (Klundt 2020: 4). Ganz besonders hinsichtlich der schulischen Bildung seien die Corona-Maßnahmen dabei jedoch nur als Katalysator anzusehen, der die soziale Polarisierung deutlicher zum Vorschein gebracht hat. Partizipation und Bildungschancen von Privilegierten wurden hierbei durch das digitalisierte Homeschooling weiter ausgebaut als bei ohnehin schon benachteiligten Kindern und Jugendlichen (Geis-Thöne 2020: 2), was ebenfalls durch die Forschungsergebnisse von Michael Klundt (Klundt 2020: 5) bestätigt wird.

Professor Dr. Michael Klundt, 1973 geboren, studierte von 1993 bis 1999 Germanistik und Politikwissenschaften für das Lehramt an Gymnasien an der Philipps-Universität in Marburg. Im Anschluss daran arbeitete er von 2000 bis 2002 als wissenschaftlicher Mitarbeiter an der Universität zu Köln, an der er 2007 promovierte. Es folgten zwei Jahre, in denen er bis 2009 die Fraktion DIE LINKE im Deutschen Bundestag als wissenschaftlicher Fachreferent zu Kinder- und Jugendpolitik beriet und unterstützte. 2010 erhielt er den Ruf an die Hochschule Magdeburg-Stendal. Hier lehrt und forscht er seitdem auf einer *Professur für Kinderpolitik* unter anderem zu den Themen Kinderarmut und -reichtum sowie zu Kinder-, Jugend-, Familien- und Sozialpolitik.

Bei unseren Recherchen zur Vorbereitung auf unser Interview mit Michael Klundt stießen wir auf eine These des Armutsforschers Christoph Butterwegge, mit welchem Michael Klundt zusammenarbeitet, die uns mit Blick auf unser Bildungssystem zum Nachdenken gebracht hat: „In einer Schule für alle nach skandinavischem Vorbild wäre kein Platz für die frühzeitige Aussonderung leistungsschwacher oder bildungsferner Kinder, die arm sind bzw. aus sogenannten Problemfamilien stammen" (Butterwegge 2021: 19). Übersieht oder verschleiert unser hiesiges Bildungssystem wichtige Faktoren im Kontext der Kinderarmut? Entstehen mit einem Blick nach Skandinavien Alternativen bzw. Reformideen für die deutsche Bildungslandschaft? Welche politischen Konsequenzen müssten jetzt, auch vor dem Hintergrund der Corona-Pandemie, gezogen werden, um Bildungsrückstände von ohnehin schon benachteiligten Heranwachsenden kompensieren zu können?

Den Kern des beispielsweise schwedischen Schulsystems bildet die neunjährige Grundskola (Grundschule). Die Schüler:innen bleiben üblicherweise neun Jahre in einer Klasse zusammen und müssen in der Regel keine Klasse wiederholen. So sollen stabile und lang andauernde Beziehungen zwischen Schüler:innen und Lehrer:innen gebildet werden. Lernmittel, Mensaessen, Schultransporte und Ausflüge sind zudem kostenlos und somit für alle Schüler:innen gleichermaßen zugänglich. Der besonders positive Effekt der Grundskola ist, dass durch dieses konsequente Vorgehen und unabhängig vom Geldbeutel der Eltern, kein Kind zurückgelassen wird und damit die gleichen Chancen auf ein erfolgreiches und selbstbestimmtes Leben bekommt (elchkuss.de 2019). Der schwedische Länderbericht betont hierbei nochmals das gewandelte Selbstverständnis von Schule: Es wird nicht mehr zwischen Gut und Schlecht unterschieden, sondern auf den Grad des Erreichens verschiedener Ziele abgestellt. Die Lehrkräfte und Eltern, die Schule und das Bildungssystem haben dabei für die Schüler:innen und deren Entwicklung Sorge zu tragen und sie nicht nur nach einem Analyseraster zu taxonomieren (vgl. Bos/Schwippert 2007: 69).

Neben der Bildungsthematik nimmt Michael Klundt im Interview auch Bezug auf die Bertelsmann Stiftung und deren Einfluss auf die Politik, gerade im Bereich der Bildung und somit auch auf Kinderarmut; einen Einfluss, der, wie auch unsere Recherchen zeigen, nicht unterschätzt werden sollte. Die 1977 gegründete Bertelsmann Stiftung finanziert sich aus Gewinnen des Bertelsmann Medienkonzerns. Sie bezeichnet den Nutzen ihrer Programme innerhalb ihres Leitbildes als Förderung für die Menschen und die Stärkung der Gesellschaft und entwickelt dafür Systeme. Freiheit, Solidarität und Menschlichkeit sollen hierbei im Vordergrund stehen. Die politische, wirtschaftliche und kulturelle Teilhabe sollen als Folge des erschlossenen Wissens von Untersuchungen gefördert und somit der gesellschaftliche Fortschritt angekurbelt werden (vgl. Schuler 2010). Mit einem Jahresbudget von 70 Millionen Euro bearbeitet die Stiftung die Themen Arbeitsmarkt, Integration, Bildung und Gesundheit und „veröffentlicht sie in ihrem Gütersloher Ideenfließband, mit einem sicheren Gespür für Timing und meist mit einem warnenden Tonfall. Der Tenor lautet: die Kinderarmut verschärft sich …"

(AG Du bist Bertelsmann 2014). Durch ihre Studien und Kampagnen regt die Bertelsmann Stiftung die öffentliche Debatte an. Kritisch muss betrachtet werden, welchen medialen, wirtschaftlichen Nutzen und welchen gesellschaftspolitischen Einfluss die Stiftung hat, um Veränderungen voranzutreiben zu können. Die Stiftung fördert dabei ausschließlich eigene Projekte, wodurch der Eindruck erweckt wird, dass es hierbei eine Form von Kontrolle durch die Veränderung der Bedingungen in vielen Bereichen, beispielsweise im Schulwesen, geht (vgl. Liebner/Schwertfeger 2007).

Die Forderung nach Maßnahmen, um Kinderarmut entgegenzuwirken und sie in den politischen Diskurs zu stellen, entspricht hierbei dem Leitbild der Bertelsmann Stiftung, um politische, wirtschaftliche und soziale Reformen voranzutreiben.

Als Einstieg würden wir zunächst gerne wissen, welche persönlichen Motivationen und Beweggründe Sie angetrieben haben, sich mit dem Thema Kinderarmut intensiv zu beschäftigen.

Neben grundsätzlichen Ungerechtigkeitswahrnehmungen: mein Interesse an Demokratisierung und die dem gegenüberstehenden sozialen Spaltungsprozesse führten mich immer wieder zu diesem Thema.

Könnten Sie uns das ein wenig verdeutlichen, wie Sie die Ungerechtigkeit wahrnehmen und inwiefern soziale Spaltungsprozesse einer Demokratisierung Ihres Erachtens entgegenstehen? Hätten Sie dafür möglicherweise ein Beispiel?

Lassen Sie es mich vielleicht so sagen: Wie der Kölner Politikwissenschaftler Christoph Butterwegge richtig schreibt, hat sich die wirtschaftliche, soziale und politische Ungleichheit (in Deutschland) dergestalt entwickelt, dass der viel bemühte *soziale Zusammenhalt* schwindet und mit guten Gründen buchstäblich von einer *zerrissenen Republik* gesprochen werden kann: „Armut und Reichtum sind im Kapitalismus der Gegenwart strukturell so miteinander verzahnt, dass beide tendenziell zunehmen. Die zum Teil skandalös niedrigen (Dumping-)Löhne für Millionen prekär Beschäftigte bedeuten nämlich hohe Gewinne, Dividenden und Renditen für Unternehmer, Kapitalanleger und Börsianer" (Butterwegge 2020: 110). Während also aus der sozialen Spaltung heraus im globalen Maßstab ökonomische Krisen, Kriege und Bürgerkriege resultieren, die wiederum größere Migrationsbewegungen nach sich ziehen, sind in Deutschland der soziale Zusammenhalt und die repräsentative Demokratie bedroht.

Wie würden Sie aus persönlicher und wissenschaftlicher Perspektive Kinderarmut definieren?

Mir ist wichtig, dass immer der jeweilige konkrete gesellschaftliche Kontext berücksichtigt wird. Also eben zum Beispiel Deutschland als eines der reichsten Länder der Erde im Jahre 2021 und nicht Deutschland im Mittelalter oder kurz nach dem Zweiten Weltkrieg oder ein Land der sogenannten Dritten Welt. Deshalb gehört für mich auch der gewachsene, von allen erwirtschaftete und von nur sehr wenigen angeeignete Reichtum mit in eine Kontextbetrachtung von (Kinder-)Armut.

Was bedeutet eine solche Kontextbetrachtung dann konkret für das, was Kinderarmut in Deutschland im Jahre 2021 ist?

Kinderarmut in Deutschland heute bedeutet Armut in einem der reichsten Länder dieser Erde. Zwar darf nicht vergessen werden, wie viele hunderttausende Menschen inzwischen wieder in Deutschland auf der Straße leben (darunter viele tausende Jugendliche) und wie viele Menschen vom Flaschen-Sammeln, Betteln oder von Tafeln leben müssen. Hunderttausende teilsanktionierte ALG-II-Bezieher:innen und zehntausende vollsanktionierte Hartz-IV-Empfänger:innen, darunter viele Jugendliche und Familien mit Kindern, für die tatsächlich absolute Armut – die Sorge um ein Dach über dem Kopf oder um Licht und Wärme in der Wohnung, Hunger, Mangel an Kleidung und medizinischer Versorgung – zum täglichen existenziellen Überlebenskampf gehören, werden allzu oft ignoriert.

Davon abgesehen geht es aber in der Regel in Deutschland weniger um absolutes Elend und Verhungern, sondern mehr um Entbehrungen, Ausgrenzungen und Benachteiligungen im Verhältnis zum allgemeinen gesellschaftlichen Lebensstandard. Wenn fast alle zum Beispiel über einen Kühlschrank, diverses Spielzeug, Malstifte oder einen Schulranzen verfügen, ist es ungerecht, wenn manche davon ausgeschlossen werden. Schmerzhafter noch als materielle Einschränkungen können sich Diffamierungen und Stigmatisierungen auswirken. Auch das Reden über (arme) Kinder und ihre Familien macht also einen Teil der gesellschaftlichen Polarisierungsproblematik aus, die immer weniger geleugnet werden kann. Dies gilt vor allem dann, wenn die Betrachtung von (Kinder-)Armut durch ein Wechselspiel zwischen Ignoranz, Krokodilstränen und Schicksalsgläubigkeit gekennzeichnet ist. Besonders bedenklich sind diejenigen Debatten, in denen die betroffenen Kinder und Familien mit den Etiketten *selbst schuld* oder *asozial* rhetorisch bedacht werden, denn dann steht statt der Bekämpfung von Armut eher die Herabwürdigung und letztlich die Bekämpfung der Armen im Vordergrund.

Aus meiner Sicht kann dann auch zum Teil von (politisch mit zu verantwortender) struktureller Kindeswohlgefährdung gesprochen und eine Kinderrechtsverletzung hinsichtlich der UN-Kinderrechtskonvention (UN-KRK) sowie Menschenrechtsverletzung gegenüber der UN-Behindertenrechtskonvention (UN-BRK) und dem UN-WSK-Pakt[1] festgestellt werden.

---

1 Internationaler Pakt über wirtschaftliche, soziale und kulturelle Rechte.

Wäre eine einheitliche Definition von Armut wichtig für den Umgang mit Armut und wie könnte diese den Diskurs beeinflussen?

Das ist natürlich schwierig. In unserem Buch von 2008 haben wir zum Einkommens- auch noch einen Lebenslagenansatz präferiert (vgl. Butterwegge u. a. 2008). Die in der EU allgemeinübliche Einkommens- und Armutsrisikogrenze von 60 Prozent des mittleren Netto-Äquivalenzeinkommens hat Vor- und Nachteile – extreme Ausschläge nach oben wie unten bilden sich nicht sofort eins zu eins ab (wie beim Durchschnitt); zudem haben riesige Einkommenszuwächse in Teilen der oberen Hälfte kaum Auswirkungen auf die Armutsgrenze – was wiederum die Kontextfrage hervorruft. Ansonsten sind Armut und soziale Ungleichheit im Kapitalismus natürlich grundsätzlich umstritten.

Sie sagen, dass riesige Einkommenszuwächse in Teilen der oberen Hälfte kaum Auswirkungen auf die Armutsgrenze haben. Könnten Sie das noch etwas genauer präzisieren, was Sie damit meinen?

Das würde jetzt wohl etwas zu weit führen, aber in unserem Band zu *Kinderarmut in Ost- und Westdeutschland* von 2008 haben Butterwegge, Zeng und ich einiges dazu aufgeschrieben. Und die praktikabelste Variante erscheint mir die von Gerda Holz und den diversen AWO-ISS-Studien zu sein, welche Einkommen nicht ignorieren, aber mit den verschiedenen Lebenslagen bezüglich Bildung, Gesundheit, Kultur, sozialen Netzwerken und anderem sowie mit Bezug auf Bourdieu verbinden.

Sind Sie der Meinung, dass das Schulsystem Kinderarmut bzw. Bildungsarmut übersieht oder gar verschleiert? Und wenn ja, inwiefern ist das so?

Das Bildungs- und das Schulsystem können gesellschaftliche soziale Ungleichheit abbilden, abmildern oder verstärken. Leider ist in der BRD seit einigen Jahren vor allem letzteres der Fall, wie selbst die OECD in ihrem Report *A broken Social Elevator* herausgefunden und dokumentiert hat (vgl. The broken elevator 2018), was auch verschiedene gesellschaftspolitische Ursachen hat, die mit der neoliberalen Offensive seit den 1980er-Jahren zusammenhängen.

Wie könnte eine Alternative aussehen bzw. welche Konsequenzen müssten gezogen werden?

Leider sind die Möglichkeiten, für mehr Gleichheit und Gerechtigkeit in Bildung und Schule zu sorgen, in einer strukturellen Ungleichheit und Ungerechtigkeit organisierenden kapitalistischen Klassengesellschaft begrenzt – wobei skandinavische Bildungs- und Sozialsysteme viele Jahrzehnte bewiesen haben, dass auch im Kapitalismus mehr Bildungsgerechtigkeit und -gleichheit möglich sind.

Ein vielleicht erster Schritt könnte sein, dass Benachteiligte sowie Kitas, Schulen und Bildungseinrichtungen in benachteiligten Stadtteilen die sowohl besten Bedingungen, als auch die meisten und qualifiziertesten Bildungs-Fachkräfte erhalten. Im Moment ist es leider immer noch eher umgekehrt – wer hat, dem wird gegeben.

Soll nicht beispielsweise der Ausbau der Kindertagesbetreuungen auch zur Kompensation von Armutsfolgen beitragen? Und gibt es nicht in Bundesländern oder in Kommunen, in denen die Grünen oder DIE LINKE an Regierungen beteiligt sind Grund zum Optimismus?

Zweifellos ist ein qualitativ hochwertiger Kita-Ausbau gut; mir ist jedoch nicht bekannt, dass grün oder links (mit-)regierte Bundesländer irgendetwas Wesentliches an der sozioökonomischen Sozialstruktur dieser kapitalistischen Klassengesellschaft ändern (wollen). Zur konkreten Praxis zum Beispiel in der Stadt Berlin haben Marcel Helbig und Rita Nikolai eine Studie vorgelegt, die das zeigt (vgl. Helbig/Nikolai 2019).

Könnte die Kinderarmut die Demokratie gefährden? Wie kann erreicht werden, dass Kinder und Jugendliche aus ärmlichen Lagen Interesse am politischen Prozess entwickeln und sich (bestenfalls) daran beteiligen?

Erstens ja, zweitens: das ist sehr schwer und scheint im hegemonialen Politik-Geschäft auch eigentlich gar nicht wirklich gewollt zu sein.

Um diese Widersprüchlichkeit zu verdeutlichen: Dutzende von Studien im Auftrag der Bertelsmann-Stiftung zu Kinderarmut erkennen die Gefahr, dass sich sozial benachteiligte junge Menschen auch als Erwachsene aufgrund ihrer Perspektivlosigkeit von der Gesellschaft abkoppeln – mit weitreichenden Folgen. Im Vorwort einer dieser Studien schreiben die Programmdirektorin Annette Stein und das Vorstandsmitglied der Bertelsmann-Stiftung Jörg Dräger „So hängt unter anderem auch die politische Beteiligung mit dem sozialen Status zusammen: je niedriger der sozioökonomische Hintergrund, desto geringer die Wahlbeteiligung. Gerade in Zeiten einer zunehmenden Polarisierung der Gesellschaft sollte dies ein Warnsignal sein" (vgl. Tophoven u. a. 2018: 7).

Es sei jedoch daran erinnert, dass die beklagte „zunehmende Polarisierung" gerade von der Bertelsmann-Stiftung seit Jahrzehnten mit einflussreichen Konzepten zur Privatisierung, Flexibilisierung, Deregulierung und Neoliberalisierung aller gesellschaftlicher Bereiche und besonders von Bildung und Sozialstaat maßgeblich mit vorangetrieben worden ist, wie Torsten Bultmann und Jens Wernicke in ihrem 2010 erschienen Buch „Netzwerk der Macht" zeigen. Somit wird immer wieder das bewirkt, was dann mit großen Krokodilstränen betrauert wird.

Wenn Sie gerade die Bertelsmann Stiftung ansprechen: Immerhin geht von dort auch die Forderung nach einem Teilhabegeld für Kinder aus. Viele Verbände fordern im Bündnis Kindergrundsicherung etwas Ähnliches. Auch einige Parteien sprechen sich für eine Grundsicherung von Kindern aus. Wie beurteilen Sie diese Initiativen?

Kurz gesagt: Im Prinzip gut, aber alle Maßnahmen – auch die Kindergrundsicherung – müssen mindestens dafür sorgen, dass Kinder und Familien wirklich aus Armut und Bedürftigkeit befreit werden. Dazu benötigt es Geld, Infrastruktur und Umverteilung.

Länger gesagt: Wichtig ist bei allen Überlegungen zum sozialen Zusammenhalt – auch in Richtung Kindergrundsicherung, dass Kinder und ihre Familien nach den anvisierten Maßnahmen auch wirklich aus Armut und Hilfsbedürftigkeit befreit werden. Dabei sollten wir nicht der Illusion verfallen, Kinder als anscheinend *autonom* aus dem Familienkontext fiktiv herauszulösen und mit einer *eigenständigen Kindergrundsicherung* oder Ähnlichem scheinbar aus der Bedürftigkeit zu holen, während der Rest der Familie weiterhin in der Hilfsbedürftigkeit verbleibt.

Arme Kinder sind in der Regel Kinder armer Eltern(teile) und sollten nicht gegen sie ausgespielt werden. Überdies sollte jede Konzeption, die pauschal allen und damit auch vielen nicht bedürftigen Eltern und Kindern mit enormen Finanzmitteln unter die Arme greifen will, daraufhin kritisch unter die Lupe genommen werden, wie ihre effektiven Folgen für die Verhinderung und Verminderung von Kinderarmut aussehen. Das heißt, die Ziel-Mittel-Relation bedarf einer präzisen Analyse. Außerdem ist es auch und gerade für ein Eingreifen in politische Diskurse über soziale Polarisierung wichtig, die Primärverteilung des gewachsenen gesellschaftlichen Reichtums bei allen sinnvollen Forderungen von Maßnahmen gegen Kinderarmut im Blick zu behalten. Schließlich kann ein arm gemachter Staat nur schwerlich Armut bekämpfen und die Kinderrechte (wieder)herstellen.

Wie kann Kindern in Armut geholfen werden, deren Eltern aus verschiedenen Gründen mit der pandemischen Situation überfordert sind? Wie sollen diese Kinder jetzt unter jenen Bedingungen der Pandemie vorankommen, wenn die Stellen, die Kindern und ihren Familien Hilfe anbieten, durch die Corona-Beschränkungen keine Möglichkeiten und/oder Kapazitäten haben?

Neben einer gründlichen und kritischen Analyse des hegemonialen Diskurses in Medien, Politik und Wissenschaft, sollten an Kinderperspektiven anknüpfende Alternativen und Gegenstrategien Konzepte der Armutsbekämpfung, der Partizipation junger Menschen und der Förderung sozialer Infrastruktur vereinen, die den gesellschaftspolitischen Kontext nicht aus den Augen verlieren (vgl. Klundt 2020: 15ff.). Konkret heißt das erstens, dringend Maßnahmen gegen Armut und zur sozialen Absicherung der Kinder und Familien zu ergreifen, die allerdings deutlich über den Kinderfreizeitbonus und die zwei vorangegangenen Kinderboni hinausgehen. Zweitens müssen die kinderrechtlichen Prinzipien des Kindeswohlvorrangs, des Schutzes, der Förderung und vor allem der Beteiligung von Kindern, Jugendlichen und Jugendverbänden aufgebaut oder wieder aufgebaut beziehungsweise umgesetzt werden. Damit verbunden sind drittens Maßnahmen für einen pandemiegerechten Ausbau der sozialen Infrastruktur im Wohnumfeld – vor allem mittels Jugendhilfe und offener Arbeit.

Unter Berücksichtigung gegebener und/oder zukünftig eintreffender, unvorhersehbarer Umstände: Was müsste geschehen, damit sowohl Bund als auch Länder und Kommunen mehr Budget für die Ausbildung und Beschäftigung von pädagogischem Personal und dessen Ausstattung zur Verfügung stellen?

Es müsste vielleicht zunächst einmal gesagt werden, was ist und in wessen Interesse sich die enorme Ungleichheit in dieser Gesellschaft ereignet. Das wäre schon ein erster und wichtiger Schritt: Zu oft erscheinen zum Beispiel Armutsanlässe wie Scheidung, Alleinerziehenden-Status, Migrationshintergrund oder sogar Arbeitslosigkeit in verschiedensten Äußerungen aus Politik, Medien und Wissenschaft als Problemursachen. Sie lassen dadurch die wirklich zugrundeliegenden Wurzeln im vorhandenen Wirtschafts- und Sozialsystem ausgeblendet und werden demzufolge mit diesen vertauscht. Dabei kann eine sozial gerechte Familien- und Sozialpolitik und eine gute Bildungs-, Betreuungs- und Arbeitsmarktpolitik auch für Kinder von arbeitslosen, alleinerziehenden oder migrantischen Eltern ein armutsfreies Leben ermöglichen.

In diesem Sinne sollte auch die Corona-Pandemie nicht als Ursache für alle zum Beispiel durch Gesundheits-, Bildungs- und Sozialpolitik verursachten Probleme vorgeschoben werden. Oft muss sie eher als Anlass von verschärften Verarmungsprozessen landes- und weltweit verstanden werden – leider nicht nur in verschiedenen autoritären Regimen auch zum Vorwand für den Bruch von Gewaltenteilung durch Übergehen von Legislative und Judikative seitens der Exekutive sowie durch massivste Grundrechtseinschränkungen und Repressionen.

Auch hier sollte die Pandemie nicht zu vorschnell allein verantwortlich gemacht werden, sondern die darunter liegenden sozioökonomischen sowie bildungs- und gesundheits-systemischen Ursachen sind zu beachten, auch wenn sie allzu oft in Medien, Politik und Wissenschaft von der Epidemie drohen überstrahlt zu werden. Genauso problematisch wie die einseitige Kennzeichnung von Kindern als *Armutsrisiko* oder gar *Armutsursache*, hat sich in der Corona-Krise die weitgehend wissenschaftlich unbewiesene Beschreibung und Behandlung von Kindern als reine Viren-Schleudern erwiesen.

Also müssten sich mehr Menschen, Beschäftigte, Auszubildende, Schüler:innen und Studierende gewerkschaftlich organisieren und in breiten gesellschaftlichen Bündnissen für bessere Bildungsbedingungen Druck machen.

Welche Möglichkeiten sehen Sie oder was wäre nötig, um die Kinderarmutsforschung weiterzuentwickeln?

Neuere Ansätze der Kinderarmutsforschung nehmen Kinder als eigenständige Subjekte wahr, als von Armut Betroffene und Armut Bewältigende, anstatt sie lediglich als Angehörige armer Haushalte und als Auslöser von familiären Armutslagen zu betrachten. Zunehmend rekurriert die Kinderarmutsforschung auf ressourcen- und potenzialorientierte Konzepte, insbesondere auf Salutogenese, Resilienzforschung sowie den Capability Approach wie das beispielsweise Raimund Geene, Claudia Höppner und Frank Lehmann (2013) zeigen.

Möglichkeiten der Armutsprävention werden aber weiterhin auch in gesellschaftspolitischer Verantwortung verortet; Staat und Gesellschaft können nicht aus der Pflicht entlassen werden, gerechte(re) Lebensbedingungen für alle Kinder zu schaffen. Manche mögen mutmaßen, dass Ressourcenorientierung und Resilienzansatz in der Kinderarmutsforschung zu sehr gesellschaftspolitische Rahmenbedingungen aus dem Auge zu verlieren drohen, zugunsten einer Individualisierung sozialer Probleme. Dem kann durch eine Repolitisierung der Kinderarmutsforschung abgeholfen werden. Sie geht davon aus, dass auch das politische, wissenschaftliche und publizistische Reden über arme Kinder und Familien einen Teil der gesellschaftspolitischen Polarisierungs-Problematik ausmacht und auf Ressourcen und Resilienz wirkt.

Außerdem besteht – entgegen der Individualisierungsprämisse – gerade ein wichtiger Resilienzfaktor darin, sich den eigenen Hilfebedarf einzugestehen, Hilfe zu holen und/oder Hilfe von anderen annehmen zu können. Genau entgegen der weit verbreiteten Ellenbogen-Ideologie sogenannter Eigenverantwortung besteht das Ressourcen- und das Resilienzkonzept in diesem Sinne gerade nicht darin, das individuelle Ertragen unerträglicher Zustände zu propagieren. Vielmehr geht es darum, subjektive Stärken zu ermitteln sowie individuelle und kollektive Bewältigungspraxen zu analysieren, die zur solidarischen Veränderung widriger Handlungsbedingungen beitragen können.

Welche Institutionen sind Ihrer Meinung nach für die kindsbezogene Armutsprävention bzw. -bekämpfung verantwortlich und warum?

Alle, aber besonders Kitas, Jugendhilfe, Schulen, Betriebe, Hochschulen, Medien, Wissenschaften, Wirtschaft und Politik.

Könnten Sie das eventuell noch etwas begründen? Welche Institutionen haben Ihrer Meinung nach eine höhere Priorisierung hinsichtlich der Verantwortlichkeit zur Prävention und Bekämpfung von Kinderarmut?

Was die Verantwortung betrifft, so würde ich Politik, Wirtschaft, Medien und Wissenschaft besonders hervorheben. Deshalb ist es auch und gerade für ein Eingreifen in politische Diskurse über soziale Polarisierung wichtig, die Primärverteilung des gesellschaftlichen Reichtums bei allen sinnvollen Forderungen von Maßnahmen gegen

Kinderarmut vor, während und nach der Corona-Krise im Blick zu behalten. Aufgabe fortschrittlicher Wissenschaft, Medien, Praxis und Politik ist es zu gewährleisten, dass die Sorgen der Kinder und Familien nicht nur die niedrigste Ebene treffen.

Der berechtigte Frust von Eltern darf sich nicht auf Fachkräfte und Erzieher:innen konzentrieren, sondern muss auf die verantwortliche, aber weitgehend konzeptionslose Regierungspolitik fokussieren. Auch Ängste und Sorgen der Fachkräfte müssen ernst genommen werden für verbesserte Bildungsbedingungen. Bundes-, Landes- und Kommunalpolitik sowie Fachkräfte, Eltern und Kinder/Jugendliche müssen darüber endlich (wieder) ins Gespräch kommen.

Ein Gesamtkonzept bzw. ein wirkliches Maßnahmenpaket für die Umsetzung bzw. Wiederherstellung von Kinderrechten und gegen Kinderarmut wird derweil weiterhin benötigt.

Armutsprävention stellt eine gesellschaftliche Verpflichtung dar. Was kann jede:r einzelne Bürger:in tun, um dieser nachzukommen?

Blaming the victims und Sozialrassismus wären kritisch zu reflektieren und zu vermeiden. Solidarität wäre zu fördern und zu leben. Sich gewerkschaftlich organisieren, wäre wichtig. Zum Beispiel bedeutet es für alle (sozial-)pädagogisch Tätigen, sich immer wieder selbst-reflexiv die eigenen Vorurteile kritisch bewusst zu machen und bestimmte Äußerungen gemeinsam mit Kindern und Kolleg:innen nach ihren Bedeutungen und Auswirkungen vor allem für die damit Markierten und bisweilen Abgeweiteten zu untersuchen. Weiterhin steht Sensibilisierung der Fachkräfte für Kinder in Schwierigkeiten oder in problematischen Verhältnissen im Vordergrund, statt Kinder als schwierig oder gar als Problemkinder zu bezeichnen. Ähnliches gilt für die Arbeit mit vermeintlichen Problemfamilien und realen Familien mit verschiedenen Problemen.

Dies könnte als Aufgabe für alle mit Kindern arbeitenden Professionen zu einer qualifizierteren Tätigkeit beitragen. Ebenso sind alle mit Kindern Beschäftigten aufgerufen, innerhalb ihrer Kindergruppen zur Empathiebildung und zur Anerkennung von Unterschieden und Gemeinsamkeiten aller Kinder beizutragen.

Eine letzte Frage: Sie haben in diesem Interview mehrmals davon gesprochen, dass die Menschen sich gewerkschaftlich organisieren sollen. Welchen Vorteil sehen Sie in der Gewerkschaftsarbeit gegenüber einem Engagement beispielsweise in Parteien oder anderen Bündnissen?

Zunächst ist es gut, sich zivilgesellschaftlich, parteilich und gewerkschaftlich zu organisieren. Alles, was Vereinzelung überwindet und solidarisches Handeln ermöglicht, ist aus meiner Sicht zu begrüßen. In Gewerkschaften können abhängig beschäftigte Menschen ihre gemeinsamen sozialen Interessen über die jeweiligen beruflichen Grenzen hinaus kennenlernen und miteinander wirksam für eine Veränderung respektive Verbesserung von Arbeit und Leben streiten.

Wir danken Ihnen für das Interview.

Literaturtipps

Klundt, Michael (2019): Gestohlenes Leben – Kinderarmut in Deutschland. Köln: PapyRossa Verlag.

Klundt, Michael (2020): Krisengerechte Kinder statt kindergerechtem Krisenmanagement? Auswirkungen der Corona-Krise auf die Lebensbedingungen junger Menschen. www.linksfraktion.de/fileadmin/user_upload/200608_Studie_Corona_Kinderland.pdf [20.01.2022].

Klundt, Michael (2021): Kinder, Kinderrechte und Kinderschutz im Corona-Kapitalismus. In: Lutz, Ronald/Steinhaußen, Jan/Kniffki, Johannes (Hrsg.): Corona, Gesellschaft und Soziale Arbeit. Neue Perspektiven und Pfade. Weinheim und Basel: Beltz Juventa. S. 89–104.

Klundt, Michael (2023): Kinder in Armut. Benachteiligung, Diffamierung und Stigmatisierung in der Kita begegnen. Freiburg, Basel, Wien: Herder.

Weitere im Text verwendete oder angesprochene Literatur

Bultmann, Torsten/Wernicke, Jens (Hrsg.) (2010): Netzwerk der Macht - Bertelsmann. 2., erw. Aufl. Marburg: BdWi-Verlag.

Butterwegge, Christoph (2021): Kinderarmut in Deutschland. In: Sozial Extra 45, S. 19–23.

Butterwegge, Christoph/Klundt, Michael/Belke-Zeng, Matthias (2018): Kinderarmut in Ost- und Westdeutschland. 2. Aufl. Wiesbaden: VS Verlag für Sozialwissenschaften.

Geene, Raimund/Höppner, Claudia/Lehmann, Frank (2013): Kinder stark machen: Ressourcen, Resilienz, Respekt – Ein multidisziplinäres Arbeitsbuch zur Kindergesundheit. Bad Gandersheim: Verlag Gesunde Entwicklung.

Geis-Thöne, Wido (2020): Häusliches Umfeld während der Krise: Ein Teil der Kinder braucht mehr Unterstützung, In: IW-Report 15/2020 www.iwkoeln.de/studien/wido-geis-thoene-ein-teil-der-kinder-braucht-mehr-unterstuetzung.html [26.11.2021].

Helbig, Marcel/Nikolai, Rita (2019): Bekommen die sozial benachteiligten Schüler*innen die „besten" Schulen? Eine explorative Studie über den Zusammenhang von Schulqualität und sozialer Zusammensetzung von Schulen am Beispiel Berlins. In: Discussion Paper P-2019-002 des Wissenschaftszentrums Berlin (WZB). März 2019, S. 1–37.

HVG-Blomberg (2005): Das schwedische Schulsystem: Ist Schweden ein Vorbild? https://hvg-blomberg.de/2005/02/17/das-schulsystem-schweden-ist-schweden-ein-vorbild/ [26.11.2021].

Schuler, Thomas (2010): Eine Stiftung regiert im Land: Die Methode Bertelsmann. https://taz.de/Eine-Stiftung-regiert-im-Land/!5137745/ [05.12.2021].

Tophoven, Silke/Lietzmann, Torsten/Reiter, Sabrina/Wenzig, Claudia (2018): Aufwachsen in Armutslagen. www.bertelsmann-stiftung.de/de/publikationen/publikation/did/aufwachsen-in-armutslagen [25.10.2021].

Internetquellen

A Broken Social Elevator? How to Promote Social Mobility. www.oecd.org/social/broken-elevator-how-to-promote-social-mobility-9789264301085-en.htm [25.10.2021].

AG Du bist Bertelsmann (2014). www.bertelsmannkritik.de/index.htm [25.10.2021].

Anti-Bertelsmann-Konferenz 2007 – thema @ kanalB.org (2021). http://kanalb.org/topic.php?play_id=1899&modul=Clip&clipId=252 [05.12.2021].

Bundesministerium für Bildung und Forschung (2007): Vertiefender Vergleich der Schulsysteme verschiedener PISA-Teilnehmerstaaten. www.uni-due.de/imperia/md/content/bifo/ackeren_isabell_van_-_2003_-_vertiefender_vergleich_der_schulsysteme_ausgewaehlter_pisa-teilnehmerstaaten.pdf [02.02.2022].

Bundestag.de (2020). www.bundestag.de/kiko [20.01.22].

Bundestagswahl 2021/Was die Parteien gegen Kinderarmut unternehmen wollen. In: Das Wichtigste zur Bundestagswahl im Überblick. www.deutschlandfunk.de/bundestagswahl-2021-was-die-parteien-gegen-kinderarmut-100.html [16.12.2021].

Die schwedische Schule – ein umfassender Überblick. https://elchkuss.de/die-schwedische-schule/ [20.01.2022].

Sozialhilfe und Grundsicherung; Regelsätze sind gestiegen (2022). www.bundesregierung.de/breg-de/suche/regelsaetze-steigen-1960152 [25.01.2022].

Wie mächtig ist die Bertelsmann-Stiftung? (2018). In: Süddeutsche Zeitung, 09.03.2018. www.sueddeutsche.de/bildung/gesellschaft-und-politik-das-glashaus-1.3899280-2 [25.10.2021].

Anna David und Miriam Klein

Kinderarmut in Kitas – wie Folgen kompensiert oder verstärkt werden

Ein Interview mit Kirsten Fuchs-Rechlin

Der Ausbau der Kindertagesstätten in Deutschland und die damit verbundene stärkere Fokussierung auf die frühkindliche Entwicklung soll unter anderem mit dazu beitragen, Folgen sozialer Benachteiligung von Kindern zu kompensieren und damit mehr Bildungsgerechtigkeit zu ermöglichen. Er stellt damit ein Vorhaben dar, von dem auch armutsbetroffene Kinder und ihre Familien profitieren sollten. Die aktuellen Statistiken des Statistischen Bundesamtes zur Armutsgefährdung ließen uns jedoch nachdenklich werden. So lag beispielsweise die Armutsgefährdungsquote von unter 18-Jährigen 2019 in Deutschland bei 20,5 Prozent (bpb 2020). Das Statistische Bundesamt gibt ebenso an, dass im September 2020 92,5 Prozent der Kinder zwischen drei und sechs Jahren und 35 Prozent der Kinder zwischen null und drei Jahren in einer Kindertagesbetreuung waren (Destatis 2020). Daraufhin stellten wir uns die Frage, inwiefern Kindertagesstätten Armut bekämpfen und die Folgen von Armut kompensieren können und worin die aktuellen Grenzen liegen. Wie sehr wird in Kindertagesstätten Kinderarmut problematisiert und welche Möglichkeiten gibt es, Kinderarmut zu verringern bzw. deren Folgen abzufedern? Wir sind selbst im frühkindlichen Bereich tätig und möchten im folgenden Interview herausfinden, wie strukturell im Berufsfeld von pädagogischen Fachkräften in Kindertagesstätten mit diesem Thema umgegangen wird, um diese unseren subjektiven Erfahrungen gegenüberzustellen. Wir freuen uns sehr, dass wir eine Expertin auf diesem Gebiet finden konnten, die sich genau mit diesen Fragen auseinandersetzt.

Prof. Dr. Kirsten Fuchs-Rechlin hat Erziehungswissenschaft, Soziologie und Psychologie an der Universität Heidelberg studiert und 2009 an der Technischen Universität Dortmund in Erziehungswissenschaften promoviert. Sie arbeitete als wissenschaftliche Mitarbeiterin im Erziehungswissenschaftlichen Seminar der Universität Heidelberg und anschließend in der Arbeitsstelle Kinder- und Jugendhilfestatistik im Forschungsverbund Deutsches Jugendinstitut/TU Dortmund. Seit 2012 ist sie Professorin an der Fliedner Fachhochschule Düsseldorf mit dem Lehrgebiet Bildung und Erziehung in der Kindheit. Zu ihren Arbeitsgebieten gehören die Berufsfeld- und Professionsforschung, die Bildungsungleichheit, die Systeme frühkindlicher Bildung, Erziehung und Betreuung sowie die Analyse von amtlichen Statistiken. Zurzeit ist Kirsten Fuchs-Rechlin als Projektleitung der Weiterbildungsinitiative Frühpädagogischer Fachkräfte (WIFF), ein

Projekt des Bundesministeriums für Bildung und Forschung (BMBF), der Robert Bosch Stiftung und des Deutschen Jugendinstituts, tätig. Zudem wirkt sie in verschieden Gremien mit, unter anderen in dem Expert:innengremium zum Monitoring des Gute-KiTa-Gesetzes und im wissenschaftlichen Beirat zur zweiten Präventionskonferenz der Nationalen Präventionskonferenz.

Kirsten Fuchs-Rechlin beschäftigt sich vor allem mit Bildungsungleichheit in Kindertageseinrichtungen. Da Kindertageseinrichtungen neben der Familie zu einer der wichtigsten Sozialisationsinstanzen zählen, scheinen hier große Chancen zu liegen, um ungleiche Startbedingungen von Kindern zu kompensieren (vgl. Fuchs-Rechlin/Bergmann 2014 zit. in Fuchs-Rechlin 2020: 217). Die frühkindliche Bildung, Erziehung und Betreuung in Kindertageseinrichtungen ist neben den frühen Hilfen in besonderem Maße geeignet, die Entwicklungsrisiken zu einem frühen Zeitpunkt zu erkennen und diesen entgegenzuwirken (vgl. Fuchs-Rechlin 2020: 217). Nach Kirsten Fuchs-Rechlin sind die Kindertageseinrichtungen entsprechend der Anzahl von armutsbetroffenen Kindern im Einzugsgebiet der Einrichtung mit Armut und deren Folgen konfrontiert (vgl. ebd.: 218). Da das Aufwachsen in Armutslagen die Sprachentwicklung, die Gesundheit, die psychomotorischen Fähigkeiten sowie das Freizeitverhalten und den Bildungserfolg, kurz die Teilhabechancen der Kinder, beeinträchtigen kann, ist ein armutssensibles Handeln in den betroffenen Einrichtungen von hoher Bedeutung und kann zu einer Kompensation von Armutsfolgen beitragen (vgl. Micheal 2015, Groos/Jehles 2015, Tophoven u. a. 2018 zit. in Fuchs-Rechlin 2020: 219). Das armutssensible Handeln bezieht sich auf alle Ebenen der Institution, und zwar auf die organisationale, die konzeptionelle, die organisatorische und die sozialräumliche Ebene, sowie auf die Ebene des Teams und der Interaktion (vgl. Bange 2016, Hock u. a. 2014, Sommer-Himmel/Brandl 2014 zit. in Fuchs-Rechlin 2020: 220). Hierbei ist die Armutsprävention immer noch Aufgabe des gesamten Systems und nicht nur des:der Einzelnen. Wenn alle Ebenen aufeinander abgestimmt werden, erhöht sich die Chance, dass Kindertageseinrichtungen ihre Wirksamkeitspotenziale entfalten können (vgl. Fuchs-Rechlin 2020: 222).

Im Sommer 2021 hatten wir die Möglichkeit, Kirsten Fuchs-Rechlin zu interviewen, um mit ihr über Kinderarmut und die Möglichkeiten von Kitas, deren Folgen zu kompensieren, zu sprechen:

Gleich zu Beginn eine persönliche Frage: Wie sind Sie darauf gekommen, sich mit dem Thema Kinderarmut zu beschäftigen?

Ich habe mich überwiegend mit Bildungsungleichheit im Zusammenhang mit der Nutzung von Kindertageseinrichtungen beschäftigt. Das ist jetzt schon eine ganze Weile her, da habe ich angefangen mit den Daten des Mikrozensus zur Inanspruchnahme von Kindertageseinrichtungen zu forschen. Zudem habe ich auch mit den SOEP-Daten gearbeitet. Das Sozio-oekonomische Panel ist eine Längsschnittstudie, die vom Deutschen Institut für Wirtschaftsforschung erhoben wird. Zusammen mit meinen eigenen Erhebungen haben sich recht schnell und über alle Daten hinweg soziale Muster der Inanspruchnahme gezeigt, zum Beispiel der sozioökonomische Status der Familie oder der Migrationshintergrund. Eigentlich bin ich dann über diesen Weg zu dem Thema Kinderarmut gekommen. Die ökonomische Situation könnte den Anker zur Bildungsungleichheit bilden, da sie auch immer ein Merkmal ist, unter dem das Thema Bildungsungleichheit bearbeitet wird. Wobei sich dies zumindest bei der Inanspruchnahme von Kindertagesbetreuung nicht so stark zeigt. Wenn fast alle Kinder in Kitas gehen, müssen wir davon ausgehen, dass diese nicht so stark sozial selektiv sind, wie andere Bildungseinrichtungen. Allerdings haben wir in der Kita ebenfalls das Problem der sozialräumlichen Segregation, jedoch ist die Kumulation sozial benachteiligter Kinder in den Kitas noch stärker ausgeprägt. Diese Segregationseffekte entstehen auch im Zusammenhang mit der jeweiligen Trägerschaft der Kitas.

Wie würden Sie aus persönlicher und aus wissenschaftlicher Perspektive Kinderarmut definieren?

Es wird im Moment zum Beispiel auch von Bildungsarmut gesprochen. Ich habe dies immer unter einer ökonomischen Brille betrachtet: also weniger finanzielle Mittel zur Verfügung zu haben als der Durchschnitt der Bevölkerung. Dies ist auch eine große Kritik von Gerda Holz, die die in Deutschland immer noch einzige Längsschnittstudie, die AWO-ISS-Kinderarmutsstudie, durchgeführt hat. Was mich eigentlich überzeugt hat ist, dass Armut häufig als ein Mischkonstrukt verwendet wird. Darunter fällt die Bildungsferne und tatsächlich auch die finanzielle Situation oder sonstige Benachteiligungsmerkmale. Gerda Holz hat ganz stark dafür argumentiert, dies zu trennen. Das heißt, dass nur von Armut gesprochen werden soll, wenn es um die finanzielle und ökonomische Situation einer Familie geht. Dabei handelt es sich meiner Meinung nach um einen richtigen Ansatz, und es spielen daneben auch weitere Aspekte wie beispielsweise die Bildungsferne eine Rolle. Menschen, die ein höheres Bildungsniveau haben, gehen womöglich mit ökonomischer Deprivation anders um. Sie haben wahrscheinlich auch mehr Informationen und mehr Wissen über die Möglichkeit, diese zu kompensieren als bildungsferne Familien. Das muss klar voneinander getrennt werden, um es empirisch prüfen zu können.

Wäre eine einheitliche Definition von Kinderarmut wichtig für den Umgang mit Kinderarmut, und wie könnte diese den Diskurs beeinflussen?

Ich finde, dass es weniger eine Rolle spielt, dass wir alle eine einheitliche Definition haben. Viel mehr finde ich wichtig, dass die Definitionen, die wir verwenden, klar sind. Vor allem, dass Begriffe, wie Bildungsarmut – ein Begriff, den ja Jutta Allmendinger und Stephan Leibfried in die Debatte eingebracht und geprägt haben – und Bildungsferne – ein Begriff, der insbesondere im Diskurs rund um die PISA-Studien Einzug in den Diskurs gefunden hat, eindeutig definiert werden und so in Diskussionen klar

89

unterschieden werden können. Auch sollte sich bewusst gemacht werden, dass, wenn von Bildungsferne gesprochen wird, dies zwar Armut implizieren kann, dies aber nicht notwendigerweise muss. Die Definitionen an sich müssen daher klar sein, und es sollten nicht irgendwelche impliziten Annahmen mitschwingen, weil dann nicht immer ersichtlich ist, was genau der Effekt ist. Um es empirisch zu verdeutlichen: Wenn die Nutzung von Kindertageseinrichtungen angeschaut wird, dann fällt rasch auf, dass Kinder mit Migrationshintergrund seltener oder später eine solche Einrichtung besuchen. Wenn dies mit der sozialen Situation der Familie in Verbindung gebracht wird, dann verliert sich dieser Einfluss und das zeigt, wie wichtig es ist, dass wir uns dieser Konstrukte klar sind und sie voneinander trennen. Der Migrationshintergrund an sich erzeugt keinen Effekt, sondern der hohe Zusammenhang zwischen sozialer Benachteiligung und Migrationshintergrund. Deswegen sollte sich bewusst gemacht werden, was unter den Begriffen verstanden wird. Dies ist eine Frage der Definition. Ich mache mir allerdings nicht die Illusion, dass es gelingen könnte eine einheitliche Definition im wissenschaftlichen Diskurs zu verwenden. Das würde eigentlich auch fast wissenschaftlichen Gepflogenheiten widersprechen. Die Klarheit der Begriffe und das was wir mit ihnen implizieren, muss im Vordergrund stehen, weniger, dass alle dieselben Begriffe nutzen. Unterschiedliche Zugänge zum Thema Armut sollten sichtbar bleiben.

Könnte die Kita die Ungleichheiten noch vielschichtiger kompensieren, wenn Soziale Arbeit strukturell in Kitas verankert wird, wie zum Beispiel jetzt in Rheinland-Pfalz durch die Kita-Sozialarbeit? Welchen Stellenwert haben dabei Elternberatungsgespräche in Kitas?

Sie machen hier mit der Frage eine Trennung auf zwischen erzieherischer oder pädagogischer Arbeit und Sozialer Arbeit in Kitas. Dies halte ich prinzipiell für problematisch. Die Befundlage, inwiefern Kitas soziale Ungleichheit kompensieren kann, ist zwar nicht konsistent. Es gibt aber Befunde die darauf hindeuten, dass eine Kita kompensatorisch wirkt, wenn das Angebot von hoher Qualität ist. Studien zur Kita-Qualität zeigen, dass sich die meisten Kitas in Deutschland im Bereich einer mittleren Qualität befinden. Der wichtigste Faktor für eine gute Qualität liegt in der Gestaltung der Beziehung und der Interaktion zwischen Fachkräften und Kindern bzw. ihren Eltern. Insgesamt zeigt sich so etwas wie ein *Fahrstuhleffekt*. Das heißt, dass alle davon profitieren, aber jedoch zum Beispiel Kinder mit Migrationshintergrund, Kinder aus anderen Milieus nicht überholen können. Bei einer kompensatorischen Wirkung wird dieser Aufholeffekt jedoch erwartet. Das scheint aber nur bedingt der Fall zu sein, da derzeit nur wenige Kitas eine Betreuungsqualität erreichen, die kompensatorische Effekte erzielen könnte. Die Bildungsarbeit in Kitas ist aus meiner Sicht eine ganzheitliche Arbeit, diese sollte nicht zersplittert werden. Ich sehe die Soziale Arbeit eher als nützlich an, wenn es um Beratungen oder Soziale Arbeit im engeren Sinne geht. Wenn es jedoch um die Arbeit mit den Kindern geht, im Hinblick auf eine Versäulung der Arbeit in der Kita, finde ich das eher kritisch. Familienzentren, die sich als Funktionserweiterung für die

Weiterentwicklung familienbezogener Leistungen für Kinder und Familien verstehen, sind konzeptionell eine gute Idee. Wenn Beratungs- und Hilfsangebote für Familien an dem Ort sind, an dem die Kinder der Familien ohnehin schon sind, ist die Nutzungswahrscheinlichkeit sicherlich höher. Wichtige Akteur:innen können beispielsweise Beratungsstellen, die Familienhilfe bzw. Familienförderung oder Kinder- und Jugendfreizeiteinrichtungen sein. Konkret ist das dann immer an den Bedarfen vor Ort auszurichten.

Es gibt ja so etwas wie eine Hoffnung, dass Kindertagesstätten einen wichtigen Beitrag zur Kompensation von Kinderarmut leisten. Können durch armutssensibles Handeln in der Kita die ungleichen Startbedingungen maßgeblich verringert werden?

Es hängt von der Kitaqualität und vom Professionalisierungsgrad des Kitateams ab, was genau möglich ist. Ich finde aber, dass es trotzdem eine ganz wichtige Stellschraube darstellt. Ich höre mich immer um, was in Kitas praktiziert wird. Da erinnere ich mich an eine Mutter, die erzählt hatte, dass die Kinder, in der Kita ihrer Tochter, an Ostern ausgepustete Eier mitbringen sollten. Ihre Tochter war die Einzige, die welche dabei hatte, da in dem Kindergarten 70 Prozent der Kinder aus Familien mit Migrationshintergrund waren, die diesen Brauch gar nicht kannten. Davon wurde gleich abgeleitet, dass sich die Eltern nicht um ihre Kinder kümmern würden. Wenn ich Kinder exkludieren möchte und wenn ich Eltern demonstrieren möchte, dass sie nicht gut für ihre Kinder sorgen, dann mache ich genau sowas. Das ist meiner Ansicht nach ein Handeln, bei dem ich von Vornherein weiß, dass ein Teil der Eltern daran scheitern wird. Es müssten in den Einrichtung Strategien praktiziert und Unterstützungsstrukturen geschaffen werden, von denen Kinder profitieren und Eltern gewinnen können. Von daher glaube ich, dass ein reflexiver Umgang der Fachkräfte mit ihren professionellen Haltungen sehr bedeutsam ist, dass man sich Gedanken macht, inwiefern „mein Handeln" oder „meine Strategien" in der Kita exkludieren oder inkludieren. Zudem ist die Schaffung von Unterstützungsstrukturen innerhalb der Einrichtung und des Sozialraumes relevant. Um auf Ihre Frage zurückzukommen: Bislang können Kitas ungleiche Startbedingungen nicht beseitigen, sie sind jedoch aufgrund der breiten und frühen Inanspruchnahme ihrer Zielgruppe sehr geeignet, kompensatorisch zu wirken. Es bedarf für ein armutssensibles Handeln jedoch einer Weiterentwicklung der vorliegenden Konzepte. Darüber hinaus ist Armutsprävention in Kitas auch immer Aufgabe des Gesamtsystems und der daran beteiligten Akteur:innen. Die Landesebene, die über Finanzierungsmodalitäten die pädagogische Arbeit beeinflusst, die kommunale Ebene, die mehr oder weniger Kooperations- und Vernetzungsstrukturen bereithält, die Träger:innenebene, über die die Arbeit in Kitas flankiert und unterstützt wird.

Die Trägerschaft und somit die weltanschaulichen Ausrichtungen der Kitas sind, wie Sie im Handbuch Kinderarmut schreiben, auch ausschlaggebend für Anteile von armutsbetroffenen Kindern in der Kita und hängen mit der Informiertheit der Eltern und deren Betreuungsentscheidung zusammen. Bedarf es dahingehend ein gezieltes Beratungsangebot für Eltern?

Es zeigt sich empirisch, dass, wenn die Eltern gut über das System informiert sind, sie die Kitas anders wählen. Deswegen würde ich schon sagen, dass mehr Wert auf Information gelegt werden sollte. Tatsächlich denke ich, dass sich hier schon einiges getan hat, wenngleich nicht in dem Maße, wie es möglich wäre. Es gibt zum Beispiel Informationsmaterial in verschiedenen Sprachen. Allerdings ist auch die Trägerschaft ein ganz schwieriger Aspekt. Sie erzeugt Segregationseffekte, die damit zusammenhängen, wie die Kinder in den Kitas ausgewählt werden. Die Aufnahmekriterien spielen dabei eine große Rolle. Bei den konfessionellen Kitas beispielsweise leuchtet mir die Möglichkeit, die Kinder nach ihrer Konfessionszugehörigkeit auswählen zu dürfen nicht ein, da sie weitestgehend öffentlich finanziert werden. Das passt für mich nicht ganz zusammen. Es sollte geprüft werden, ob es nicht eher an den Aufnahmekriterien liegt, als an den Zugängen zu Informationen. Wie die Zugangseffekte und die Auswahleffekte sich tatsächlich zueinander verhalten ist noch nicht untersucht. Jedoch gibt es im Moment ein Forschungsprojekt, welches sich unter dem Titel *Segregation und Trägerschaft* (SET)[1] auf der Grundlage von Sekundäranalysen nationaler Bildungsstudien mit der ungleichen Verteilung von Kindern auf Kitas befasst. Die Ergebnisse sind aber noch nicht veröffentlicht. Ich vermute, dass eine Reihe von Kitas Segregation erzeugen, weil sie Kinder aus armen Familien oder aus Familien mit anderen religiösen und kulturellen Hintergründen nicht aufnehmen.

Hat sich die Datenlage im Bereich der Bildungsforschung verbessert? Gab es neue Befunde?

Soweit ich das im Bereich der frühen Bildung überblicken kann, hat sich diesbezüglich nichts Wesentliches getan. Es gibt immer noch die üblichen Datenquellen wie den Mikrozensus, der glücklicherweise wieder das Merkmal der Kitanutzung beinhaltet. Da gibt es noch das Sozio-oekonomische Panel. Dann gibt es noch das eine oder andere Forschungsprojekt, z. B. das bereits genannte Projekt SET. Ansonsten kenne ich nichts Neueres. Ich habe auch den Eindruck, dass es sich bei der Bildungsungleichheit im Bereich der frühen Bildung, zumindest bislang, noch nicht um ein allzu großes Forschungsfeld handelt. Das ist im Schulbereich anders.

---

[1] Informationen zum Projekt, das zum Zeitpunkt des Interviews noch nicht abgeschlossen war, und seinen Ergebnissen finden sich auf den Webseiten der HAW Hamburg https://www.haw-hamburg.de/forschung/forschungsprojekte-detail/project/project/show/segregation-und-traegerschaft-set/ und der Universität Halle https://paedagogik.uni-halle.de/arbeitsbereich/paedagogik_der_fruehen_kindheit/forschungsprojekte/projekt_set/

Welche Möglichkeiten sehen Sie oder was wäre nötig, um die Kinderarmutsforschung weiter zu entwickeln?

Es müsste mehr Gelder und Mittel für die Kindheitsforschung geben. Nordrheinwestfalen hat da einiges als Begleitevaluation zu ihrem Programm „Kinderstark – NRW schafft Chancen" gemacht. Vielleicht könnte das Bundesministerium für Bildung und Forschung eine Förderlinie zu dem Bereich Armut in verschieden Förderbereichen auflegen? Es gibt auch einige Stiftungen, die sich mit dem Thema auseinandergesetzt haben. Diejenigen, die über Fördermittel entscheiden, müssten überzeugt werden, sich entsprechend zu engagieren, da es ein zunehmend wichtiges Thema sein wird. Wie das erreicht werden kann, dass diese Fördermittel bereitgestellt werden, ist eine politische Frage.

Welche Institutionen sind Ihrer Meinung nach für die kindbezogene Armutsprävention beziehungsweise Armutsbekämpfung verantwortlich und warum?

Das müssten alle Institutionen sein, die irgendwie mit Sozialpolitik zusammenhängen, um möglichst gleiche Lebensbedingungen für junge Menschen zu schaffen. Auch alle Akteur:innen im Feld, wie Träger:innen, Fachkräfte, Ausbildungsstätten oder auch die Kommunen. Auf kommunaler Ebene kann ich mir jedoch vorstellen, dass dies schon verhandelt wird. Das ist eher eine gesamtgesellschaftliche Frage, die über die entsprechenden Akteur:innen realisiert werden muss. Die Kita bewegt sich in einem sehr komplexen System unterschiedlicher Steuerungsakteur:innen auf den verschiedenen Ebenen. Das macht es so schwierig konkrete Ansatzpunkt zu finden. Es gibt viele Akteur:innen, die involviert sind. Es ist schwierig, aber sicherlich nicht unlösbar. Armutsprävention stellt eine gesellschaftliche Verpflichtung dar.

Was sollte jede:r einzelne Bürger:in tun, um dieser nachzukommen?

Das ist eine schwierige Frage. Ist es etwas was jede:r einzelne Bürger:in tut oder wo können einzelne Bürger:innen überhaupt ansetzen? Wenn ich jetzt zum Beispiel gegen Massentierhaltung bin, dann habe ich als Bürger:in die Möglichkeit auf tierische Produkte zu verzichten. Ich als Bürger:in habe dabei also ein Instrument, etwas dagegen zu tun. Wenn es um Armut geht, habe ich dafür kein direktes Instrument. Es ist eher etwas, was nicht auf individueller Ebene verhandelt wird, sondern was über die verschiedenen politischen und zivilgesellschaftlichen Akteur:innen verhandelt werden muss. Bei Kitas wäre vor allem eine Verbesserung der Qualitätsstandards, zum Beispiel bezogen auf den Personalschlüssel, die Leitungsfreistellung und die Verfügungszeiten oder die Qualifikation und Unterstützung der Fachkräfte, wichtig.

Vielen Dank für das Gespräch.

Literaturtipps

Fuchs-Rechlin, Kirsten (2015): Bildungsungleichheit in Kindertageseinrichtungen: Formen, Ursachen, Handlungsstrategien. In: Institut für soziale Arbeit e.V. (Hrsg.): ISA-Jahrbuch zur Sozialen Arbeit 2014. Münster: Waxmann. S. 53–71.

Fuchs-Rechlin, Kirsten (2020): Kindertageseinrichtungen. In: Rahn, Peter/Chassé, Karl August (Hrsg.): Handbuch Kinderarmut. Opladen & Toronto: Verlag Barbara Budrich, S. 217–225.

Weitere im Text verwendete oder angesprochene Literatur

Allmendinger, Jutta/Leibfried, Stephan (2005): Bildungsarmut: zum Zusammenhang von Sozialpolitik und Bildung. Wiesbaden: VS Verlag für Sozialwissenschaften.

bpb – Bundeszentrale für politische Bildung (2020): Armutsgefährdungsquoten von Familien. www.bpb.de/kurz-knapp/zahlen-und-fakten/soziale-situation-in-deutschland/61791/armutsgefaehrdungsquoten-von-familien/#:~:text=Nach%20Angaben%20des%20Mikrozensus%20war,%3A%2020%2C5%20Prozent [02.02.2023].

DESTATIS (2020): Betreuungsquote der unter 3-jährigen Kinder auf 35,0 % gestiegen (Pressemitteilung Nr. 380 vom 30. September 2020). www.destatis.de/DE/Presse/Pressemitteilungen/2020/09/PD20_380_225.html [02.02.2023].

Fuchs-Rechlin, Kirsten (2019): Sekundäranalysen der amtlichen Statistik – Mikrozensus. In: Begemann, Maik-Carsten/Birkelbach, Klaus (Hrsg.): Forschungsdaten für die Kinder- und Jugendhilfe. Wiesbaden: Springer VS, S. 279–298.

Fuchs-Rechlin, Kirsten (2018): Befragung von Akteuren in der frühkindlichen Bildung. Möglichkeiten von Mixed-Methods-Designs. In: Gasteiger, Hedwig/Bruns, Julia (Hrsg.): Methoden der empirischen Bildungsforschung im Kontext frühkindlicher Bildung und Entwicklung. Osnabrück: CEDER. S. 3–14.

Laubstein, Claudia/Holz, Gerda/Seddig, Nadine (2016). Armutsfolgen für Kinder und Jugendliche. Erkenntnisse aus empirischen Studien. Gütersloh: Bertelsmann.

Quenzel, Gudrun/Hurrelmann, Klaus (2019): Handbuch Bildungsarmut. Wiesbaden: Springer VS.

Viernickel, Susanne/Fuchs-Rechlin, Kirsten/Strehmel, Petra/Preissing, Christa/Bensel, Joachim/Haug-Schnabel, Gabriele (2018): Qualität für alle. Wissenschaftlich begründete Standards für die Kindertagesbetreuung, 3. Aufl. Freiburg i. B.: Herder.

Fabienne Aalmans und Anika Gaul

Strategien der Kinderarmutsprävention
Ein Interview mit Gerda Holz

Kinderarmut – ein Thema, welches uns im öffentlichen Diskurs viel zu selten begegnet, obwohl es weitreichende Folgen, beispielsweise soziale Ausgrenzung, für die Betroffenen haben kann (Holz 2011: 310). So verweist unter anderem das Frankfurter Institut für Sozialarbeit und Sozialpädagogik (ISS) seit Jahrzehnten immer wieder darauf hin, dass der Umfang von Kinderarmut und dessen Folgen sowohl in der Politik als auch in der Öffentlichkeit stark unterschätzt wird (Holz u. a. 2012: 23). Aufgrund dieses mangelnden Diskurses verfügten auch wir – Fabienne Aalsmann und Anika Gaul – diesbezüglich bislang nur über ein sehr begrenztes Wissen. Außerdem kamen wir selbst in unserem Leben weder fachlich noch persönlich mit Kinderarmut in Berührung. Deshalb beschäftigten uns vor allem die Fragen: Wo beginnt Kinderarmut? Wie wirkt sie sich auf das Leben der betroffenen Kinder und Jugendlichen aus? Was kann dagegen getan werden und wer trägt die Verantwortung für die Prävention?

Während unserer Auseinandersetzung mit dem Thema Kinderarmut sind wir auf die AWO-ISS-Studie *Lebenssituation und Zukunftschancen von (armen) Kindern und Jugendlichen* aufmerksam geworden. Unter Zusammenarbeit der Arbeiterwohlfahrt und dem ISS wurden im Rahmen dieser Langzeitstudie mehr als 20 Jahre lang die Auswirkungen von Armut auf die Lebenslagen der betroffenen Kinder sowie auf ihren Lebensweg ab dem 6. bis zum 25. Lebensjahr beforscht. Die Ergebnisse dieser Studie sorgten dafür, dass das Thema politisch stärker aufgegriffen und praktische Präventionsansätze geschaffen wurden (Holz u. a. 2013: 4f.). Unter anderem konzipierte und leitete Gerda Holz diese Studie.

Gerda Holz, geboren 1957 in Lüdinghausen, setzt sich seit vielen Jahren mit dem Armutsthema auseinander. Soziale Fragen zur Entwicklung unserer Gesellschaft lagen stets in ihrem Interesse. Sie studierte von 1975 bis 1979 in Dortmund Sozialarbeit und hat mit der Graduierung abgeschlossen. 1980 begann sie in Marburg das Studium der Sozialwissenschaften und beendete es sechs Jahre später als Diplom-Politikwissenschaftlerin. Daraufhin folgte bis 1990 Grundlagenforschung in einem DFG-Projekt beim Deutschen Zentrum für Altersfragen e.V. zum Thema *Altenpolitik in Deutschland – Strukturen und Akteure*. Nach dem Studienabschluss richtete sich – ihrem Interesse an einem breiten Theorie-Praxis-Transfer entsprechend – der Fokus auf die praxisangewandte Forschung. Von 1990 bis 2021 war Gerda Holz im ISS sowohl wissenschaftlich als auch praxisbegleitend tätig. Im Zentrum ihrer Arbeit standen Menschen in besonderen sozialen Lebenslagen (z. B. ältere und pflegebedürftige Menschen, Menschen mit Behinderungen oder auch die Gruppe der sogenannten Gastarbeiter:innen). Angesichts zunehmender Problemmeldungen aus der Praxis der Sozialen Arbeit gewann in den frühen 1990er-Jahren das Thema Familienarmut stärkeres Fachinteresse im ISS. Dabei zeigte sich alsbald, dass weder die Forschung noch die Praxis Kinderarmut als eigenes Phänomen begriffen, sondern lediglich unter Familienarmut subsummierten. Gerda Holz konzipierte die AWO-ISS-Studie *Lebenslagen und Zukunftschancen von (armen) Kindern und Jugendlichen* mit, leitete sie und entwickelte daraus eine Langzeitstudie (1997 bis 2018). Außerdem ist sie wesentlich an der Entwicklung des Ansatzes der *(Armuts-)Präventionsketten* beteiligt. Seit Anfang der 2000er Jahre findet diese integrierte Handlungsstrategie auf kommunalen Ebenen systematisch Anwendung. Im Jahr 2020 wurde Gerda Holz der Carola Gold-Preis für gesundheitliche Chancengleichheit für ihr Engagement im Bereich Kinderarmut, welches sich unter anderem durch ihre wegweisenden Forschungs- und Transferbeiträge sowie ihre Positionierung zum Thema auszeichnet, verliehen. Im Jahr 2022 wurde ihr für ihren Einsatz gegen Kinderarmut durch den Bundespräsidenten das Verdienstkreuz am Bande der Bundesrepublik Deutschland verliehen. Gerda Holz wirkt in diversen Gremien wie dem beratenden Arbeitskreis *Gesundes Aufwachsen für alle* sowie der Arbeitsgruppe *Kommunale Strategien* der Bundeszentrale für gesundheitliche Aufklärung und Gesundheit Berlin-Brandenburg mit. Sie ist im Beirat der Landeskoordinationsstelle *Präventionsketten in Niedersachen* sowie im Arbeitskreis für Armutsforschung in Frankfurt am Main tätig.

In der Auseinandersetzung mit der AWO-ISS-Studie wurde uns klar, dass Kinderarmut immer im Kontext der elterlichen Situation betrachtet werden muss, denn die betroffenen Kinder wachsen grundsätzlich in einkommensschwachen Familien auf (Holz 2011: 300). Die Ergebnisse der AWO-ISS-Studie machten uns außerdem bewusst, welch ein enormes Entwicklungsrisiko Armut für Kinder und Jugendliche darstellt. Sie erfahren Benachteiligung in der materiellen Grundversorgung sowie im kulturellen, gesundheitlichen und sozialen Bereich (Holz u.a. 2013: 6). Die Studie zeigt unter anderem, dass Armut bei betroffenen Kindern bereits im Alter von sechs Jahren zu Belastungen in unterschiedlichen Lebensbereichen führt. Sie zeigen vor allem Defizite im materiellen sowie im kulturellen Bereich auf, was sich beispielsweise durch eine mangelhafte Körperhygiene oder in einem Spielverhalten äußert, das außerhalb gängiger Erwartungen liegt (Holz 2011: 302f.). Diese, aber auch weitere Aspekte, etwa präventive Ansätze und die Frage nach den Verantwortlichen im Bereich der Kinderarmutsbekämpfung, weckten unsere Neugier, und wir entwickelten weitere Fragen, welche uns Gerda Holz im Laufe unseres Gesprächs beantwortete.

Während unseres Interviews mit Gerda Holz wurde ihr differenzierter Blick auf die unterschiedlichen Lebenslagen von Kindern und Jugendlichen deutlich. Die Definitionen von Kinderarmut sind vielseitig, doch laut Holz beginnt das Verständnis von Kinderarmut immer bei der finanziellen Situation der Eltern. Sie bringt im folgenden Interview außerdem zum Ausdruck, wie vielfältig die Folgen für die Betroffenen sein können, was es für Kinder bedeutet, in Armut aufzuwachsen, und dass die Verantwortung beim Umgang mit der Armutssituation nicht allein bei den Eltern liegt. Vielmehr ist die Kommune eine Hauptakteurin in der Kinderarmutsprävention; doch haben Bund und Länder hierbei genauso eigene Aufgaben zu erfüllen. Außerdem wird die Bedeutsamkeit von kommunalen Präventionsketten im Interview ersichtlich. Die AWO-ISS-Studie ist die erste und bisher einzige Langzeitstudie zum Thema Kinderarmut in Deutschland. Gerda Holz betont deshalb, wie wichtig es ist, dass Kinderarmutsforschung weiterhin betrieben wird, um Ergebnisse und Erkenntnisse unter heutigen Lebensbedingungen zu aktualisieren und um auf eine breite empirische Grundlage verweisen zu können.

Gerne würden wir mit einer persönlichen Frage einsteigen. Wie sind Sie überhaupt darauf gekommen, sich mit dem Thema Kinderarmut zu beschäftigen?

Für mich waren soziale Fragen immer ein Teil meiner eigenen Biografie. Ich bin auf dem Land großgeworden und habe durchaus Unterschiede zwischen Bildungsmöglichkeiten auf dem Land und in der Stadt, Unterschiede zwischen Hauptschule und Gymnasium oder auch Unterschiede zwischen Menschen, die nur über das Pendeln ins Ruhrgebiet eine Arbeit fanden, und Familien, welche seit Jahrhunderten im stark bäuerlich geprägten Münsterland tief verwurzelt waren, erlebt. Das war auch ein Thema in unserer Familie. Es gehörte dazu, dies wahrzunehmen und sich nicht immer nur um sich selbst zu kümmern, sondern eben auch politisch interessiert zu sein. Dies prägte die Überlegung mit, ob und was ich gerne studieren möchte. Dass Mädchen studieren, zählte in den 1970er-Jahren keineswegs zu den bundesdeutschen Selbstverständlichkeiten. Die Möglichkeit der finanziellen Studienförderung fungierte als wesentlicher Türöffner, auch bei mir. Ich habe im Ruhrgebiet Sozialarbeit studiert, weil die sozialen Fragen sowie die Überlegung, dass es positive wie negative Seiten an der Gesellschaft gibt, für mich spannend waren. Praxis als Sozialarbeiterin habe ich in der Jugendhilfe und der Bewährungshilfe gesammelt. Eine prägende Erkenntnis war, soziale Themen nicht allein durch Einzelfallhilfen bearbeiten zu können. Konkrete Hilfen müssen mit der Frage von gesellschaftlichen Ursachen, sozialen, also auch politischen Dimensionen verbunden werden. Also habe ich Politikwissenschaft studiert mit dem Schwerpunkt *Soziale Fragen*. All das hat dann auch mein gesamtes Berufsleben durchzogen, egal welche Altersgruppen ich betrachtet habe. So bin ich im Laufe der Jahre – zwischenzeitlich ist dies bald 30 Jahre her – durch Überlegungen und Angebote des Institutes, bei dem ich gearbeitet habe, zum Thema Kinderarmut gekommen. Zuvor hatte ich hier beispielsweise zu Armut bei Senior:innen oder der Lebenssituation älterer Migrant:innen gearbeitet. Dass damals Armut bei Kindern und Familien ein echter weißer (Forschungs-)Fleck war, hat mich sehr motiviert. Zusammengefasst: gesellschaftliche Fragen und Themen von Gerechtigkeit und Chancengleichheit haben mich von Jugend an interessiert und über bald fünf Jahrzehnte mein (Berufs-)Leben geprägt.

Außerdem würde uns interessieren, wie Sie sowohl aus wissenschaftlicher als auch aus persönlicher Perspektive Kinderarmut definieren würden.

Das ist eine Frage, bei welcher ich erst einmal überlegt habe, was Sie damit meinen könnten. Ich übersetze „persönlich" mal als Sichtweise der Armutsbetroffenen; wie diese die eigene prekäre Lebenssituation verstehen und beschreiben. Anders formuliert: Armut ist auf der einen Seite als subjektive Armut – also als persönliche Armutswahrnehmung Betroffener – und auf der anderen Seite als objektive Armut – also Armutsbeschreibung mittels gesetzter Indikatoren – erfassbar. Beide Perspektiven sind höchst unterschiedlich und zugleich für eine die Komplexität des Armutsphänomens erfassende Definition gleich wichtig. Zudem ist die Differenzierung zwischen Kindern und Erwachsenen zentral. Es ist eine der Herausforderungen, sich in die Perspektive von Armutsbetroffenen hineinzuversetzen und nicht den allgegenwärtigen Mittelschichtsbias unreflektiert zum Tragen kommen zu lassen. Es ist eine weitere Herausforderung, arme wie nicht arme Kinder zu befragen, wie sie Armut definieren. Hinzu kommt, dass es uns als Erwachsene nicht mehr möglich ist, mit Kinderaugen zu sehen und kindliche Empfindungen nachempfinden zu können. Trotzdem ist der Versuch, sich dem gerade in der wissenschaftlichen Arbeit möglichst anzunähern, entscheidend für die Erforschung von Kinderarmut und noch stärker für Konzepte zur kindbezogenen Armutsprävention. So erst wird etwas deutlich, was kaum zum Erleben, zum Erfahrungsschatz und zur Lebensbewältigung nicht armer Gruppen gehört; etwa der ständige Kampf um Selbstverständlichkeiten, den arme Kinder führen; zum Beispiel um das Spielzeug, die Freizeitmöglichkeiten, breite Lernangebote oder das Mithalten in Freund:innenkreisen. Das heißt, sie müssen sich ständig um etwas bemühen, was andere selbstverständlich erhalten. Sie müssen Rückschläge, soziale Ausgrenzung und mannigfache Stigmatisierungen ertragen. Sie sind von klein an mehr und anders als Gleichaltrige gefordert, mit begrenzteren und sozial benachteiligenden Rahmenbedingungen umzugehen und diese trotzdem „gut" zu bewältigen. Sie tragen viele Risiken und haben weniger Chancen in ihrem und für ihr Leben. Die persönliche – subjektive – Perspektive zeigt immer wieder all jene gesellschaftlichen Grenzen auf, die dem Individuum aufgrund fehlender Finanzen und Handlungschancen von außen gesetzt werden. Ebenfalls wird erst über eine subjektive Perspektive erkennbar, welche Ausgrenzungs- und Stigmatisierungsprozesse existieren und wirken, wie Armutsbetroffene im Alltag von anderen abgewertet und beschämt werden, nur weil finanziell nicht mitgehalten werden kann. Jemand anderes erlaubt sich ein Urteil und ordnet die andere Person ein anhand wahrgenommener Äußerlichkeiten wie Markenklamotten oder nach den Sommerferien über den Urlaub sprechen zu können. Sie merken, ich verbinde die Erkenntnis meiner Berufstätigkeit zu Ihrer Frage nach einer Armutsdefinition aus subjektiver Perspektive von Betroffenen fast nur mit negativen Dingen. Doch das sind Rückmeldungen von Menschen in Armutslagen.

Auch der Weg des Herauskommens ist nicht mit Blumen geschmückt, denn armutsbetroffene Kinder, Jugendliche und Familien müssen grundsätzlich Doppeltes leisten. Junge Menschen haben die genuine Aufgabe, sich zu entwickeln, ihre Persönlichkeit, ihre Fähigkeiten, ihr Wissen, als Kind die Sprache zu beherrschen, das Umfeld zu entdecken und in die Welt hinauszugehen oder Freund:innen zu finden. Später, in der Pubertät, gilt es feste Freundschaften zu schließen, eine:n Partner:in zu finden und eine Ausbildung zu beginnen. Das gilt für *alle* jungen Menschen. Die Bewältigung der Armutslage ist aber eine zusätzliche: Wie bewältige ich als Betroffene:r die sich daraus ergebenden Risiken, Begrenzungen und Einschränkungen? Das kann zum Beispiel bedeuten mit 14 Jahren Nebenjobs auszuüben, mit 16 Jahren in einer Teilzeitbeschäftigung neben der Schule zu arbeiten und trotzdem den Schulunterricht zu bewerkstelligen. Außerdem bedeutet es, vor allem bei Mädchen, oft auf jüngere Geschwister zu achten und die Elternverantwortung aufzufangen, weil diese entweder arbeiten oder vielleicht aus anderen Gründen ausfallen. Es heißt darüber hinaus, sich zu wehren, wenn andere stigmatisieren und diskriminieren. Es ist in der Schule mehr Leistung zu erbringen, um die gleichen Schulnoten zu bekommen und so weiter. Es gab in früheren Zeiten mal den Polit-Slogan *Leistung muss sich lohnen,* den gerne wirtschaftsnahe Gruppen mantrahaft benutzten. Wenn diese Leitmaxime tatsächlich gelten würde, dann müsste eine Folgerung lauten, und das wäre heute auch spontan meine Antwort drauf: *„Dann dürften viele nicht arme Personen weder wohlhabend noch soziale Positionen mit vielen Privilegien haben."*

Um als Wissenschaftler:in all das zu sehen, darf weder so eindimensional – wie zuvor beispielhaft beschrieben – gedacht, noch mit eher eindimensionalen Forschungsansätzen oder schichtengeprägten Fragen gearbeitet werden: Der Grundanspruch muss sein, die Komplexität von Armut und die Folgen für das Leben eines Menschen sowohl theoretisch als auch empirisch zu erfassen. Komplexität heißt bei Kindern beispielsweise zu erfassen, wie überhaupt die materielle Versorgung, die Bildung, der Gesundheitsaspekt oder das Eingebunden sein im Sozialen aussieht. Das sind schon für sich selbst jeweils riesige Themen. Es in seiner Gesamtheit und seinem Gesamtwirken – wir umschreiben das mit *Aufwachsen* – zu begreifen ist eine Herausforderung.

Dies schließlich in sozialwissenschaftliche und gesellschaftspolitische Zusammenhänge zu bringen heißt für mich, grundsätzlich zum einen Partizipation der Betroffenen (z. B. über Befragungen, Mitwirkung) sowie zum anderen Beschäftigung mit den Strukturen (z. B. Analysen zur Infrastruktur, zum Bildungs- oder Gesundheitssystem, wirkungsorientierte Arbeitsansätze und Evaluation).

Wäre denn eine einheitliche wissenschaftliche Definition von Kinderarmut wichtig für den Umgang mit dieser, und wie könnte eine solche Definition den Diskurs beeinflussen?

Eine allgemeine Definition gibt es im Grunde genommen, aber diese ist die Schwierigste. Kinderarmut ist ein Terminus. Die präzise Definition gemäß der AWO-ISS-Studie lautet *Folgen familiärer Einkommensarmut bei Kindern und Jugendlichen.*

Kinderarmut allgemein begrifflich zu fassen beginnt bei Einkommensarmut. Damit sind wir direkt bei der finanziellen Existenzfrage eines Menschen in modernen Gesellschaften, der Verfügbarkeit über Geld. Alle weiteren Begriffselemente müssen als Folgen des Geldmangels eingeordnet werden. Wenn also von Bildungsarmut, Gesundheitsarmut, emotionaler Armut oder vom immer wieder verwendeten Begriff sozialer Armut gesprochen wird, dann werden Folgen der Einkommenssituation eines Menschen benannt. Basis jedweden Armutsdiskurses ist der finanzielle Aspekt.

Armut ist aber mehr als Mangel an Geld, womit unmittelbar auf die Mehrdimensionalität und das Vorhandensein weiterer Ressourcen Bezug genommen wird. Hier liefert der *Lebenslagenansatz* die Chance, die individuelle Lebenssituation in ihrer Gesamtheit zu analysieren. Weitere Ansätze wie die des *sozialen Milieus* oder des *Lebensstandards* verstehe ich als Ergänzungen, die alle helfen, das Bild runder werden zu lassen. Beim Milieuansatz ist das Einkommen eine Kategorie unter vielen, mit der Gefahr, die zuweisende Funktion des Einkommens nicht genügend zu berücksichtigen. Bei der Betrachtung des Lebensstandards wird Fragen der Ausstattung mit Gütern und Dienstleistungen genauer nachgegangen, also was über das Einkommen erworben wurde, nicht aber welche Lebensbedingung gegeben ist.

Wer weniger als 60 Prozent des mittleren Einkommens zur Verfügung hat, gilt laut EU-Verständnis als arm. Uns würde interessieren, wie sich das Einkommen auf die materielle, soziale, kulturelle und gesundheitliche Lebenslagendimension bei Kindern auswirkt.

Zunächst der Hinweis, dass diese Messgröße wie jede andere eine gesellschaftliche Konvention ist. Es gibt keine objektive Zahl, sondern die Prozentannahme ist eine politische Setzung. So lässt sich gesellschaftlich gewünschte bzw. akzeptierte Unterstützung im Hilfefall konkretisieren, also Rechte und Ansprüche operationalisieren. Die heutige Messgröße und Berechnungsmethode wurde übrigens erst Anfang der 2000er-Jahre neu festgelegt.

Betrachten wir nun die Armutsfolgen für junge Menschen. Diese zeigen sich in der materiellen Versorgung und das bereits ab dem Kleinkindalter, zum Beispiel bei der Kleidung. Genauso bedeutsam ist die Wohnsituation, also wie viel Wohnraum zur Verfügung steht, ob es ein eigenes Kinderzimmer gibt oder wie die Ausstattung mit Spielzeug ist. Es zeigt sich darin, ob die Kinder und Jugendlichen über ein Handy oder einen PC/Laptop verfügen – und über welche. Können diese genutzt werden oder fehlt das Geld für die Flatrate? Wie wichtig das wiederum für die Bildungsteilhabe ist, hat die Corona-Krise ja mehr als deutlich gezeigt.

Nehmen wir die Dimension der *gesundheitlichen Lage*. Die gesundheitlichen Belastungen sind höher, wenn Kinder in einer ungesünderen Umwelt wie in einem eng besiedelten Gebiet aufwachsen und damit unter anderem Gefährdungen durch den Verkehr oder die Mobilität ausgesetzt sind. Das heißt meist zudem, weniger Spielplätze und Spielangebote im Umfeld zu haben. Es bedeutet, die Chancen eines gesunden

Aufwachsens sind schlechter, die Risiken einer Gesundheitsgefährdung und schlussendlich von vermehrten Erkrankungen sind größer. Führt das über Jahre hinweg in einen Prozess der Chronifizierung kann das bis zu einer niedrigeren Lebensdauer führen. Dieser insbesondere von der lebenslagenbezogenen Gesundheitsforschung belegte Prozess sozialer Ungleichheit verdeutlicht auch der Alltagsspruch *wer arm ist lebt kürzer*. Das heißt die Gesundheitsbedingungen und das Gesundheitsverhalten weisen im Vergleich armer und nicht-armer Kinder große Differenzen auf.

Zur *kulturellen Lage* ist eigentlich nur das Stichwort PISA-Ergebnisse vonnöten, um auf den engen Zusammenhang von schulischen Bildungschancen und sozialer Herkunft zu verweisen. Das Haushaltseinkommen spielt neben dem elterlichen Bildungshintergrund die entscheidende Rolle. Der Schulerfolg bestimmt den Zugang zur Erwerbsposition, zum späteren Einkommen und schließlich die Jahrzehnte spätere Rentenhöhe. Der Schulerfolg entscheidet zugleich über die soziale Position der Einzelnen innerhalb unserer Gesellschaft. Armutsbetroffene Kinder erleben häufig spätere oder verfrühte, also nicht altersgemäße Einschulungen. Sie erleben beginnend mit der Grundschule mehr Rückstellungen, Klassenwiederholungen und beim Wechsel auf die Sekundarschule ganz massiv, dass sie sich eher im Hauptschulzweig und weniger im Gymnasialzweig wiederfinden. Spätestens bei Zehnjährigen sind die Lebensverläufe geprägt; es steht fest, wer welche Ausbildungs- und Berufschancen hat. Kulturell bedeutet aber auch: in Vereinen unterwegs zu sein, Musik zu machen, ins Theater oder die Oper zu gehen und so weiter. All das zählt nicht zum Alltag armutsbetroffener Kinder. Die Betroffenen haben ebenso nicht die Möglichkeit drei, vier Vereine auszuprobieren, sondern bestenfalls einen. Sie besuchen in der Regel auch keine Musikschule. Eigentlich ist es üblich, dass sich Kinder ausprobieren und dabei erkennen, was ihnen gefällt. Dieses Ausprobieren bleibt in vielerlei Hinsicht bei armen Kindern quantitativ und qualitativ auf der Strecke.

Das gleiche gilt für die *soziale Teilhabe*. Gekennzeichnet ist diese bei Armutsbetroffenen eher durch geringere soziale Netzwerke, zumeist einen kleineren Freund:innenkreis, die Begrenzung auf den eigenen Stadtteil, nur an den Mindestschulausflügen teilnehmen zu können und so weiter. Ich beschreibe es bewusst so plakativ, denn mir geht es um die Generalerfahrung der ständigen Begrenzung. Es steht eben nicht die Welt in allem offen, sondern typisch sind eher Grenzen, Verzicht und Mangel. Eltern wie Kinder wissen: Wir können dir vielleicht *ein* Studium finanzieren helfen, aber wenn es dann doch nicht dein Studium ist, dann hast du nur noch die Alternative einer Berufsausbildung oder zu Jobben. Die Freiheiten, Verschiedenes auszuprobieren, bestehen bei Armut also eher nicht.

Die Ziele der AWO-ISS-Studie lagen in der fachlichen Weiterentwicklung der Sozialen Arbeit im Bereich der Kinder- und Jugendarmut, im Erkenntnisgewinn über die Situation und Entwicklung von armen Kindern und Jugendlichen sowie in der Einflussnahme auf die Fach- und Sozialpolitik. Was waren Ihre Ziele und Aufgaben im Rahmen der Studie und wie haben sich Ihre Erwartungen erfüllt?

Da ich das Konzept mitentwickelt habe, sind persönliche Vorstellungen und Überlegungen von Beginn an mit eingeflossen. Eine Zielsetzung der Beteiligten war, Praxisforschung zu betreiben. Die Untersuchung sollte von der Praxis ausgehen und ihre Belange – Wahrnehmungen, Problemmeldungen, Hinweise auf Lösungen – aufgreifen. So hatten gerade die Fachkräfte aus Beratungsstellen berichtet, dass sie immer stärker mit einer für sie kaum noch zu bewältigenden Situation konfrontiert sind. Von Ihnen betreute Kinder benötigen zuerst ein Frühstück oder ein Mittagessen, damit überhaupt erst therapeutische Sitzungen stattfinden können. Also Hinweise darauf, dass schlicht und einfach Hunger bestand; nicht etwa weil eine Vernachlässigung vorlag, sondern weil der Familie das Geld fehlte. Das machte mich Mitte der 1990er-Jahre sprachlos, denn solche Situationen waren mehr für einzelne Problemgruppen bekannt, nicht aber, dass sie mitten in unserer Gesellschaft – und schon gar nicht bei Kindern – angekommen waren. Eine Stärke der Praxisforschung ist deren Grundverständnis: Soziale Probleme entstehen in der Gesellschaft und werden im Alltag und in der Praxis zuerst sichtbar. Die Sozialwissenschaften müssen das aufgreifen und mit ihrem Know-how aufbereiten sowie Antworten zur Problemlösung geben. Daraus ist schlussendlich Grundlagenforschung geworden, welche zweieinhalb Jahrzehnte andauerte und doch nie den Praxisbezug aufgeben hat.

Neben der eigentlichen Forschungstätigkeit war mein Anliegen und Interesse die Umsetzung eines engen Theorie-Praxis-Transfers. Wie kann Kinderarmut nicht rein theoretisch betrachtet werden, sondern auch durch praktische Lösungsansätze verhindert beziehungsweise verringert werden und wie ist das zu gestalten? Die Studie sollte nicht bei der Analyse stehen bleiben, sondern schon während dessen Erkenntnisse in die Praxis zurückspielen, damit diese Lösungsideen entwickeln kann. So ist von Beginn an ein Studienprozess konzipiert worden, der sich durch Parallelitäten auszeichnet: Praxis analysieren und Analyse in die Praxis hineintragen, Rückmeldungen aufnehmen und geben, Erklärungen für Analysen wie Forschungsergebnisse finden und über den wissenschaftlichen Erkenntnis- zu einem Handlungsgewinn in der Praxis Sozialer Arbeit beitragen, fachlich und fachpolitisch. Die enge Verknüpfung von Theorie und Praxis sowie der systematische Transfer in Praxis und Politik waren nicht nur mein Job als Studienleitung sondern mein ganz persönliches Spezialgebiet, nicht zuletzt vor dem Hintergrund, dass ich mich immer als aus der Praxis kommend gesehen habe.

Haben sich denn dann letztendlich Ihre Erwartungen erfüllt?

Ja, mehr als das. Schon 2000, als der Abschlussbericht *Gute Kindheit – Schlechte Kindheit* mit dem Schwerpunkt auf dem Vorschulalter veröffentlicht wurde, die AWO die Ergebnisse breit in die Öffentlichkeit transportieren wollte und wir dazu zum Beispiel in die Bundespressekonferenz eingeladen wurden. Es war uns wichtig, Öffentlichkeit und Politik mitzunehmen. Innerhalb eines Tages gelangte die Thematik so durch die TV- und Zeitungsberichterstattung bundesweit in einen öffentlichen Diskurs. Eng verbunden mit der Wirkung in Bezug auf Information und Wissensvermittlung entwickelte sich eine Haltung des Erstaunens und der Empörung, dass es in Deutschland Kinderarmut geben würde. Damit war das Thema ein politisches. In den Jahren zuvor war es durchaus ein Bestreben der Bundespolitik, die Problematik nicht unbedingt publik werden zu lassen. So thematisierte der 10. Kinder- und Jugendbericht 1998 die Tatsache – es war also staatlicherseits keineswegs so neu und unbekannt – aber eher untergeordnet und aufgrund weniger Seiten in dem sehr umfangreichen Bericht leicht untergehend. Mit unserem Studienergebnis wurde dieses Bild in einem Zug ad acta gelegt; ein politisches Tabu war gebrochen. Fachöffentlichkeit wie breite Öffentlichkeit reagierten nach einer Phase des Unglaubens mit der Intention, dass genauer geschaut werden muss. Umfang und Tempo des Diskurses haben mich wirklich erstaunt. Dass daraus eine Langzeitstudie – stets von der AWO eigenfinanziert und immer wieder breit in die Öffentlichkeit gebracht – von über 25 Jahren geworden ist, ist ein weiteres persönliches Erstaunen mit dem heutigen Bewusstsein, welch ein Stein ins Rollen gebracht wurde. Meine Erwartungen als Studienverantwortliche haben sich *definitiv* erfüllt. Dass wir gesellschaftlich noch immer keine wirkungsreichen Lösungen gefunden haben, schmerzt, zeigt mir aber, wie tief verwurzelt die Armutsproblematik ist. Armut ist gesellschaftlich bedingt und nicht Folge individuellen Verhaltens oder gar persönlicher Schuld.

Wie Sie in einem Ihrer Artikel beschrieben haben, lassen sich zwei Ansätze der Präventionsarbeit in den Kommunen erkennen – zum einen der integrierte Gesamtansatz und zum anderen der komplexe Teilansatz. Wo liegen denn die Vor- und Nachteile der beiden Strategien?

Das Bemühen um Prävention auf kommunaler Ebene ist bereits im Kontext der Diskussion um die ersten Ergebnisse der AWO-ISS-Studie entstanden. Mit den Jahren zeichneten sich vor allem diese zwei Handlungsstrategien ab. Der *integrierte Gesamtansatz* zielt auf die Lebenswelt der Kinder und Jugendlichen und damit auf die Kommune, die ja ihr Lebensraum ist, als Gesamtes ab. Hier muss Prävention ansetzen, hier müssen Lebensbedingungen bestehen, die ein gesundes Aufwachsen im Wohlergehen sichern. Daher muss es immer um kommunale Armutsprävention gehen, ohne zu vergessen, dass Länder und Bund ein jeweils eigener Beitrag an Pflichten zukommt. Beim integrierten Gesamtansatz geht es darum, welche Bedeutung Kinder überhaupt im kommunalen Gemeinwesen haben. Armutsbetroffene Kinder sind zuallererst Kinder mit den jeweiligen altersspezifischen Bedürfnissen und zugleich unterscheiden sie sich entscheidend durch ihre spezifische Belastungslage. Folglich stehen bei integrierten Ansätzen Kinder im Allgemeinen und armutsbetroffene im Besonderen im Zentrum. Heute finden sich hier enge Verbindungen zu Gestaltung einer kinderfreundlichen Kommune sowie der Verwirklichung von Kinderrechten und Partizipation. Die Perspektiven integrierter Handlungsansätze sind jedoch sehr komplex und anspruchsvoll, weil alle Bereiche der Kommune damit angesprochen sind, wie etwa das Gesundheitsamt, das Jugendamt, die Stadt(entwicklungs)planung, die Bildungsträger:innen oder die Schulen. Viele Mitgestalter:innen sind einzubinden und wollen respektive sollen gemeinsame Ziele realisieren. Je differenzierter die Systeme sind, desto größer ist die Herausforderung etwas gemeinsam zu schaffen. Hierauf zielt zum Beispiel das Konzept der kommunalen Präventionsketten ab.

Die Umsetzung eines *Teilansatzes* macht den Start, die Gestaltung und Steuerung einer systematischen Präventionslogik leichter. Es werden einzelne Themenbereiche herausgenommen; häufig sind das Bildung oder Gesundheit. Exemplarisch sei hier der Ansatz der *zielgruppenorientierten Elternbildung* der Stadt Wiesbaden genannt. So werden Systeme konkret benannt, es können Zuständigkeiten und Gestaltungsverantwortungen leichter bestimmt werden, die tragenden Netzwerke lassen sich rascher identifizieren, die Akteur:innen der Zusammenarbeit sind bekannt und in ihrer Zahl überschaubarer. Es können alsbald Angebote konzipiert werden, die sich zum Beispiel auf die Schule fokussieren oder Gesundheit und Sprachförderung in der Kita. Es macht die Umsetzung im Handlungsfeld leichter, aber es liegt auch eine Gefahr darin, denn Denken und Handeln bleiben meist auf ein Feld begrenzt. Die Gesamtsituation armer Kinder in der Kommune wird weniger sicht- und gestaltbar. Ein Beispiel: Es werden eher konkrete schulische Förderangebote konzipiert aber weniger auf die zugrundeliegenden sozialen Ausgrenzungsmechanismen geschaut und eigentlich mögliche Inklusionsprozesse in Gang gesetzt. Die Chancen beispielsweise einer ebenso wichtigen Förderung in Vereinen oder der Stärkung sozialen Miteinanders über Quartiersgrenzen hinaus und zwischen den Generationen werden über Teilansätze weniger stark aufgegriffen.

Die Wahl des jeweiligen Ansatzes wird immer in der Kommune und durch ihre zentralen Akteur:innen, also Politik und Verwaltung, getroffen. Wer also Armutsprävention umsetzen will, muss entweder beim *Gesamtansatz* sehr schnell in einer Handlungsstrategie vom Allgemeinen ins Konkrete einsteigen und dabei Komplexität bewältigen, denn sonst habe ich schnell 200 Mitwirkende aus Dutzenden verschiedenen Handlungsfeldern und Ressorts zu berücksichtigen und zu koordinieren. Oder es muss beim *Teilansatz* eine Strategie vom Einzelnen zum Gesamten oder von der konkreten Maßnahme zur Struktur gelingen. Über die Bearbeitung eines Aspektes sind auch andere Themen zu integrieren. Beide Ansätze haben also Vor- und Nachteile: (a) Beide Ansätze sind zielführend für eine Stärkung der Armutsprävention. (b) Entscheidend sind Selbstverständnis und Handlungsweisen in der Kommune, wozu sie sich in der Lage sieht, was politisch als wichtig beschieden wird und wie die Akteur:innen miteinander arbeiten. (c) Prozesse auf der Basis des integrierten Gesamtansatzes dauern wesentlich länger und führen erst langsam zu sichtbaren Wirkungen, greifen dafür aber von Beginn an strukturell tiefer.

Präventionsketten zielen auf die Unterstützung und Begleitung Heranwachsender von der Geburt bis zum Einstieg in den Beruf ab. Doch können Präventionsketten auch akute Kinderarmut beenden, oder zielen sie eher darauf ab, die Heranwachsenden vor einem zukünftigen Leben in Armut zu bewahren?

Armutsprävention beginnt mit der Frage nach sozialen Ansprüchen und Rechten des Menschen sowie deren konkreter Verwirklichung. Es ist zum Beispiel zu fragen: Sind alle Sicherungsansprüche ausgewählt? Sind alle finanziellen Ansprüche des Kindes gewährleistet? Dabei sind genauso Elternbelange wichtig: Wie ist die Erwerbssituation? Wird Unterstützung über das Jobcenter benötigt, um eine Qualifizierung und so künftige Berufschancen zu verbessern? Geldfragen sind im Armutskontext stets prioritär zu behandeln um rasch tragfähige Lösung zu finden. Dazu zählt auch der Blick auf Kosten, die bei Nutzung der Infrastruktur entstehen: Was kostet was und kann das von Betroffenen überhaupt bezahlt werden. Was kann kostenfrei werden? Zudem müssen die Fachkräfte in Kitas oder Schulen alsbald aktiv die familiäre Finanzsituation ansprechen können. Wie soll sonst im Einzelfall aber auch im Rahmen von strukturell angelegten Präventionsketten Armutsprävention realisiert werden. Oftmals wird in der Präventionsarbeit eine solche Thematisierung zunächst zu umgehen versucht, denn es gilt fast immer der allgemeine Spruch „Über Geld sprich man nicht". Es fällt allen schwer. So konzentriert man sich oft eher auf pädagogische Fragen und die Entwicklung entsprechend Förderangebote. Doch die Bedeutung der Finanzen für Unterstützungsarbeit bleibt nicht lange außen vor. Es sind oft persönliche Hemmschwellen der professionell Tätigen – ein Unbehagen vor dem Thema aber auch Angst vor möglichen Handlungsgrenzen – spürbar: Wie diskutieren wir oder wie frage ich, ohne sofort jemanden vor den Kopf zu stoßen und ohne zu diskriminieren? Wie kommen wir auf vorhandene Ressourcen und Geld zu sprechen? Wie reihen wir uns in die Verteilung kommunaler Ressourcen ein und setzen uns durch? Wie vertreten wir strukturelle oder institutionelle Veränderungen zugunsten armutsbetroffener Menschen?

Schon allein durch das bisher Skizzierte wird erkennbar, Armutsprävention gelingt nur durch das Zusammenwirken vieler und durch Umgang mit Komplexität. Genau darauf sind Präventionsketten als integrierte Handlungsstrategie auf kommunaler Ebene ausgerichtet. Sie orientieren sich am kindlichen Lebenslauf und dessen Lebenswelt, sie verbinden Handlungsfelder und deren Akteur:innen, sie fordern ein Arbeiten mit gemeinsamen Zielen. Sie helfen verlässliche Strukturen zu schaffen, die kurz-, mittel- und langfristige Aktivitäten ermöglichen. Das Konzept der Präventionskette zielt auf die öffentliche Verantwortung für Kinder und Jugendliche im Allgemeinen und für Armutsbetroffene im Besonderen ab. Das Aufwachsen der Kinder liegt stets in elterlicher Verantwortung doch gibt es genauso eine öffentliche Verantwortung, eine Verantwortung der Gesellschaft für die junge Generation. Bereits im 11. Kinder- und Jugendbericht 2002 sind diese beiden Leitbegriffe ausgeführt und zeigen das Handlungsspektrum für ein Aufwachsen im Wohlergehen auf. Öffentliche Verantwortung gegenüber benachteiligten jungen Menschen besteht in einer zusätzlichen und spezifischen Unterstützung über die individuelle Förderung und durch eine strukturelle Armutsprävention. Das geht über etwaige Einzelansprüche wie den Hilfen zur Erziehung oder dem Kinderschutz weit hinaus.

Wenn es bei Kindern heißt, dass sie bis 18 Jahren minderjährig sind, dann heißt es auch, dass diese öffentliche Verantwortung bis mindestens 18 Jahre getragen wird – oder bis 27 Jahre, wie es das Jugendhilfegesetz eigentlich vorsieht. Durch das Investieren in Kinder und Jugendliche, das gemeinsame Bewältigen von unterschiedlichen Aufgaben und das Begleiten der Kinder und Jugendlichen, sollen diese sich entfalten können. Meine Untersuchungen machen deutlich, dass Armutsbetroffene immer am Ende der Schlange stehen und letztendlich zurückfallen. Zu Präventionsketten gehören also beide Perspektiven, das Akute und das Langfristige.

Welche Möglichkeiten sehen Sie oder was wäre Ihrer Meinung nach nötig, um die Kinderarmutsforschung weiterzuentwickeln?

Es braucht mehr Langzeitforschung. Die AWO-ISS-Studie ist immer noch die Einzige, auf die wir zurückgreifen können. Sie ist aber in ihrem quantitativen Umfang deutlich begrenzt, da sie von Beginn an nicht auf Repräsentativität ausgerichtet war. Große und breit angelegte Nachfolgestudien gibt es bisher nicht.

Die Armutsthematik muss stärker in die großen Bevölkerungserhebungen, also Panels und Surveys, aufgenommen werden. Einkommensfragen und deren komplexe Auswertung müssen Standard werden. Die kind-/jugendbezogene Lebenslagenforschung ist zu vertiefen und auszuweiten. Auch wären die für die Armutsforschung so wichtigen Datenquellen wie das sozioökonomische Panel und das Niedrigeinkommens-Panel kind- und jugendspezifischer auszurichten. Die auf Kinder ausgerichtete Erhebungen wie AID:A[1] bedürfen einer Weiterentwicklung in Bezug auf noch mehr armutsrelevante Aspekte. Anders formuliert, die sich mit finanziellen Aspekten befassende Forschung zeichnet sich nicht gerade durch eine Kinderperspektive aus. Die sich eher mit kindspezifischen Themen befassende Forschung bindet den Aspekt Armut und damit die Geldfrage nicht genügend ein. So aber kommen wir über die bereits seit Jahren bekannten Ergebnisse von Ungleichheiten nicht hinaus.

Schließlich sind die generell die Konzepte, Methoden und Instrumente der Forschung weiterzuentwickeln, um ein erweitertes Verständnis von Armut und den Folgen zu erhalten. Zum einen habe ich bereits erwähnt, dass die subjektive Wahrnehmung

---

1 Aufwachsen in Deutschland: Alltagswelten

der Kinder als ein eigener Ansatz verstanden werden muss, und zwar mit qualitativer *und* quantitativer Ausrichtung. Wie wird aber bei einer quantitativen Befragung mit einem qualitativen Setting gearbeitet? Wie kann subjektive Wahrnehmung zu einem genuinen Teil objektiver Datenerhebung werden? Zum anderen ist zu fragen, wie können Querschnittsaspekte erhoben werden, um sie auch in eine Langzeitbetrachtung einzubinden? Ich spreche hier methodisch-theoretische Fragestellungen an, weil es genau hier der Weiterentwicklung bedarf. Wir benötigen keine zweite AWO-ISS-Langzeitstudie, um Erklärtes nochmals zu erklären, sondern wir müssen vorliegendes Wissen vieler verschiedener Disziplinen zusammenführen, bündeln und fokussieren. Dabei sind die Aspekte (a) Armut und (b) junge Menschen anders zu berücksichtigen und weiterzudenken. Schließlich ist das Feld der Armutsprävention theoretisch und empirisch kaum durchleuchtet.

Sie haben schon einiges über die Kommunen erzählt und auch, dass diese wichtig für die Armutsprävention sind. Dennoch interessiert uns, welche weiteren Institutionen Ihrer Meinung nach für die kindbezogene Armutsprävention beziehungsweise -bekämpfung verantwortlich sind und warum.

Oft wird missverstanden, dass die Kommune zwar *der* Lebens- und Gestaltungsort ist, aber dennoch nicht allein für Armutsprävention zuständig oder verantwortlich. Die Kommune hat in unserem föderativen System bestimmte Aufgaben, wie die Daseinsvorsorge umzusetzen, für gleiche Lebensverhältnisse und vieles mehr zu sorgen. Wir haben aber ebenso die Landes-, die Bundes- und zunehmend die EU-Ebene als weitere Gestaltungs- und Verantwortungsebenen. Wenn ich mit dem Blick auf die soziale Sicherung starte, dann bin ich beim Bund. Hier liegt die Verantwortung für den Bereich der Bildung und Teilhabe, die Höhe des Bürgergelds, die Regelung der Kinder- und Jugendhilfe oder aktuell die Kindergrundsicherung. Die gesetzlichen Regelungen und die finanzielle Unterfütterung für all das sind Bundesangelegenheit. Eine Kommune kann sich noch so sehr strecken, wenn aufseiten des Bundes in diesem Feld zu wenig getan wird, hat sie als Ausfallbürgin viel zu tun. Bezogen auf die Landesebene ist es ähnlich, vor allem beim Thema Schule stehen die Länder zuvorderst in der Pflicht. Wie Schule gestaltet und ausgestattet wird bezieht sich ja nicht nur auf den Unterrichtsbereich. Sie ist Lern- und Lebensort junger Menschen. Es geht also um ein Zusammenwirken von Lehrer:innen, Sozialarbeiter:innen, Psycholog:innen, Freizeitpädagog:innen und so weiter. Gleichwohl ist die Schule ein zentrales Element der lokalen Kinderwelt. Zudem kommt die Kommune auch noch als Schulträgerin ins Spiel. An diesen wenigen Beispielen wird deutlich, dass wir es mit einer Mehrebenen-Struktur zu tun haben, die föderal angelegt ist und bei der die Kommune bestimmte Aufgaben übernimmt. Wie sie aber dazu in die Lage versetzt wird, entscheiden die übergeordneten Ebenen weitestgehend mit. Originäres kommunales Gestaltungsfeld ist die Vorhaltung und damit der Auf- und Ausbau der Infrastruktur. Dies wird in Selbstverwaltung durch Politik und Verwaltung gewährleistet, aber zu deren Umsetzung werden ganz viele unterschiedliche Akteur:innen wie Verbände, Vereine, private Anbieter:innen von Jugendeinrichtungen, Selbsthilfeinitiativen und vieles mehr gebraucht. Hier geht es dann darum, wie die Infrastruktur für armutsbetroffene Kinder ausgestaltet wird, was immer ein Zusammenwirken öffentlicher und privater Akteur:innen ist.

Armutsprävention stellt eine gesellschaftliche Verpflichtung dar. Was kann jede:r einzelne Bürger:in tun, um dieser nachzukommen?

Meines Erachtens verfügt jede:r Bürger:in generell über drei Handlungsstrategien: Zeit, Geld und Kompetenz. Was bin ich in der Lage zu tun? Wie viel Zeit kann ich einsetzen? Wenn ich wenig Zeit habe, kann ich stattdessen einen finanziellen Beitrag leisten? Habe ich Kompetenzen, die anderen zugutekommen? Ein weiterer Aspekt ist die generelle Verantwortung als Bürger:in für die Gesellschaft, nicht nur mittels Wahlen, sondern genauso über die zum Ausdruck gebrachten Meinungen oder die Formen des Engagements. Ob über eine Demo, eine Vereinsmitarbeit oder eine Selbstinitiative, die ich gründe, ich bringe mich öffentlich ein und bin damit politische:r Mitgestalter:in. Schließlich trägt jede:r Bürger:in entscheidend zur sozialen Inklusion – dem gleichberechtigten Miteinander aller sozialen Gruppen – bei: Welche Haltung und welche Einstellungen gegenüber armutsbetroffenen Menschen habe ich selbst, wir sehr grenze auch ich andere aus, wie integriere ich aber auch wieder? Gilt vieles nur für mein Umfeld, nur für meine Familie und deren soziale Netzwerke oder gilt es genauso für alle Gruppen? Aussagen wie etwa *„die Stadt, das Dorf gehört allen"* oder *„wir sind alle eine Gesellschaft"*, sind Leitorientierungen, die von allen gelebt werden müssen, also auch eine Verpflichtung der Bürger:innen sind. Dieses Miteinander gestalten zu wollen, ist die alltäglichste und allgegenwärtigste Form individueller Verantwortung für unsere Gesellschaft. Werte wie Solidarität, Toleranz, Gerechtigkeit oder Unterstützung benachteiligter Menschen werden von uns fortwährend in bundesweiten Meinungsumfragen als die wichtigsten Werte genannt. Dann müssen wir sie als Bürger:innen auch leben und so aktiv verwirklichen helfen. Für eine Armutsprävention sind all diese Werte wichtig. Ihre Verwirklichung lässt sich aber nicht delegieren, sondern ist Selbstanspruch und Selbstverpflichtung sowie praktizierte Verantwortungsübernahme, gerade privilegierter Person respektive Gruppen.

Sie haben im Laufe unseres Gespräches auch das Thema Corona angeschnitten. Uns stellt sich da die Frage, wie momentan die Präventionsketten mit Blick auf den Wechselunterricht an Schulen oder die Notbetreuung in Kitas aufrechterhalten werden können. Das muss sehr schwierig umzusetzen sein, oder?

Schon die Beschreibung und erst recht eine Einschätzung ist heute, Anfang Juni 2021 weiterhin schwierig. Aus der Vielzahl vorliegender Informationen und Erkenntnisse einen roten Faden mit Blick auf arme Kinder und Jugendliche zu ziehen, ist schwierig. Die Daten fehlen, eine systematische sozial differenzierte Betrachtung fehlt und doch weisen die allgemein gehaltenen Untersuchungen unisono auf die immer weitere Öffnung der Schere zwischen benachteiligten und nicht benachteiligten Gruppen hin. Armutsbetroffene Kinder haben durch die Coronapandemie andere – nämlich mehr, tiefer gehende und langfristiger wirkende – Folgen zu tragen. Zwar trifft die Pandemie alle hart, aber doch sozial ungleich. Vorher bestehende soziale Ungleichheiten verschärfen sich.

Das Wissen um vorhandene soziale Ungleichheit hierzulande hätte von Beginn an erfordert, der Pandemiebekämpfung explizit auch ein soziales Element zu geben, mit Fokus auf benachteiligte und armutsbetroffene Gruppen, insbesondere Familien. Tatsächlich scheinen aber all jene mehr beachtet worden zu sein, die am lautesten den Mund aufgemacht und ihre Interessen vertreten haben. Es war eher kontrapoduktiv, immer vom Bedarf *aller* Kinder zu sprechen, nur um die von den Corona-Maßnahmen besonders betroffenen Gruppen nicht ausdrücklich zu benennen und so vielleicht zu stigmatisieren. Jetzt muss nachträglich geschaut werden, was die Kinder, die lange nicht in Kita und Schule waren, nun anders und mehr benötigen; was den Schüler:innen, die Lernschwierigkeiten hatten oder in den letzten zwei Jahren erst entwickelten, hilft und so weiter. Wir müssten viel mehr finanziell investieren und dabei deutlich für einen sozialen Ausgleich sorgen, also Ungleiches ungleich behandeln. Tatsächlich aber zählen armutsbetroffene Kinder zu den Verlierer:innen bisheriger Pandemiebekämpfung. Die Berichte der Praxis zeigen das eindrücklich und die zunehmend vorliegenden Studien liefern empirische Belege. Unübersehbar ist, es bedarf mehr gesellschaftlicher Ressourcen und höhere Investitionen, um so den Anschluss für die genannten Gruppen zu sichern.

Mein Anliegen an die Fachpraxis lautet daher: *Leute steckt nicht den Kopf in den Sand, sondern nehmt die Corona-Erfahrungen in eure Überlegungen und Entscheidungen für die zukünftige Arbeit rein. Seht die sozialen Unterschiede und daraus entstandene tiefe Verwerfungen. Nehmt das auf, setzt euer ganzes bisheriges Know-how ein, aber anders, und stärkt so Prävention und nicht nur Reaktion.* Dazu ist es erforderlich, dass die politischen Akteur:innen entsprechend entscheiden, und zwar: *Benachteiligte Menschen bekommen mehr soziale Ressourcen und wir stehen dafür, auch wenn uns dadurch ein harter öffentlicher Wind um die Nase weht.* Das sind sehr grundsätzliche aber Heute und Jetzt mögliche wie erforderliche Entscheidungen. Die Auswirkungen der Corona-Krise für die Zukunft sind in ihrer Konkretheit niemandem bekannt. Wir sollten es mit Zuversicht und Engagement angehen, aber nicht ohne die soziale Brille aufzusetzen.

Vielen Dank für dieses Gespräch.

Literaturtipps

Holz, Gerda (2011): „Kommunale Strategien gegen Kinder- und Bildungsarmut". Oder: Der Ansatz kindsbezogener Armutsprävention (nicht nur) für Kommunen. In: Hanesch, Walter (Hrsg.): Die Zukunft der „Sozialen Stadt". Wiesbaden: VS, S. 299–324.

Holz, Gerda (2020): Präventionsketten – Kind-/Jugendbezogene Armutsprävention auf kommunaler Ebene. In: Rahn, Peter/Chassé, Karl August (Hrsg.): Handbuch Kinderarmut. Opladen & Toronto: Babara Budrich, S. 302–310.

Holz, Gerda (2021): Stärkung von Armutssensibilität. Ein Basiselement individueller und struktureller Armutsprävention für junge Menschen. Berlin: Senatsverwaltung für Bildung, Jugend und Familie. https://www.berlin.de/sen/jugend/jugend-und-familienpolitik/familienpolitik/kinder-und-familienarmut/ [02.01.2022].

Holz, Gerda/Richter-Kornweitz, Antje (2021): Corona-Chronik. Gruppenbild ohne (arme) Kinder. In: Kniffki, Johannes/Lutz, Ronald/Steinhaußen, Jan (Hrsg.): Corona. Soziale Arbeit und Gesellschaft. Weinheim: Beltz Juventa, S. 195–117.

Laubstein, Claudia/Holz, Gerda/Seddig, Nadine (2016): Armutsfolgen für Kinder und Jugendliche. Erkenntnisse aus empirischen Studien in Deutschland. Gütersloh: Bertelsmann Stiftung. https://www.bertelsmann-stiftung.de/fileadmin/files/BSt/Publikationen/GrauePublikationen/Studie_WB_Armutsfolgen_fuer_Kinder_und_Jugendliche_2016.pdf [02.01.2022].

Zander, Margherita (Hrsg.) (2010): Kinderarmut. Einführendes Handbuch für Forschung und soziale Praxis. 2. Auflage. Wiesbaden: VS.

Weitere im Text verwendete oder angesprochene Literatur

Bundesministerium für Familie, Senioren, Frauen und Jugend (1998): 10. Kinder- und Jugendbericht. Bundestags-Drucksache 13/11368. https://www.dji.de/veroeffentlichungen/literatursuche/detailansicht/literatur/12719-10-kinder-und-jugendbericht.html [25.01.2022].

Bundesministerium für Familie, Senioren, Frauen und Jugend (2002): 11. Kinder- und Jugendbericht. Bundestags-Drucksache 14/8181. https://www.dji.de/ueber-uns/projekte/projekte/11-kinder-und-jugendbericht.html [25.01.2022].

Holz, Gerda/Laubstein, Claudia/Stahmer, Evelyn (2013): „Von alleine wächst sich nichts aus…". Aktuelle Ergebnisse zu Armut bei jungen Menschen bis zum Ende der Sekundarstufe I aus der AWO-ISS-Langzeitstudie. In: Theorie und Praxis der Sozialen Arbeit, H. 1, 65. Jg., S. 4–16.

Holz, Gerda/Laubstein, Claudia/Stahmer, Evelyn (2012): Lebenslagen und Zukunftschancen von (armen) Kindern und Jugendlichen in Deutschland. 15 Jahre AWO-ISS-Studie. Frankfurt/M.: ISS. www.awo.org/sites/default/files/2017-07/AWO-ISS-Studie.pdf [02.01.2022].

Leonie Lobbe, Sandra Gitzel und Sebastian Horn

Wie Kinder mit Armut umgehen – Resilienzförderung als Konzept zur Armutsprävention

Ein Interview mit Margherita Zander

Bei unserer persönlichen Arbeit mit Kindern haben wir über die Jahre beobachtet, wie verschieden die Zugänge der Kinder zu finanziellen, materiellen und medialen Ressourcen und davon abhängiger sozialer und kultureller Teilhabe sind. Die einen haben viel, die anderen wenig. Die einen nehmen das wahr, die anderen nicht.

Aus dieser Beobachtung heraus interessierte uns zum einen, welche Faktoren subjektives Armutsempfinden beeinflussen und welche Folgen das auf das Wohlbefinden von Kindern hat; zum anderen, inwiefern Resilienz Kinder bei der Bewältigung der erschwerten und benachteiligenden Lebensbedingungen unterstützen kann.

Arme Kinder erfahren materielle und immaterielle Benachteiligungen in verschiedenen Lebensbereichen. Die „Unterversorgung bei der materiellen Grundausstattung, [die] Beeinträchtigung von Gesundheit, sozialen Kontakten und Gleichaltrigenbeziehungen, [die] Einschränkungen bei den kindlichen Bildungs- und Erfahrungsmöglichkeiten, der Entwicklung von individuellen Fähigkeiten und Neigungen sowie bei den Partizipations- und Entscheidungsmöglichkeiten" (Zander 2015: 2) wirken sich unterschiedlich auf das subjektive Wohlbefinden des von Armut betroffenen Kindes aus. Verschiedene Bewältigungsstrategien helfen den Kindern, mit ihrer individuellen Lebenssituation umzugehen. Dabei gibt es Fälle, in denen die Betroffenen ihre Notlage nahezu unbeeinträchtigt überstehen, während andere völlig überfordert scheinen. Diese seelische Widerstandskraft, die helfen kann, Lebenskrisen zu überwinden, wird als Resilienz bezeichnet (vgl. Zander 2015: 4ff.). Aufgabe der Sozialen Arbeit soll es sein, sich für ein breites, resilienzförderndes Angebot zu engagieren, um sich so für Armutsprävention einzusetzen. Ziel ist es, den Zugang zu den fehlenden Ressourcen möglichst auszugleichen (Zander 2007: 83ff.).

Die Politik- und Sozialwissenschaftlerin *Professorin Dr. Margherita Zander*, die 1948 bei Meran in Südtirol geboren wurde, forscht hierzu seit vielen Jahren. Angetrieben wird ihr Interesse durch biografisch Erlebtes, verbunden mit einem allgemeinem Forschungsinteresse an dem Thema Kinderarmut. Sie wuchs bei einer Pflegemutter auf und musste bereits als Kind arbeiten, um sich Schulmaterialien leisten zu können. In der Schule wurde sie immer wieder von ihren Lehrer:innen unterstützt, motiviert und gefördert und begann dann 1968 mit einem Stipendium ihr Studium mit anschließender Promotion in Geisteswissenschaften in Bonn und Kassel. Nach dem Studium engagierte sich Margherita Zander in der Sozialpolitik – anfangs als sozialpolitische Referentin im Bundestag bei den GRÜNEN und Bündnis 90/DIE GRÜNEN, danach als Grundsatzreferentin im Hessischen Ministerium für Kinder, Jugend, Familie und Gesundheit.

Anschließend widmete sie sich der Lehre und Forschung an der Fachhochschule in Jena als Professorin für Sozialpolitik und als Gleichstellungsbeauftragte und später an der Fachhochschule Münster auf einer Professur für Politikwissenschaft und Sozialpolitik. Seit ihrem Weggang aus der politischen Praxis hin zu Forschung und Lehre baute sie sich Ende der 1990er-, Anfang der 2000er-Jahre unter anderem ihren Forschungsschwerpunkt *Kinderarmut* auf, den sie später mit der Fragestellung der Resilienzförderung verknüpfte, beides zählt mittlerweile zu ihrem *Lebensthema*, wie Zander es nennt (vgl. http://margherita-zander.de). Seit den 2000er-Jahren publiziert sie zu Resilienzförderung/-strategien und Armutsprävention. So war sie unter anderem beteiligt an zwei mehrjährigen Forschungsstudien. Unter dem Titel *Benachteiligung in den Lebenslagen von Kindern unter spezifischer Berücksichtigung der sozialen Situation in Thüringen* befragte sie von 1997 bis 2000, gemeinsam mit Karl-August Chassé, Kinder und deren Eltern in Jena und im Saale-Holzland-Kreis. Von 2000 bis 2002 initiierte sie eine Studie zu *Sozialen Bewältigungsstrategien von Kindern in benachteiligten Lebenslagen* an Grundschulen, im Forschungsverbund mit Karin Holm und Christoph Butterwegge. Diese Studie bestätigt unter anderem, dass die psychosozialen Auswirkungen von Armut für Kinder oft drastischer sind als die materiellen Folgen (Butterwegge u. a. 2004).

Zander wirbt vor allem für Resilienzförderung als geeignetes Konzept der sekundären Armutsprävention bei Kindern und Jugendlichen, da dabei die Kompetenzen und Ressourcen der Zielgruppe in ihrer Lebenswelt herausgebildet werden. Besagte Förderung sollte auf drei unterschiedlichen Ebenen angesiedelt sein:

– der sozialpädagogischen Arbeit mit Kindern, bei der Handlungs- und Entwicklungsspielräume erweitert und die Resilienzfähigkeit unterstützt werden,
– der Einbeziehung von Eltern, Erziehungsberechtigten und Familien, wobei Erziehungs- und Beziehungsfähigkeit gefördert werden sowie
– der stadtteilbezogenen Vernetzungsarbeit, bei der die Lebensbedingungen der Kinder im Stadtteil verbessert werden.

Diese drei Ebenen sollten für ein optimales Ergebnis gleichzeitig bedient werden, um insgesamt Bildungsmöglichkeiten, Gleichaltrigenbeziehungen, Interessen und Neigungen, soziale Kompetenzen und Werte sowie ein Angebot sicherer Bindung zu fördern. Doch grundsätzlich gilt für Zander, dass Kinderarmut „ursächlich ein gesellschaftliches Problem ist", welches „letztlich nur mit gesellschaftspolitischen Maßnahmen bekämpft" werden kann (Zander 2015: 1).

An uns selbst beobachten wir, wie digitale Medien und Plattformen Teil unseres Alltags geworden sind, als Orte der sozialen Interaktion existieren, uns das Online-Studium ermöglichen und nicht mehr wegzudenken sind. Auch Unterhaltungsmedien, Videoplattformen und digitale Spiele genießen große Beliebtheit unter Kindern und Jugendlichen. So hat gerade die Covid 19 Pandemie gezeigt, dass der virtuelle Raum ein wesentlicher Aufenthaltsort junger Menschen ist (Forsa Studie 2021). Deshalb interessiert uns, inwiefern der Zugang und die Nutzung digitaler Medien das subjektive Armutsempfinden beeinflussen könnten.

Margherita Zander konnte uns mit ihrer Expertise und spannenden Antworten auf unsere Fragen gute Denkanstöße zu subjektivem Armutsempfinden und zur Resilienzförderung geben.

Gleich zu Beginn eine persönliche Frage: Wie sind Sie darauf gekommen, sich mit dem Thema Kinderarmut und Resilienz zu beschäftigen?

Mit dem Thema Armut in Deutschland habe ich mich schon in der zweiten Hälfte der 1980er-Jahre beschäftigt, damals noch als sozialpolitische Referentin der Grünen im Bundestag. Ich gehörte in dieser Zeit einer bundesweiten Arbeitsgruppe aus Wissenschaft und Beschäftigten von Wohlfahrtsverbänden an, die sich für die Erstellung von kommunalen Armutsberichten wie auch eines Nationalen Armutsberichtes einsetzte.

Nach dem Erscheinen des 10. Kinder- und Jugendberichtes 1998 und seiner ersten öffentlich wirksamen Thematisierung des Problems habe ich mich dann intensiver mit Kinderarmut auseinandergesetzt. Zusammen mit meinem damaligen Kollegen von der Fachhochschule Jena, Prof. Karl August Chassé habe ich in dieser Phase ein dreijähriges Forschungsprojekt über Kinderarmut in Jena und im Saale-Holzlandkreis initiiert. Später folgten ein weiteres Forschungsprojekt in Münster und West-Münsterland zu Bewältigungsstrategien von Armut bei Kindern im Grundschulalter, Beteiligung am kommunalen Kinderarmutsbericht der Stadt Münster, weitere Praxisprojekte, vor allem die wissenschaftliche Begleitung zweier Stadtteilprojekte in Saarbrücken von 2003 bis 2006. In letzterem Fall habe ich zum ersten Mal Resilienzförderung als praktischen sozialarbeiterischen Ansatz zur Armutsbekämpfung eingesetzt. 2008 erschien dann meine Publikation *Armes Kind, starkes Kind? – Die Chance der Resilienz*, womit ich in gewisser Weise zur Vorreiterin der Idee wurde, Armutsprävention bei Kindern mit dem Konzept der Resilienzförderung zu verbinden. Ausschlaggebend dafür, dass ich mich für diese Verbindung einsetzte, war die Tatsache, dass Resilienzförderung genau dort ansetzt, wo sozial benachteiligte Kinder besonderen Unterstützungsbedarf haben: an der Förderung von positiven Werten und Selbstwertgefühl, der sozialen Kompetenzen und Konfliktlösefähigkeit, an der Förderung von sozialen Kontakten und Freundschaften zu Gleichaltrigen, von individuellen Fähigkeiten und Neigungen, der schulischen Leistungsfähigkeit. Darüber hinaus betont Resilienzförderung den Stellenwert einer verlässlichen Bezugsperson, auch außerhalb der Familie. Auch dies kann gerade für Kinder aus armen Familien von tragender Bedeutung sein.

Wie würden Sie aus persönlicher und aus wissenschaftlicher Perspektive Kinderarmut definieren?

Aus wissenschaftlicher Perspektive habe ich mich zunächst am Lebenslagenkonzept orientiert, weil dieses Konstrukt der Mehrdimensionalität von Armut entspricht. Wer Armut als Lebenslage begreift, versteht darunter nicht nur Einkommensarmut, sondern erfasst auch die Unterversorgung in verschiedenen Lebensbereichen: Unterversorgung in der materiellen Ausstattung (Ernährung, Kleidung, Dinge des täglichen Gebrauchs, bei Kindern auch Spielzeug...), in der gesundheitlichen Versorgung (Wahrnehmung von Vorsorgeuntersuchungen, Zahnpflege, gesunde Nahrung...), bildungsmäßige Vernachlässigung oder Benachteiligung (z. B. beim Zugang zu weiterführenden Schulen), mangelnde kulturelle und soziale Teilhabe. Später habe ich mich dann dem Konzept des *Well-being* angeschlossen, wie es von UNICEF in ihren Kinderarmutsberichten in entwickelten Wohlfahrtsstaaten (OECD-Staaten) formuliert und mittlerweile auch in der bundesdeutschen Armutsberichterstattung vertreten wird. Dieses Konzept hat vor allem den Vorteil, dass es auch berücksichtigt, inwiefern die Armutssituation das subjektive Wohlbefinden des Kindes beeinträchtigt. Genau eine solche Sichtweise entspricht im Übrigen der Forderung der modernen Kindheitsforschung, neben den objektiven Merkmalen von Betroffenheit auch die Perspektive des Kindes einzubeziehen. Diesem Postulat gerecht zu werden, habe ich mich in allen meinen Forschungen zu Kinderarmut bemüht.

Persönlich habe ich immer Wert auf einen kindgerechten Armutsbegriff gelegt, was bedeutet: jenseits objektiv angewandter Kriterien von Armutsbetroffenheit auch dem Einzelfall möglichst gerecht zu werden. Eine solche Vorgehensweise kommt natürlich in erster Linie in der Einzelfallbetrachtung, zum Beispiel in der qualitativen Forschung oder in der Sozialen Arbeit, zum Tragen. Um die Situation des einzelnen Kindes zu erfassen, muss ich die je individuelle Betroffenheit und Wahrnehmung zum Maßstab machen. Nur so kann ich herauszufinden, welche Auswirkungen die familiäre Armutssituation auf das jeweilige Kind hat.

Wäre eine einheitliche Definition von Kinderarmut wichtig für den Umgang mit Kinderarmut, und wie könnte diese den gesellschaftlichen und politischen Diskurs beeinflussen?

Sicherlich wäre eine einheitliche Definition von Kinderarmut für den gesellschaftlichen und politischen Umgang mit dem Problem hilfreich. Für das allgemeine Verständnis reicht es meines Erachtens jedoch aus, dass eine Unterscheidung zwischen relativer und absoluter Armut getroffen wird. Es fällt manchen Menschen schwer zu begreifen, dass es auch in einem reichen Land Kinderarmut gibt und dass sich Armut bei uns anders äußert als in den armen Ländern des Südens.

Nötig wäre außerdem auch eine Aufklärung darüber, dass unser Sozialsystem Menschen zwar in die Lage versetzt, dass sie ein Dach über dem Kopf haben und nicht

Hungers sterben, aber dass der Bezug von Sozialhilfe- oder ALG-II-Leistungen die Betroffenen nicht vor Unterversorgung in den verschiedenen Lebensbereichen schützt, also Lebensmöglichkeiten limitiert.

Wie erleben Kinder Armut? Welche Bewältigungsstrategien entwickeln diejenigen, die von Armut betroffen sind, und in welcher Form treten diese zutage?
Erstens: Kinder erleben Armut anders als Erwachsene. Eltern machen sich in der Regel Sorgen um Dinge, von denen die Kinder keine Ahnung haben; zugleich können die Eltern oft nicht wirklich nachvollziehen, worunter die Kinder leiden. Fehlt den Eltern möglicherweise das Geld für die Miete, für eine gesunde Ernährung, für eine witterungsgerechte Kleidung, so leiden Kinder häufig darunter, dass ihnen ein modisches Kleidungsstück versagt wird, dass sie sich nicht wie andere Kinder ein Eis kaufen können, dass sie nicht ins Kino gehen dürfen usw. Kinder schämen sich häufig, wenn sie zugeben müssen, dass ihre Familie arm ist und ihre Eltern für bestimmte begehrte Dinge oder Anlässe das Geld nicht aufbringen können. In der Schule ziehen sie sich daher öfter zurück. Zweitens: Kinder erleben Armut individuell verschieden. Das kann von verschiedenen Faktoren abhängen: vom Alter, vom Geschlecht, von der Dauer und Härte der Armutsbetroffenheit der Familie, auch davon, ob sie auf dem Land oder in der Stadt wohnen, und von vielem anderen. Die unterschiedliche Betroffenheit kann mit dem Charakter und Temperament des jeweiligen Kindes zusammenhängen und ganz entscheidend auch damit, wie die Eltern mit der Armutslage umgehen und ob sie den Kindern bei der Bewältigung der Situation beizustehen vermögen.

So habe ich in den Forschungsprojekten zu Kinderarmut im Grundschulalter, an denen ich beteiligt war (zuerst an der FH Jena zusammen mit Karl August Chassé und Konstanze Rasch, danach an der FH Münster, zusammen mit Gisela Wuttke und Barbara Imholz), festgestellt, dass es allenfalls möglich ist, eine Typologie zu bilden, der die Bewältigungsmuster der Kinder zugeordnet werden können. Es gibt Kinder, die durch die Armutsbetroffenheit der Familie in ihrer Entwicklung erheblich beeinträchtigt bis vernachlässigt sind; andere, die nur teils darunter leiden und teils weitgehend unbeeinträchtigt scheinen; und wiederum andere, die so gut wie gar nicht davon berührt werden. Es wird also ein breites Spektrum unterschiedlicher Grade von Betroffenheit angetroffen und dementsprechend auch von unterschiedlichen Bewältigungsformen. Psychologisch hat beispielsweise Antje Richter in ihrer schon 2000 veröffentlichten Dissertation unterschieden zwischen verschiedenen Bewältigungstypen: zwischen Kindern, die sich aktiv mit der Lage auseinandersetzen und Lösungen zu finden versuchen; solchen, die nach Ersatzhandlungen und Ersatzbefriedigungen suchen, und solchen, die die Augen vor den Problemen verschließen und das Problem negieren (Richter 2000).

Können Sie konkrete Beispiele dafür nennen, wie und in welcher Form speziell die Soziale Arbeit professionell bei der Resilienzförderung und Armutsprävention unterstützen kann beziehungsweise dies bereits tut? Gibt es hier Hürden, die sich ihr in den Weg stellen?

An vielen Stellen leistet Soziale Arbeit bereits eine solche Hilfestellung. Hürden ergeben sich dabei allenfalls aus Personalknappheit und mangelnden Ressourcen. In vielen Vorträgen habe ich auch im Rahmen der Sozialen Arbeit für Resilienzförderung geworben, denn ich halte diese Arbeitsform für ein besonders geeignetes Konzept, um sekundäre Armutsprävention bei Kindern und Jugendlichen zu leisten.

Wenn wir einen Bezug zwischen den Defiziten in den Spielräumen armer Kinder und den Resilienzförderbereichen herstellen – ich beziehe mich hier auf das Konzept von Daniel und Wassell (2002) –, fällt eine ebenso logische wie verblüffende Entsprechung auf. Resilienzförderung würde genau dort Lücken schließen, wo arme Kinder deutlichen Mangel zu kompensieren haben. Dieser Ansatz würde passgenau dort ansetzen und gezielt jene Potenziale und Fähigkeiten fördern, die bei diesen Kindern besonders beschnitten sind und oft unbeachtet bleiben. Um dies exemplarisch zu illustrieren, möchte ich jene Bereiche von Resilienzförderung herausgreifen, anhand derer dies besonders ins Auge springt:

- Förderung von positiven Werten und Selbstwertgefühl: Fast alle Studien zu Kinderarmut kommen zu dem Ergebnis, dass das Selbstwertgefühl der Kinder erkennbar unter der eigenen Lebenssituation leidet. Vor allem auch dann, wenn sie in der Schule – häufiger als andere Kinder – mit negativen Rückmeldungen konfrontiert werden. Nicht selten kann dies eine Quelle für Schulangst bis hin zu depressiven Stimmungen sein. Wir haben es dann mit ängstlichen, stressbehafteten Kindern zu tun, die Zuspruch brauchen, die in ihrem Selbstwertgefühl und ihrer Lebensfreude gestärkt werden müssen.
- Förderung von sozialen Kompetenzen und Konfliktlösefähigkeiten: Grundschulkinder durchlaufen eine Entwicklungsphase, in der Kooperation mit anderen – im Spiel, aber auch in Lernsituationen usw. – zunehmend wichtiger wird. Dabei geht es um die Fähigkeit, Hilfestellung zu geben, aber auch sich Hilfe suchen und annehmen zu können. Letzteres fällt Kindern, die sich am Rande des Klassenverbandes fühlen, die nicht genügend Anerkennung bekommen, schwer. Kooperationsfähige Kinder verfügen über ein breiteres Spektrum von Konfliktlösemöglichkeiten und erhalten dadurch einen festen Platz in der Gruppe. Ausgewiesene soziale Kompetenzen könnten für benachteiligte Kinder somit ebenfalls eine Quelle der Kompensation und somit Hilfe bei der Bewältigung ihrer risikobehafteten Lebenssituation sein.
- Förderung von sozialen Kontakten zu Gleichaltrigen und Freundschaften: Arme Kinder haben es schwerer, Kontakte zu Gleichaltrigen herzustellen und zu pflegen; sie haben dazu auch weniger Gelegenheiten, weil ihre Familien oft isolierter leben

und die Kinder weniger am sozialen Leben teilnehmen können. Nicht selten ziehen sie sich selbst zurück oder zeigen auffällig aggressives Verhalten, weil sie sich ausgeschlossen fühlen. Dabei könnten gerade positive soziale Kontakte zu Gleichaltrigen und daraus resultierende soziale Anerkennung und emotionale Zuwendung diesen Kindern helfen, ihre schwierige Lage zu bewältigen.

– Förderung von Fähigkeiten und Neigungen: Dieser Bereich kommt bei unserer Zielgruppe häufig zu kurz, jedenfalls sofern die entsprechende Förderung nicht im schulischen Kontext oder in Angebotsformen erfolgt, die kostenfrei und für diese Kinder niedrigschwellig zugänglich sind. Dabei könnten gerade solche Aktivitäten eine Kompensation für sonst erfahrene Herabsetzungen sein und gleichzeitig eine Quelle für ein gestärktes Selbstbewusstsein. Begabungen haben es hierzulande immer noch schwerer entdeckt zu werden, wenn Kinder aus ärmeren oder bildungsfernen Familien stammen.

– Förderung der schulischen Leistungsfähigkeit: Gerade für Grundschulkinder ist es eine herausragende Entwicklungsaufgabe, mit dem System Schule und seinen Anforderungen zurecht zu kommen. Positiv gesehen ist Schule eine wichtige Vermittlerin bei der „Aneignung von Welt" und könnte durch die Möglichkeiten, die sie bestenfalls zur Verfügung stellt, auch eine Quelle der Resilienzförderung sein. Leider ist dies – für unsere Zielgruppe – häufiger eher nicht der Fall. Gerade armen Kindern fällt es teilweise besonders schwer, die schulischen Anforderungen zu bewältigen. So kann Schule jedoch zu einer zusätzlichen Belastung und einem Risiko für die kindliche Entwicklung werden. Alles, was die Kinder in der Bewältigung dieser Aufgabe unterstützt, stärkt ihre Resilienzfähigkeit.

– Und das Wichtigste – eine sichere Bindung herstellen: Eine sichere Bindung zu einer verlässlichen Bezugsperson wird im Resilienzdiskurs als hochrangiger Schutzfaktor „gehandelt". Gemeint ist damit das Vorhandensein einer vertrauten Bezugsperson mit positiver Vorbildfunktion, an die sich das Kind mit seinen Ängsten und Problemen wenden kann. Wenn Mädchen und Jungen eine solche sichere Bindung nicht in ihrem engsten Familienkreis (Mutter, Vater, Großmutter usw.) finden, muss außerhalb ein „Ersatz" gefunden werden, sei es in der Schule (Lehrer:innen), in der Kindertageseinrichtung (Erzieher:innen), im sonstigen Lebensumfeld der Kinder oder eben im Rahmen sozialarbeiterischer Angebote. Wichtig sind natürlich auch das positive Feedback und die Ermutigung des Kindes durch die Bindungsperson. Ein solcher Ersatz außerhalb der Familie sollte dann auch längerfristig zur Verfügung stehen.

Ihnen ist es wichtig, von Armut betroffenen Kindern in Ihrer Forschung eine Stimme zu geben – wie genau beziehen Sie diese Kinder mit ein?

Ich bin mit meinen Armutsstudien genau zu dem Zeitpunkt gestartet, als in der modernen Kindheitsforschung das Motto ausgegeben wurde, in allen die Kinder betreffenden Fragestellungen, die Kinder selbst – durch Befragung – anzuhören und dies so früh wie möglich zu tun. Während früher an der Verlässlichkeit der Aussagen von Kindern gezweifelt wurde, wurde es nun zu einem wichtigen Postulat der Kindheitsforschung, die Kinder in die Forschung miteinzubeziehen. Besonders in der Armutsforschung waren Kinder bis dahin nur als Mitglieder der Familie Gegenstand der Forschung. Sie wurden nicht in ihrer spezifischen Betroffenheit erfasst. Nun aber wurde es zum vorrangigen Anliegen, die Kinder entsprechend ihrem Alter und ihrem Auffassungsvermögen zu befragen. Forscher:innen wie ich sahen keinen Grund mehr dafür, ihre Antworten nicht ebenso für voll zu nehmen wie die von Erwachsenen. Nur so werden wir nämlich in die Lage versetzt, die Armutsproblematik aus der Perspektive von Kindern zu erfassen.

Inzwischen gehört die Kinderperspektive zum unerlässlichen Standard von kindbezogener Forschung, und man ist auch darauf bedacht, das Anregungspotenzial von Kindern für die Professionalisierung von Erziehungsbereichen, Sozialer Arbeit, kommunalen Dienstleistungen und generell des Kinderalltags zu nutzen. Neben Interviews mit größeren Kindern wurde mittlerweile ein breites Spektrum von kreativen Methoden entwickelt, um auch jüngere Kinder, sprich Kita-Kinder, selbst zu Wort kommen zu lassen (z. B. Erfahrungen von Kindern mit dem Kita-Alltag, wie beurteilen Kinder seine Qualität).

Wir haben unsere Kinderarmutsstudien in der Hauptsache auf Kinderinterviews, also auf mehrmalige Befragungen von Sieben- bis Zehnjährigen gestützt und dabei unterschiedliche Instrumente eingesetzt: neben den Leitfrageninterviews und Fragebögen, Gesichtsskalen und Netzwerkspielen, Aufstellung von verschiedenen Figürchen bis hin zur Nutzung eines Zauberstabs. So haben wir die Sicht der Kinder auf ihre Familien, ihre Umwelt, auf andere Kinder, auf andere Erwachsene, auf Institutionen und ihr Alltagsleben ermittelt. Daneben haben wir auch die Eltern, in der Regel die Mütter, interviewt. So erhielten wir ein vielfältigeres Bild von der Lebenslage der Kinder, vor allem erschlossen sich uns auf diese Weise die Wechselwirkungen zwischen der sozialen Lage und dem individuellen Erleben der Kinder und es war uns ein Rückschluss auf ihr Wohlbefinden möglich. Allerdings sollte auch hinzugefügt werden, dass gerade die Armutsproblematik für Kinder ein sehr sensibles Thema darstellt, das mit Scham behaftet ist; von daher ist bei der Auswertung auch an Versteckspiel und Notbehauptungen zu denken.

Könnten Sie sich vorstellen, dass die Ermöglichung des Zugangs zu medialen Ressourcen für Kinder bei der Bewältigung ihrer Lebenslage unterstützen könnte und, wenn ja, inwiefern?

Die heutige Kindheit ist ohne umfangreiche Mediennutzung (sowohl alter als auch neuer Medien) nicht denkbar. Immer früher, auch bereits im Kita-Alter, haben Kinder Zugang zu den unterschiedlichsten Medien – im Grundschulalter gehören sie fast schon zur Normalität des kindlichen Alltagslebens. Arme und sozial benachteiligte Kinder sind davon nicht ausgeschlossen, auch wenn es hierbei eindeutig eine soziale Spaltung gibt. Vor allem verfügen arme Kinder seltener über einen eigenen PC, Laptop oder ein Smartphone. Außerdem können sie in der Nutzung neuer Medien seltener auf Anleitung und Unterstützung durch die Eltern (geringer Bildungshintergrund) zählen und sind so meist auf sich allein gestellt. Zwar werden die Pandemie und das Homeschooling hier einen Schub gebracht haben, weil in diesem Zusammenhang Internetnutzung – vor allem in der Grundschule – fast schon obligat geworden ist. Wir werden aber nachhaken müssen, ob dabei auch genügend Kompetenzen vermittelt werden, zwischen Information und Desformation zu unterscheiden sowie manipulative und verkürzende Tendenzen aufzuspüren. Informationsflut kann auch überfordern und den Blick auf die Realität verstellen.

Auf die Frage, ob die Ermöglichung des Zugangs zu medialen Ressourcen arme und benachteiligte Kinder bei der Bewältigung ihrer Lebenslage unterstützen könnte, lässt sich, ehrlich gesagt, nur schwer antworten. Zwar könnten Kinder über die verschiedenen Kindersuchmaschinen (etwa FragFINN, Blinde Kuh, Helles Köpfchen, Kindex) nähere Informationen über Kinderarmut in der Bundesrepublik bekommen. Inwiefern sich über Smartphone oder Internetportale Kontakte zu Hilfsorganisationen, Initiativen oder anderen betroffenen Kindern finden lassen, ist mir nicht bekannt. Außerdem wäre das sicherlich auch eine Frage des Alters. Zu bedenken wäre zudem, dass Kinder in prekären Lebenslagen ohnehin nicht sonderlich offen mit ihrer Situation umgehen. Sie tendieren eher dazu, ihre Armutslage zu verheimlichen, was auch die Bereitschaft darüber in Medien zu kommunizieren, eher hemmen dürfte.

Allerdings könnten neue Medien, insbesondere das Internet, diesen Kindern Möglichkeiten bieten, selbstständig Informationen und Wissen zu erlangen, das ihnen sonst nicht so leicht zugänglich wäre, da in benachteiligten Haushalten der Bücherbestand eher kümmerlich ist (z. B.: Lexika). Dafür muss aber zu sortieren verstanden werden, was ein echtes Lexikon ist und wo sich etwas lediglich als vermeintliche Information tarnt.

In einem Interview von 2007 kritisieren Sie, dass auf politischer Ebene das Problem Kinderarmut partiell als individuell beschrieben wird, was dazu führt, dass die Verantwortung zur Ergreifung von Maßnahmen hauptsächlich von der Sozialen Arbeit getragen wird. Sie sagen an dieser Stelle, dass sich die Soziale Arbeit aus diesem Grund stärker politisieren muss, um dem entgegenzuwirken. Was hat sich in diesem Politisierungsprozess seither bis heute getan?

Dass Armut in unserer Gesellschaft ein politisch zu verantwortendes Problem ist, darin stimmen wohl die meisten Armutsforscher:innen überein. Auf der Ebene der Sozialen Arbeit haben wir es daher im Kontakt mit dieser Population fast immer nur mit Sekundärprävention zu tun, d. h. mit der Bekämpfung von Armutsfolgen, weil die Politik das Problem Armut und Kinderarmut nicht entschieden angeht. Mehr als Sekundärprävention kann Soziale Arbeit nur in jenen raren Fällen leisten, in denen mit ihrer Unterstützung eine Reintegration in den Arbeitsmarkt und damit ein Ausstieg aus der prekären Situation gelingt. Leider gibt es meines Wissens keine empirischen Untersuchungen zum Grad der Politisierung der Sozialarbeitenden. In den letzten zehn Jahren hat es immer wieder Appelle an die Profession gegeben, sich auf den politischen Gehalt des eigenen Berufes zu besinnen und sich entsprechend zu artikulieren und zu engagieren. 2012 ist das von Mechthild Seithe herausgegebene Buch: *Repolitisierung und Politisierung Sozialer Arbeit* erschienen, woran sich namhafte Autor:innen, die für diese Position eintreten, beteiligt haben. 2015 hat der Berufsverband der Sozialen Arbeit (DBSH) die sogenannte *Saarbrücker Erklärung* veröffentlicht, in der er seine Mitglieder dazu aufgerufen hat, sich gegen den neoliberalen Trend der Ökonomisierung des Sozialen – und damit auch der Sozialen Arbeit – zu wenden und sich so der eigenen politischen Verantwortung zu stellen. Auch der Bundeskongress Soziale Arbeit endete 2018 mit einem politischen Appell an alle Sozialarbeitenden. Ich zitiere daraus: „Beschäftigte der Sozialen Arbeit sind aufgerufen, ihre Tätigkeit nicht nur als eine methodische, technische und auf Individuen als Problem gerichtete Arbeit zu verstehen, sondern immer auch als eine politisch positionierte Praxis: Sowohl hinsichtlich der Lebensbedingungen von Menschen als auch ihrer eigenen Arbeits- und Beschäftigungsbedingungen". Ähnlich äußern sich auch Veröffentlichungen zum Komplex *Soziale Arbeit und Armut*, so etwa das Buch von Konrad Maier *Armut als Thema der Sozialen Arbeit* (2009) oder die Veröffentlichung von Susanne Gerull *Armut und Ausgrenzung im Kontext sozialer Arbeit* (2011). Auch hier wird die Soziale Arbeit in einem Zusammenhang gesehen, in dem ihr ein politisches Selbstverständnis abverlangt und sie in die Pflicht genommen wird, gegenüber anderen gesellschaftlichen Akteur:innen politisch Position zu beziehen und Ressourcen für das eigene Arbeitsfeld und die eigene Klientel zu erstreiten. Aber trotz aller gegenteiliger Verlautbarungen vermute ich, dass es in der Realität um die Politisierung der Sozialen Arbeit heute nicht gut bestellt ist. Es gibt meines Erachtens zu wenig Anzeichen dafür, dass derartige Haltungen in der Praxis im Vormarsch sind.

Welche Möglichkeiten sehen Sie oder was wäre nötig, um die Kinderarmutsforschung weiterzuentwickeln?

In den letzten anderthalb Jahrzehnten hat die Kinderarmutsforschung in Deutschland einen merklichen Aufschwung erfahren. Eine hilfreiche Übersicht über den Stand der Forschung, über Forschungsphasen und Ansätze kindbezogener Armutsforschung bietet die von der Bertelsmann-Stiftung gesponserte Metastudie von Laubstein, Holz, und Seddig: „Armutsfolgen für Kinder und Jugendliche" (2016). Herausragend bei den bundesrepublikanischen Kinderarmutsstudien ist die einzige Langzeitstudie, initiiert vom Arbeiterwohlfahrt Bundesverband und durchgeführt vom Institut für Sozialarbeit und Sozialpädagogik in Frankfurt (AWO-ISS-Studie); sie hat Kinder vom Vorschulalter bis neuerdings ins junge Erwachsenenalter begleitet und befragt. Daneben gibt es seit neuerem eine Reihe von Studien mit unterschiedlichen Forschungsansätzen, die das Thema aufgreifen (z.B. von Sabine Andresen, Universität Frankfurt, die unter anderem das Thema auch in die World Vision Kinder-Studien integriert hat). Sabine

Andresen hat 2014 einen Überblick über Diskussionen und Befunde aus der Kindheitsforschung zum Thema „Mit Mangelerfahrungen aufwachsen" gegeben. Darin wünscht sie sich vor allem Studien, die die eingeschränkten Handlungs- und Entscheidungsspielräume der Kinder thematisieren. Diesem Wunsch kann ich mich voll anschließen, weil nur über diese Fragestellung Einblick in durch Armut hervorgerufene kindheitsspezifische Einschränkungen erlangt werden kann, aus denen sich daraus abzuleitende Handlungsempfehlungen ergeben. Außerdem wäre es wünschenswert, dass es zukünftig mehr regionalspezifische Studien gäbe, vor allem auch eine größere Vielfalt von Untersuchungen, die zwischen Großstädten, mittelgroßen Städten und dem Land unterscheiden. Lassen Sie es mich etwas polemisch formulieren: Mittlerweile scheint es mir weniger an Erkenntnissen der Kinderarmutsforschung zu fehlen als an der Bereitschaft der „großen Politik", daraus die notwendigen Konsequenzen zu ziehen.

Welche Institutionen sind Ihrer Meinung nach für die kindbezogene Armutsprävention bzw. -bekämpfung verantwortlich und warum?

Ich bin eine entschiedene Verfechterin der *Präventionskettenidee*. Gemeint ist damit, dass Armutsprävention in alle Angebote der Kinder-, Jugend- und Familienarbeit integriert wird, angefangen bei der Schwangerenberatung und den frühen Hilfen, der sozialpädagogischen Familienhilfe und den stadtteilbezogenen Angeboten für Kinder und Jugendliche, bei der Kita über die Grundschule (Schulsozialarbeit) und weiterführende Schulen bis hin zur Berufsberatung und Begleitung in den Berufseinstieg. Neben den Fachkräften in den kommunalen Diensten sind dabei alle Beschäftigten in den Angeboten der freien Wohlfahrtspflege, aber auch alle diejenigen angesprochen, die in ehrenamtlichen Initiativen im Kinder- und Jugendbereich aktiv sind. Das Stichwort dafür heißt: armutssensibles Handeln, und methodisch könnte sich an der Idee der Resilienzförderung mit ihrem breitgespannten Handlungsspektrum orientiert werden.

Armutsprävention stellt eine gesellschaftliche Verpflichtung dar. Was können die einzelnen Bürger:innen tun, um dem nachzukommen?

Da es sich bei Armut um ein gesellschaftlich verursachtes und strukturell angelegtes Problem handelt, bin ich etwas zögerlich, wenn Sie mich danach fragen, was jede:r Einzelne zur Lösung beitragen könnte. Sicherlich ist es wichtig, dass alle dazu politisch Position beziehen, sich informieren und für die Lage der Betroffenen Verständnis entwickeln könnten. Bei der Frage, welche Partei gewählt werden soll, könnte darauf geachtet werden, welchen Stellenwert in dem jeweiligen Programm die Bekämpfung von Kinderarmut – und von Armut generell – einnimmt. Sie oder er kann sich auch ehrenamtlich in einer entsprechenden Initiative engagieren, zum Beispiel eine Patenschaft für ein in Armutsverhältnissen aufwachsendes Kind übernehmen. Wir müssen wieder lernen, nicht nur in Konkurrenz und Wettbewerb individualistisch auf unser eigenes Fortkommen zu achten, sondern mehr solidarisch zu fühlen, zu denken und zu handeln. Sonst werden in unserer Gesellschaft vorrangig die Bedürfnisse jener befriedigt werden, die am lautesten und vor allem am machtvollsten schreien.

Vielen Dank für dieses Gespräch.

Literaturtipps

Göppel, Rolf/Zander, Margherita (Hrsg.) (2017): Resilienz aus der Sicht der betroffenen Subjekte. Weinheim, Basel: Beltz Juventa.

Zander, Margherita (2015): Laut gegen Armut, leise für Resilienz. Weinheim: Beltz Juventa.

Zander, Margherita (2011): Handbuch Resilienzförderung. Wiesbaden: VS Verlag.

Zander, Margherita (Hrsg.) (2010): Kinderarmut. Einführendes Handbuch für Forschung und soziale Praxis. 2. Aufl. Wiesbaden: VS Verlag.

Zander, Margherita (2008): Armes Kind - starkes Kind? Die Chance der Resilienz. Wiesbaden: VS Verlag.

Weitere im Text verwendete oder angesprochene Literatur und Quellen

10. Kinder- und Jugendbericht (1998): Bericht über die Lebenssituation von Kindern und die Leistungen der Kinderhilfen in Deutschland. Bundesministerium für Familien, Senioren, Frauen und Jugend. Berlin.

Andresen, Sabine (2014): Mit Mangelerfahrungen aufwachsen: Diskussionen und Befunde aus der Kindheitsforschung. In: Diskurs Kindheits- und Jugendforschung, 4/2014, S. 409–419. https://doi.org/10.3224/diskurs.v9i4.17289 [20.12.2021].

AWO Bundesverband (2019): AWO-ISS-Langzeitstudie zu (Langzeit-)Folgen von Armut im Lebensverlauf. Frankfurt: ISS Eigenverlag.

Bundeskongress Soziale Arbeit (2018): Der Wert des Sozialen – Der Wert der Sozialen Arbeit. https://idw-online.de/de/attachmentdata66539 [20.12.2021].

Butterwegge, Christoph/Holm, Karin/Zander, Margherita (2004): Armut und Kindheit. Ein regionaler, nationaler und internationaler Vergleich. Wiesbaden: VS Verlag.

Daniel, Brigid/Wassell, Sally (2002): The School Years: Assessing and promoting resilience in vulnerable children. London/ Philadelphia: Jessica Kingsley Publishers.

Deutscher Berufsverband für Soziale Arbeit (DBSH) (2005): Saarbrücker Erklärung. https://www.dbsh.de/sozialpolitik/sozialpolitische-veroeffentlichungen/saarbrueckererklaerung.html [20.12.2021].

Forsa Studie (2021): Nutzung digitaler Medien im Kindes- und Jugendalter – Wiederholungsbefragung (Längsschnittuntersuchung). Ergebnisse einer Eltern-Kind-Befragung mit forsa.omninet. Forsa Politik- und Sozialforschung GmbH, Berlin: Forsa Politik- und Sozialforschung GmbH.

Gerull, Susanne (2011): Armut und Ausgrenzung im Kontext Sozialer Arbeit. Weinheim: Juventa.

Laubstein, Claudia/Holz, Gerda/Seddig, Nadine (2016): Armutsfolgen für Kinder und Jugendliche – Erkenntnisse aus empirischen Studien in Deutschland. Gütersloh: Bertelsmann Stiftung.

Maier, Konrad (Hrsg.) (2009): Armut als Thema der Sozialen Arbeit. Freiburg: Verlag Forschung – Entwicklung – Lehre.

Richter, Antje (2000): Wie erleben und bewältigen Kinder Armut? Eine qualitative Studie über die Belastungen aus Unterversorgungslagen und ihre Bewältigung aus subjektiver Sicht von Grundschulkindern in einer ländlichen Region. Aachen: Shaker.

Seithe, Mechthild (Hrsg.) (2012): Repolitisierung und Politisierung der Sozialen Arbeit. Wiesbaden: VS Verlag.

Zander, Margherita (2015): Laut gegen Armut, leise für Resilienz. Vortrag zur Resilienzförderung als Neuorientierung in der kommunalen Armutsprävention am 03.12.2015. https://www.braunschweig.de/leben/soziales/kinderarmut/Prof._M._Zander_laut_gegen_Armut_leise_fuer_Resilienz.pdf [20.12.2021].

Zander, Margherita (2007): Soziale Arbeit und Armut – ein Interview. In: Der pädagogische Blick 15, S. 82–88. Weinheim: Beltz Juventa.

Zander, Margherita (2021): Öffentlicher Internetauftritt von Margherita Zander. http://www.margherita-zander.de [20.12.2021].

Leonie Lobbe, Sandra Gitzel und Sebastian Horn

Kinderarmut und Digitalisierung
Ein Interview mit Nadia Kutscher

Seit Beginn der Covid-19-Pandemie in den letzten Jahren haben wir in unserem persönlichen Umfeld viele Erfahrungen in Bezug auf Home-Studying und einer deutlich intensiveren Mediennutzung gemacht und standen vor Problemen, die uns vorher nicht oder zumindest weniger beschäftigt haben: Für die Online-Vorlesungen brauchten wir eine funktionierende Webcam, ein Mikrofon, Laptops oder Computer, eine stabile Internetverbindung und E-Learning-Material, weil die Bibliotheken geschlossen und nur eingeschränkt zugänglich waren. Vor diesem Hintergrund hat sich uns dann während des Studiums zur komplexen Thematik der Kinderarmut die Frage gestellt, wie in Armutsverhältnissen lebende Kinder und Jugendliche mit den Digitalisierungsprozessen im Bereich von Bildungsinstitutionen umgehen beziehungsweise in welcher Form sie von digitaler Ungleichheit betroffen sind.

In diesem Zusammenhang sind wir auf Arbeiten von *Professorin Dr. Nadia Kutscher* gestoßen. Die Ungleichheitsforscherin ist 1972 in München geboren und aufgewachsen und schloss 1996 mit dem Diplom ihr Studium der Sozialarbeit/Sozialpädagogik in München ab. Von da an war sie vor allem in der Jugendarbeit aktiv: zunächst als Bundesleiterin der Katholischen Studierenden Jugend (KSJ) und später als Referentin für internationale und politische Jugendbildung in Hedwig-Dransfeld/Bendorf. Sie war Mitglied des Graduiertenkollegs der Deutschen Forschungsgesellschaft (DFG) „Jugendhilfe im Wandel" an der Universität Bielefeld und promovierte dort 2002 in Erziehungswissenschaften. An der Universität Bielefeld arbeitete Nadia Kutscher als Projektkoordinatorin des Kompetenzzentrums informelle Bildung (KIB) sowie in der wissenschaftlichen Begleitung der Bundesinitiative „Jugend ans Netz". Seit 2006 arbeitete sie als Professorin für Soziale Arbeit an den Hochschulen und Universitäten in Aachen, Köln und Vechta. Aktuell ist sie als Professorin für Erziehungshilfe und Soziale Arbeit an der Universität zu Köln tätig und forscht in verschiedenen Projekten im Bereich Digitalisierung und Bildungsteilhabe. Für uns von besonderem Interesse ist ihre Arbeit zu den Themen Digitalisierung und Digitalität in der Sozialen Arbeit, Digitale Mediennutzung im Kontext von Kindheit, Jugend und Familie, Digitale Ungleichheit und Bildung und soziale Ungleichheit.

So übernahm sie beispielsweise die Koordination der wissenschaftlichen Begleitung der Bundesinitiative „Jugend ans Netz": Mediensozialisation von Jugendlichen, soziale Ungleichheit und informelle Bildung und begleitete das Modellprojekt „Digitale Medien in der frühkindlichen Bildung" des Ministeriums für Kinder, Familie, Flüchtlinge und Integration NRW. Darüber hinaus engagierte sie sich in mehreren Projekten zur Jugendpolitik im Zusammenhang mit digitalen Medien und veröffentlichte gemeinsam mit Ramona Bouillon die Studie „Kinder. Bilder. Rechte" (2018), welche den Umgang mit digitalen Medien in Familien untersucht. Einige Ergebnisse dieser Studie sind auch für das Thema der digitalen Ungleichheit im Kontext von Kinderarmut relevant (www.hf.uni-koeln.de).

Mit der zunehmenden Relevanz digitaler Medien in unserem Alltag steigt auch der Diskussionsbedarf der Sozialen Arbeit rund um die Themen Digitalisierung und digitale Ungleichheit. In einer digital vernetzten Welt werden unsere Gesellschaft und unsere Kultur von Technologien wie dem Internet und sozialen Netzwerken sehr geprägt. Heute haben 84 Prozent der Bevölkerung Zugang zu digitalen Medien (Initiative D21 2018), bei Jugendlichen sind es sogar 99 Prozent (MPFS 2020). Die massenhafte Verbreitung von Computern und Smartphones hat dazu beigetragen, dass die regelmäßige und auch mobile Mediennutzung quer durch alle Altersgruppen zur Normalität geworden ist.

Im Interview sprechen wir mit Nadia Kutscher darüber, dass Kinder, die in Armuts- und Benachteiligungslagen aufwachsen, andere Zugänge zu technischen Medien haben und erfragen Auswirkungen, die die unterschiedliche Teilhabe mit sich bringt. Darüber spricht Kutscher auch in ihrem Beitrag im Handbuch Kinderarmut von 2020. Sie beschreibt darin die Art der Mediennutzung als „wenig diversifiziert und intensiver" in Bezug auf unterhaltungsbezogene „Medien wie Fernsehen, Video, Filme auf YouTube oder Computerspiele" (Kutscher 2020: 154). Hierdurch entsteht die Tendenz, dass diese Kinder häufiger mit entwicklungsgefährdenden Inhalten konfrontiert werden. Zwar könnte durch entsprechende Medienerziehung und -befähigung diese Tendenz ausgeglichen werden, jedoch zeigt sich an dieser Stelle das nächste Problem. Denn in ressourcenunterprivilegierten Familien verfügen die Eltern in vielen Fällen selbst nicht über die notwendigen Fähigkeiten, was vor allem auch durch einen anderen lebensweltlichen Alltag zu begründen ist (vgl. ebd.: 154f.). Die benötigten Kenntnisse werden ansatzweise in der Schule vermittelt und „in ressourcenreichen Familien eher zuhause aufgenommen und fortgesetzt", was in den Bildungseinrichtungen durch wenig differenziertes Fachwissen zu Ungleichheitsmechanismen nicht ausgeglichen werden kann und diese für die Kinder unserer Zielgruppe weiter verschärft (ebd.: 156), was zusätzlich die Anschlussfähigkeit an die Anforderungen des Bildungssystems verschlechtert (vgl. ebd.: 155).

In der Diskussion um digitale Ungleichheit wird von drei Leveln gesprochen, die sich auf den Medienzugang (First-Level Digital Divide), die Mediennutzung (Second-Level Digital Divide), sowie infrastrukturell bedingter Ungleichheiten (Third-/Zero-Level Digital Divide) beziehen. Die unter Third- oder Zero-Level Digital Divide zusammengefassten „Spaltungen und Ungleichheiten werden deutlich an Phänomenen wie der Personalisierung von Internetdiensten, an dem Diskurs um Netzneutralität und Priorisierung sowie an Zugangs- und Nutzungsunterschieden im Bereich mobiler Mediennutzung" (Iske/Kutscher 2020: 120).

„Auswirkungen des zunehmenden Einsatzes von Entscheidungsverfahren mit Hilfe automatischer, algorithmisch basierter Methoden aber auch von soziotechnischen Systemen, die Folgen für den Lebensalltag der Adressat*innen Sozialer Arbeit haben, zeigen, dass der Umgang mit Informationen und Wissen aber auch Teilhabemöglichkeiten an Gesellschaft sich in Wandlungsprozessen befinden, die auch Fragen sozialer Ungleichheit berühren" (ebd.: 115). Zu diesem weitfassenden Thema Digitalisierung, soziale Ungleichheit und Kinderarmut konnte Nadia Kutscher uns ein tieferes Verständnis und viele interessante Erkenntnisse ermöglichen.

Zu Beginn eine persönliche Frage: Wie sind Sie darauf gekommen, sich mit dem Thema Kinderarmut in Bezug auf digitale Medien zu beschäftigen?

Mein Ausgangspunkt sind vor allem die digitalen Medien. Hier rückt auch das Thema Kinderarmut, wobei ich das jetzt nicht primär alleine als Kinderarmut bezeichnen würde, in den Blick. Ich habe vor inzwischen 20 Jahren angefangen, mich mit dem Aufwachsen von Kindern und Jugendlichen, damals noch mit dem Schwerpunkt auf Jugendliche, in einer digitalisierten Gesellschaft zu beschäftigen. Damals hatten wir an der Uni Bielefeld die wissenschaftliche Begleitung der Bundesinitiative „Jugend ans Netz", die ein bundesweites Programm des Bundesfamilienministeriums war. Dort war ich als wissenschaftliche Mitarbeiterin die Koordinatorin des Projekts, in dem wir sehr schnell auf Ungleichheitsfragen gestoßen sind. Es gab die Debatte: Alle Jugendlichen gehen ins Netz und wir haben eher eine digitale Kluft zwischen den Alten und den Jungen. Es wurde jedoch zunehmend sichtbar, dass wir nicht nur von einer Zugangskluft sprechen müssen, sondern von einer Kluft, die sich innerhalb der Nutzung zeigt. Diese hat sehr stark, aber nicht nur, mit Bildungsungleichheiten zu tun, sondern, man könnte das gut mit Bourdieu erklären, soziales, ökonomisches und kulturelles Kapital, die alle eine Rolle dafür spielen, wer wie das Internet nutzen kann. An dieser Stelle haben wir uns über mehrere Jahre vor allen Dingen mit Jugendlichen befasst, dann aber zum Beispiel auch Studien mit Online- Beratungsangeboten für Kinder und Jugendliche umgesetzt und erstmalig auch jüngere Kinder befragt. Im Laufe der Jahre hat sich der Fokus auf die Bereiche Familie, Kindheit und Kita gerichtet. In diesen Bereichen, insbesondere in der Kita, aber auch unabhängig davon, haben wir dann auch Studien mit Familien durchgeführt. Als wir mit den Familien geforscht haben, waren die Kinder in einem Alter von circa 6 Jahren. Und in den Kitas natürlich auch mit Kindern jüngeren Alters, wobei wir hier nicht die Kinder selbst, sondern die Eltern und die Erzieher:innen gefragt haben bzw. ethnografisch beobachtend in den Einrichtungen waren. So sind wir schlussendlich auf die Kinder gekommen, bei denen sich erneut diese Ungleichheitsfragen gezeigt haben. Aus diesem Grund würde ich weniger von Kinderarmut sprechen, wie der Titel des Buches lautet, in dessen Zusammenhang ich ja für einen Beitrag angefragt worden bin, in dem wir auch über das berichtet haben, was wir in unseren Forschungen festgestellt haben. Aber ich würde es eben nicht an Armut in engerem Sinn ausschließlich festmachen, sondern an sozialen Benachteiligungsfragen und -strukturen, die über den ökonomischen Armutsbegriff hinausgehen.

Wie würden Sie aus persönlicher oder aus wissenschaftlicher Perspektive Kinderarmut definieren?

Also es gibt da ja unterschiedliche Definitionen. Wird ein engerer Armutsbegriff gewählt, bezieht sich dieser auf ökonomische Ressourcen und wählt beispielsweise die Verfügbarkeit von materiellen Ressourcen sozusagen als den Hauptbezug von Benachteiligung. Und es spricht ja auch sehr vieles dafür, deswegen gibt es beispielsweise ja auch die Debatte um die Kindergrundsicherung. Familien in Armutslagen, die zum Beispiel auch mit Arbeitslosengeld II oder Grundsicherung zu tun haben, können ihre Kinder nur unter sehr eingeschränkten Bedingungen begleiten. Wie wir aber von Bourdieu wissen, geht es dann nicht nur um ökonomisch eingeschränkte Ressourcen, sondern ganz häufig sind diese mit Bildungsbenachteiligung gekoppelt, also einem Mangel an kulturellem Kapital oder auch einer Benachteiligung in Bezug auf das soziale Kapital, d. h. Beziehungsnetzwerke, über die dann wiederum Ressourcen verfügbar werden. Der Armutsbegriff suggeriert sehr stark die Fokussierung auf die ökonomischen Bedingungen, die ich selbstverständlich für besonders wirkmächtig halte. Wir hatten zwar auch schon eine Debatte Mitte der 2000er-Jahre, ob wir über Bildung sozusagen alles lösen können. Wir bilden die Leute einfach und dann ist das Problem gelöst. Doch daraus folgt genau das, was Bourdieu sagt beziehungsweise was auch der Capability-Ansatz sehr gut erklärt: Wir können, wenn wir nur auf der Ebene des kulturellen Kapitals etwas verändern beziehungsweise wenn sich die strukturellen Bedingungen und die Verwirklichungschancen nicht mit verändern, am Subjekt so viel bilden wie wir wollen, doch die Benachteiligungsstrukturen bleiben. Deswegen würde ich zustimmen, dass die ökonomischen Bedingungen zwar ein ganz wichtiger Faktor sind, aber eben ganz eng mit anderen Bedingungen zusammenspielen und der Blick ausschließlich auf die ökonomische Lage zu kurz greift, um die Mechanismen zu erklären.

Wäre eine einheitliche Definition von Kinderarmut wichtig für den Umgang mit Kinderarmut und wie könnte diese den gesellschaftlichen und politischen Diskurs beeinflussen?

Diese Sache mit den einheitlichen Definitionen finde ich schwierig in der heutigen Zeit. Ich glaube, die eindeutigen Definitionen gibt es nicht mehr. Aber es ist wichtig, die Bezüge der jeweiligen Definitionen sichtbar und transparent zu machen. Also was ist gemeint, wenn von bestimmten Formen von Armut gesprochen wird? Meinen wir entweder, wenn wir von (Kinder-)Armut sprechen, vor allem ökonomisch eingeschränkte Ressourcen? Oder meinen wir, wenn wir von Armut sprechen (das habe ich in meinem Beitrag, im Handbuch Kinderarmut auch gemacht), dass (Kinder-)Armut nicht entkoppelt von der Situation der Familie betrachtet oder gedacht werden kann. Weil die natürlich vor allen Dingen dadurch zustande kommt, dass die Eltern und die Familie unter bestimmten Bedingungen leben müssen und nicht unabhängig davon entsteht. Aber die Kinder sind in diesem Zusammenhang die vulnerabelsten. Diese Explikationen braucht es, sobald wir einen solchen Begriff benutzen, weil sehr viele unterschiedliche Bedeutungen damit verknüpft sein können.

Inwiefern werden soziale Ungleichheit und Kinderarmut in den beziehungsweise durch die digitalen Medien reproduziert und inwiefern beeinflusst dies die soziale Teilhabe der von Armut betroffenen Kinder?

Ich kann da nochmal anknüpfen an das, was ich gerade gesagt habe: Also das Entscheidende für die Kinder sind die Bedingungen in der Familie, konkret der Eltern. Das ist der Rahmen, innerhalb dessen sich digitale Mediennutzung hauptsächlich entfaltet - also Familie als erster Sozialisationsort ist, auch nach Bourdieu, der Ort, an dem all das primär vermittelt wird, was als selbstverständlicher Habitus, als Fähigkeiten, als Ressourcen zur Verfügung steht. Alles, was in der Familie oder im sehr engen Umfeld nicht selbstverständlicherweise in der Sozialisation, flapsig gesagt, mitgenommen werden kann, sich jedoch angeeignet werden möchte, bedeutet viel Arbeit und benötigt entsprechende Bedingungen. Das gilt eben auch für das ganze Feld der digitalen Medien. Wir haben Diskurse in der Gesellschaft, die sagen: „Schaut euch doch diese armen Familien an, da stehen lauter Playstations rum, und die haben alles Mögliche." Das ist in vielerlei Hinsicht auch korrekt. Aber viele dieser Medienanschaffungen sind auch mit Verschuldung verbunden. Dass sie verfügbar sind, heißt nicht, dass die Leute viel Geld haben, sondern dass es offensichtlich Investitionsentscheidungen in solche Medien gibt. Wenn wir über sozial benachteiligte Familien sprechen, die häufig in öffentlichen Darstellungen als sogenannte Unterschichtsfamilien thematisiert werden, dann haben diese in der Regel bestimmte Formen von digitalen Geräten – aber bestimmte eben auch nicht. An dieser Stelle sind wir wieder bei Bourdieu: Es wird ein bestimmtes inkorporiertes, kulturelles Kapital benötigt, um mit bestimmtem objektiviertem kulturellem Kapital umgehen zu können oder auch um etwas bestimmtes im Alltag für relevant zu erachten. Eine Playstation, die dem Zeitvertreib dient und mit der Spiele gespielt werden können, braucht ein anderes inkorporiertes, kulturelles Kapital, also bestimmte Fähigkeiten des Umgangs mit den Inhalten, als beispielsweise ein Lernspiel, eine Bildungssoftware oder leseintensive digitale Angebote. Das heißt, diese digitalen Geräte oder auch Dienste, die vorhanden sind und die im Alltag der Familien eine Rolle spielen, hängen sehr eng damit zusammen, welches inkorporiertes, kulturelle Kapital, also welche Bildung der Eltern, vorhanden ist, um sich bestimmte Dinge anzuschaffen beziehungsweise um mit diesen umzugehen. Bildung ist nicht nur im Sinne formaler Abschlüsse zu verstehen, sondern auch im Sinne der Erlangung bestimmter Fähigkeiten, Wissen und so weiter.

Wir haben das gerade auch im Zuge der verschiedenen Lockdown-Phasen im digitalen oder Fernbeschulen gesehen, dass das Vorhandensein bestimmter Dienste und Geräte, die Fähigkeiten im Umgang damit und eben auch die Fähigkeiten die Kinder im Umgang damit zu begleiten, sehr viel mit sozialer Ungleichheit zu tun haben. Hier passiert es, dass die einen schneller abgehängt werden. Deutlich wird das an Fragestellungen wie: Verstehe ich die Aufgabe? Kann ich damit umgehen? Kann ich damit auch eigenständig oder nur mit Unterstützung meiner Familie umgehen oder brauche ich andere, die mir dabei helfen, weil in meinem sozialen Nahraum diese Fähigkeiten und diese Unterstützung gar nicht vorhanden sind? Damit haben wir die eine Ebene der Ungleichheiten und wir haben damit aber auch einen Alltag verbunden, in dem sich bestimmte Fähigkeiten entfalten können oder eben nicht. Das hat nichts mit Motivation oder Willen der Eltern zu tun. Wir wissen aus vielen Studien, zum Beispiel von Annette Lareau, Rahel Jünger oder Tanja Betz und anderen, dass gerade sozial benachteiligten Eltern klar ist, wie entscheidend die Schule und wie wichtig Bildung ist. Gleichzeitig erleben diese Eltern, dass sie aufgrund ihrer mangelnden Ressourcen ihre Kinder nicht gut begleiten können. Das spiegelt sich genau so auch in Bezug auf digitale Medien. Das haben wir in einigen der Familien gesehen, die wir für unsere Studie „Kinder. Bilder. Rechte" (2018) interviewt haben. Eltern erleben sich als hilflos und sind deswegen auf öffentliche Institutionen, also auf die Kita, die Schule oder andere Kinder- und Jugendhilfebereiche angewiesen. Wir haben dann noch einmal implizit durch die neueren Entwicklungen im Bereich des Digitalen das Problem, dass, wenn bestimmte Dienste genutzt werden, gleichzeitig sehr viele Daten gesammelt werden und diese Daten sich dann wiederum für sozial Benachteiligte problematisch auswirken können. Es geht hier um die Metadatensammlung, die Sammlung von personenbezogenen Profilen, die dann, wenn über Kinder schon sehr früh Daten preisgegeben werden oder die Kinder mit zunehmendem eigenem Medienhandeln Daten über sich preisgeben, die Chancen der Kinder sehr deutlich beeinflussen kann. Das kann langfristig Einfluss auf Versicherungen und Kredite haben, die sie vielleicht einmal brauchen werden, kann aber auch schon mittelfristiger Einfluss nehmen, wenn es darum geht, was Kinder eigentlich brauchen, wie sie sich im Netz bewegen und ob sie als Jugendliche:r bei algorithmenbasierten Scoringprozessen möglicherweise schneller in eine riskantere Kategorie geschoben werden. und so weiter. Das gilt natürlich auch für die Eltern immer dann, wenn metadatenbasiert Einschätzungen vorgenommen werden. Das heißt, wir haben hier tatsächlich eine ersthafte Gefährdung von Kinderrechten mit Blick auf ihre Zukunft und auch mit Blick auf ihre ökonomische Ausbeutung. Aktuell werden zunehmende Regulierungen dafür gesucht und teils auch geschaffen – insbesondere auf EU-Ebene –, deren Durchsetzung spannend wird.

Zusammengefasst haben wir unterschiedliche Ebenen. Die Ebene des eigenen Handelns der Eltern und der Kinder und hier die begrenzten Fähigkeiten aufgrund von sozialer Benachteiligung, die jetzt nicht ursächlich aus dem Digitalen kommen, aber sich dort eben auch spiegeln. Und dann die Ebene der mittelbaren Folgen, die sich aus der Datenaggregation, eben auch gerade für sozial Benachteiligte, ergeben. In diesem Zusammenhang spielen Einrichtungen wie Kitas oder auch andere Bereiche der Kinder- und Jugendhilfe wie Erziehungsberatung und so weiter eine sehr wichtige Rolle, weil hier die entscheidende Frage lautet: Können diese Institutionen das kompensieren, was die Familie nicht möglich machen kann?

In welcher Hinsicht ist die Digitalisierung innerhalb der Sozialen Arbeit – gerade mit Blick auf die Themen soziale Ungleichheit und Kinderarmut – notwendig?

Ich glaube, es braucht eine Auseinandersetzung mit Digitalisierung. Ganz häufig gibt es ein Missverständnis, wenn es um Medienbildung oder Digitalisierung geht, da immer alle denken: „Jetzt müssten wir alles mit digitalen Geräten machen oder möglichst viel digitalisieren." Das halte ich für sehr problematisch, weil es viele Aspekte der Digitalisierung gibt, die aus fachlicher Sicht wenig sinnvoll sind und vielmehr sehr differenziert darauf geschaut werden muss, an welchen Stellen etwas eigentlich Sinn macht und an welchen Stellen etwas auch Ausschluss bedeuten kann. Wenn beispielsweise eine Kita oder eine Erziehungsberatungsstelle sagt: „Wir bieten unser Angebot oder den Austausch mit den Eltern auf einem bestimmten digitalen Weg an", dann muss nochmal gut geschaut werden, welche Eltern durch diesen Weg möglicherweise ausgeschlossen werden. Welche Aspekte benötigen bestimmte Voraussetzungen? Allein etwas digital zu machen, heißt noch nicht, dass Dinge besser kompensiert, ausgeglichen oder bestimmte benachteiligte Zielgruppen besser erreicht werden können. Studien belegen eher das Gegenteil, wenn es um wirkmächtige Beteiligung geht. Aber es kann natürlich auch an verschiedenen Stellen niedrigschwellige Zugänge eröffnen. Was ich aber tatsächlich eine sehr spannende Frage finde, ist: Wovon reden wir, wenn wir von Sozialer Arbeit sprechen mit Blick auf Kinder und Familien? Es geht dann um Familienbildung, es geht um Beratungsstellen, es geht vielleicht auch um die stationären Hilfen im Erziehungsbereich oder um ambulante Hilfen zur Erziehung, aber auch um den Kitabereich. Interessanterweise, wie ich seit inzwischen 14 Jahren beobachten konnte, scheint das Thema soziale Ungleichheit in der Ausbildung von Fachkräften für die Kindertagesbetreuung, also Erzieher:innen, eine sehr geringe Rolle zu spielen. Genauso die Themen Digitalität und Digitalisierung, wobei sich da im Kitabereich aktuell etwas auf Trägerebene aber noch nicht in der Ausbildung ändert. Das heißt, wir haben zwei sehr wichtige Themen, die in der Ausbildung aktuell noch zu wenig berücksichtigt werden und bei denen es dann manchmal eher Glückssache ist, ob die Fachkräfte in der Lage sind, diese zu reflektieren und in der Gestaltung ihrer Unterstützung bewusst in den Blick zu nehmen. Erstaunlich finde ich auch, dass bis heute, insbesondere im Kitabereich, aber auch in anderen Bereichen, wenn es um digitale Medien geht, manchmal sehr schnell alles Mögliche gemacht wird, ohne nochmal genau hinzusehen: Wie voraussetzungsvoll ist das denn für manche Zielgruppen? Welche Brückenangebote braucht es möglicherweise, die dann eben auch nicht digital sind?

Vor 15 Jahren gab es teilweise die Haltung, aus allem eine Plattform im Internet zu erstellen, um damit das Problem zu lösen. Unter anderem auch für Erzieher:innen, was damals überhaupt nicht funktioniert hat. Das hat sich inzwischen ein Stück weit geändert, aber weiterhin muss überlegt werden, was braucht es eigentlich für welche Zielgruppen. Diese Überlegung ist auch im digitalen Bereich regelmäßig anzustellen. Es reicht nicht zu sagen „Weil es im Internet ist, ist es für alle erreichbar" oder: "Weil es für alle so einfach ist WhatsApp zu nutzen, nutzen wir das auch". Oft wird dabei nicht mehr reflektiert, welche Folgen diese Haltung beispielsweise bezüglich der Metadatensammlung haben kann oder welche Nutzung welcher Voraussetzungen bedarf. Das halte ich für eine ganz wichtige Frage, denn es geht nicht einfach um Digitalisierung, sondern um die Auseinandersetzung mit Digitalität und Digitalisierung in Verbindung mit den Ungleichheitsfragen.

Welche Rolle könnte oder sollte die Soziale Arbeit bei der Thematisierung und Sensibilisierung von digitaler Ungleichheit spielen?

Ich glaube, das muss auf unterschiedlichen Ebenen betrachtet werden. Auf der Mikroebene, bezüglich der Fachkräfte aus unterschiedlichen Feldern der Sozialen Arbeit, die sich fragen, was sie eigentlich tun müssen, würde ich zuerst empfehlen, den Fokus auf die Zielgruppe zu legen. Mit welcher Zielgruppe haben sie es zu tun? Welche Erfahrungen, Fähigkeiten und Ressourcen bringen sie aus ihrem Alltag mit? Was muss im Sinne von nicht-digitalen Brückenangeboten oder Ausstattungen für die Adressat:innen vielleicht kompensiert werden. Oder bedarf es anderer Unterstützungsangebote? In einer inzwischen abgeschlossenen Studie von uns zeigte sich, dass während der Lockdown-Zeit im vorletzten Jahr zum Beispiel Schulsozialarbeiter:innen eine ganz wichtige Funktion übernommen haben. Nämlich für junge Geflüchtete im Übersetzen zwischen ihnen und der Schule, die ganz selbstverständlich digitalen Unterricht gemacht, aber überhaupt nicht berücksichtigt hat, dass die Jugendlichen keinen Zugang zu den Geräten hatten, geschweige denn sprachlich mit ihnen zurechtkamen. Dieser Aspekt kann auch allgemein auf Schüler:innen übertragen werden.

Dann gibt es die Ebene der Träger:innen und welche Rolle diese spielen. Wie wird strukturell darauf geachtet, dass die Fachkräfte dafür qualifiziert werden, um diese Fragen der Digitalisierung in den Blick zu nehmen? Wie stark spielt das auf einer konzeptionellen Ebene eine Rolle, dass bewusst darauf geschaut wird? Das wäre auch personenunabhängig die Frage, wie sehr es für die Träger eine Rolle spielt. Dann kommt auch noch die Aufgabe der Träger dazu, entsprechende Ressourcen für Ausstattung und ähnliches, aber auch Zeit für eine Auseinandersetzung zu diesen Themen zur Verfügung zu stellen. Zusätzlich müssen die Lobbyorganisationen der Zielgruppen, mit denen sie arbeiten, diese Themen in die Öffentlichkeit transportieren. Die Träger der Kinder- und Jugendhilfe beschäftigen, wie Thomas Rauschenbach immer gerne sagt, so viele Leute wie die deutsche Automobilindustrie. Wenn nun all diese Fachkräfte in die Öffentlichkeit gehen und sagen würden: "Wir wollen digitalisieren, aber es gibt die und die Probleme, die ein datensicheres Arbeiten unmöglich machen. Wir brauchen datensichere Strukturen und wir brauchen eine Inpflichtnahme der Anbieter:innen, die solche Kompensationsstrukturen absichern", dann würde das auch politisch möglicherweise noch einmal mehr hörbar.

Dann kommen wir auch auf die politische Ebene. Wir brauchen eine Inpflichtnahme auch der Anbieter:innen, die eben auch solche Kompensationsstrukturen absichern. Aktuell wird die Frage, ob es eine Digitalstrategie der Kinder- und Jugendhilfe geben sollte diskutiert. Im Bereich der Bildung gab es bereits vor 20 Jahren mit der Ausstattungs- und Konzeptentwicklungsinitiative "Schulen ans Netz" eine Auseinandersetzung mit dem Thema Digitalisierung in den Schulen und heute wird mit dem "Digitalpakt Schule" über die Themen diskutiert, als hätte es noch nie eine solche Initiative gegeben. Eine ähnliche Entwicklung ist auch in der Kinder- und Jugendhilfe zu sehen. Ebenso gab es vor 20 Jahren auch mit „Jugend ans Netz" eine bundesweite Ausstattungsinitiative für Kinder- und Jugendhilfeeinrichtungen und die Entwicklung entsprechender Strukturen. Da lag der Fokus vor allem auf den Jugendlichen und jetzt wird eine Digitalstrategie diskutiert, in der genau diese Dinge wieder im Fokus stehen, nämlich wie ungleiche Ausgangsbedingungen kompensiert werden können. Wie können wir in die Förderung über die Kinder- und Jugendpläne ausdrücklich auch die Ausstattung der Adressat:innen der Kinder- und Jugendhilfe integrieren? Da verändert sich aktuell schon etwas bei den Landeskinder- und jugendplänen. Aber die Qualifizierung von Fachkräften wird noch viel zu wenig berücksichtigt. Im Moment gerät diesbezüglich einiges auf politischer Ebene in Bewegung, jedoch sind wir noch lange nicht am Ende der Fahnenstange. Deswegen würde ich sagen, gibt es die Ebene der Fachkräfte, die Ebene der Träger:innen und die Ebene der Politik, die gemeinsam eine Verantwortung haben.

Inwiefern könnten die Soziale Arbeit und öffentliche Bildungseinrichtungen Angebote für Kinder und Jugendliche schaffen, die das Bewusstsein für digitale Medien und die Reproduktion von sozialer Ungleichheit fördern und so unterstützende/kompensierende Funktionen übernehmen könnten?

Allen voran geht es meiner Meinung nach nicht nur um die Angebote für Kinder und Jugendliche. Da würde man das Problem individualisieren und nur an den Kindern und Jugendlichen festmachen. Es geht nämlich um Familien, es geht um die institutionellen Strukturen und es geht um viel mehr, als den Kindern und Jugendlichen Medienkompetenz zu vermitteln. Das ist an so vielen Stellen immer angeblich die Lösung. Dies ist meines Erachtens viel zu kurz gegriffen, weil dadurch das Problem individualisiert wird. Aber dennoch ist es natürlich wichtig, auch an dieser Stelle anzusetzen. Ich hatte gerade kürzlich noch mit meinen Masterstudierenden eine Diskussion dazu, weil häufig gesagt wird, wir müssen das vor allem über die Schule machen, denn in der Schule sind alle Kinder und Jugendliche erreichbar. Dann wird aber ganz schnell gesagt, die Lehrkräfte sollen eine bestimmte Rolle übernehmen. Das halte ich gerade wirklich für eine ganz schlechte Lösung, weil die Lehrkräfte Teil des Schulsystems sind und damit, wie Helmut Fend sagt, die Selektions- und Allokationsfunktion von Schule mittragen. Das heißt, sie sind Teil dieses Bewertungs- und Machtsystems von Schule. Wenn die Lehrkräfte nun die Einzigen sind, die den Kindern und Jugendlichen innerhalb dieses Bewertungs- und Machtsystems begegnen und mit ihnen dann sensible ausgleichende Arbeit machen sollen, dann würde ich sagen, klappt das zwar an vielen Stellen. Jedoch wäre es sicher sinnvoller, wenn der Ort Schule gewählt wird, aber andere Akteur:innen eingesetzt werden. Das könnten beispielsweise die Schulsozialarbeiter:innen sein oder aber auch andere Kooperationspartner:innen aus dem Bereich der Kinder- und Jugendhilfe, die bewusst dazu geholt werden, um die Lehrkräfte außen vorzulassen und dann mit den Kindern und Jugendlichen Aufklärungsarbeit, Befähigungsarbeit und so weiter zu machen. Aber ich möchte nochmal betonen, dass es einfach zu kurz greift, wenn nur mit den Kindern und Jugendlichen gearbeitet wird.

Wie ist es zu schaffen, die Medienbildung als Lehrinhalte in den Ausbildungen und im Studium einzubringen? Wie können die Hochschulen und Studiengänge Soziale Arbeit für das Thema sensibilisiert werden?

Das ist eine gute Frage. Auch das ist bereits seit vielen Jahren ein Thema und da sind die Bundesländer auch tatsächlich unterschiedlich aufgestellt. Es gibt unterschiedliche Ebenen, auf denen so etwas verhandelt wird. Da sind zum einen die Bildungspläne, wenn wir jetzt auf den Bereich Kita und Grundschule schauen. In Nordrhein-Westfalen gibt es beispielsweise die sogenannten Bildungsgrundsätze. Wenn darin solche Inhalte definiert werden, kann auch darüber diskutiert werden, ob das für die Fachkräfte in der Ausbildung fest verankert werden soll. Das ist jedoch an ganz vielen Stellen Ländersache. Wir wissen um das föderale Prinzip und die Kultusministerien und Ministerienstrukturen – da ist es sehr davon abhängig, ob einzelne Akteur:innen es geschafft haben, in den jeweiligen Bundesländern derartiges zu definieren und zum Beispiel als Qualifikationsinhalt in der Lehrer:innen- oder in der Erzieher:innenausbildung zu verankern.

In den Diskussionen rund um die Digitalstrategie innerhalb der Kinder- und Jugendhilfe stellt sich ebenfalls die Frage: Wie kann das systematisch verankert werden? Zwei meiner Doktorand:innen haben sich einmal hingesetzt und geschaut, wo diese Inhalte überhaupt in den Curricula für Fachkräfte in der Sozialen Arbeit auftauchen. Und das ist schon sehr disparat. Dazu gibt es einen Beitrag im Handbuch Soziale Arbeit und Digitalisierung. Wenn ich jetzt zum Beispiel unseren Studiengang anschaue, ist das nicht systematisch verankert. Es kann zwar der Schwerpunkt Medienpädagogik gewählt werden oder die Leute besuchen bei mir die Kinder- und Jugendhilfe-Module oder die Vorlesungen – dann kommen sie zumindest in einer Sitzung an dem Thema Digitalisierung nicht vorbei. Allerdings ist es kein fest verankerter Inhalt. Auch in den Fachschulen für Erzieher:innen ist das sehr unterschiedlich, je nachdem wer für diese Inhalte jeweils zuständig ist. Da ist noch viel zu tun. Es müsste systematisch auf curricularer Ebene verankert werden. Sehr spannend wäre auch die Durchführung einer Studie, die untersucht, was in den Curricula steht und was tatsächlich gelehrt wird, weil die Schwerpunkte der Lehrenden woanders liegen. Deswegen glaube ich, dass die Debatte rund um diesen Digitalpakt Kinder- und Jugendhilfe hier einiges voranbringen könnte. Wobei die Jugend- und Familienminister:innen-Konferenz nicht in der Hand hält, was die Kultusminister:innen-Konferenz und die einzelnen Kultusministerien in den Ländern, die wiederum über Ausbildungsinhalte entscheiden, damit machen. Aber ich würde sagen, an dem Thema Digitalität und Digitalisierung kommt kaum noch jemand vorbei. Hier ist aktuell viel in Bewegung und dennoch auch noch ein Weg zu gehen.

Welche Folgen sind wahrscheinlich oder denkbar, wenn langfristig Medienbildung Bestandteil von Schulen wäre? Hätte dies Auswirkungen auf akademische bzw. berufliche Werdegänge zukünftiger Generationen und die Wirtschaft?

Solche Zukunftsaussagen können seriöserweise nicht gemacht werden. Deswegen werde ich dazu nichts sagen. Ich denke, es ist dann potenziell ein größeres Bewusstsein da, aber ob das bestimmte Auswirkungen auf die Wirtschaft oder auf die Werdegänge hat, dazu kann ernsthafterweise nichts Fundiertes gesagt werden. Das wäre wie in die Glaskugel schauen. Aber ich bin optimistisch.

Welche Möglichkeiten sehen Sie oder was wäre nötig, um die Kinderarmutsforschung weiterzuentwickeln?

Ich würde sagen, die Kinderarmutsforschung oder die Ungleichheitsforschung mit Blick auf Kindheit ist eigentlich schon sehr gut aufgestellt. Wenn wir beispielsweise die Arbeiten von Sabine Andresen oder Tanja Betz ansehen, würde ich sagen, hier laufen richtig tolle Formen von Forschung, die auch sehr gut die Situation von Kindern und die Kinder als Akteur:innen in den Blick nehmen.

Was meiner Meinung nach in diesem Zusammenhang eine spannende Frage und auch eine grundlegende Frage in der Kindheitsforschung ist, gerade mit dem Blick auf Armut und soziale Benachteiligung ist die Frage, wie damit umgegangen wird, dass manche Kinder in der Befragung angeben, dass es ihnen gut gehe und dass sie ganz zufrieden sind, obwohl sie unter Armutsbedingungen aufwachsen. Denn hier zu schließen, die Armut wirke sich weniger schlimm aus oder die Kinder kriegen es nicht mit oder sie haben eigentlich doch ein gutes Leben, wäre zu kurz gegriffen. Denn wir wissen, dass es diese sogenannten adaptiven Präferenzen gibt. Also wenn Kinder früh wissen, dass sie eigentlich aufgrund ihrer Ausgangsbedingungen, zum Beispiel weil sie in einer Familie mit Transferleistungsbezug aufwachsen, wahrscheinlich kaum eine Chance haben, später auf das Gymnasium zu gehen oder Ärzt:in, Pilot:in oder Ähnliches zu werden, passen sich ihre Ideen von einem guten Leben vorauseilend an. Wenn wir das ernst nehmen wollen, halte ich es in der Kinderarmutsforschung für schwierig zu sagen, wir befragen die Kinder und nehmen einfach alles so, wie sie es erzählen, als das wie es ist. Hier muss sehr klug überlegt werden, welche Designs gewählt werden, die das mitberücksichtigen und die Differenzerfahrungen oder Diskrepanzen und so weiter sichtbar machen können. Die nicht einfach sagen, nur weil etwas aus einer subjektiven Perspektive auf bestimmte Weise geäußert wird, ist es auch so.

Welche Institutionen sind Ihrer Meinung nach für die kindbezogene Armutsprävention beziehungsweise -bekämpfung verantwortlich und warum?

Alle, die mit Kindern und Familien zu tun haben. Und ich würde es auch nicht nur auf den pädagogischen Bereich begrenzen, sondern genauso auch auf Jobcenter und Behörden erweitern. Denn hier fallen immer wieder Entscheidungen, die sich auf die Benachteiligung oder Exklusion von Kindern auswirken können.

Armutsprävention stellt eine gesellschaftliche Verpflichtung dar. Was kann jede:r einzelne Bürger:in tun, um dieser nachzukommen?

Da sind wir jetzt wirklich bei den ganz großen Fragen und das in einer Zeit, in der die Gesellschaft sich zunehmend zu spalten scheint und so die Frage nach einer solidarischen Perspektive schwieriger wird. Ich glaube, dass wir nur mit einem „über-sich-selbst-hinaus-blicken" und sich fragen, in welcher Gesellschaft wir eigentlich leben wollen und was es eigentlich bedeutet, in einer Gesellschaft zu leben, wenn wir nicht unbedingt immer zu den Gewinner:innen, zu den Eigenständigen, zu den Aktiven, den Unabhängigen gehören auch in den Blick nehmen, was diejenigen brauchen, denen es so geht. Das bedeutet für sich zu überlegen: Was ist meine Vorstellung von einem guten Leben in einem sozialen Zusammenhang? Denn ich glaube, uns geht aktuell ein wenig das Denken in sozialen Zusammenhängen verloren. Wenn ich an diese eigenartigen Freiheitsbegriffe denke, die gerade manchmal diskutiert werden, die sich ausschließlich auf sich selbst beziehen und überhaupt nicht mehr in gesellschaftlichen Zusammenhängen oder in Verantwortungszusammenhängen Bezüge herstellen. Da geht es, glaube ich, auch wirklich um eine grundsätzliche Haltung in Bezug auf: Wie verstehe ich Gesellschaft? Wie verstehe ich mich in meiner Verantwortung in der Gesellschaft? Das kann sich sehr unterschiedlich zeigen. Beispielsweise im zivilgesellschaftlichen Engagement, mit Geld oder anderen persönlich zur Verfügung stehenden Ressourcen oder im Aktivismus.

Es gab kürzlich eine sehr spannende NDR-Dokumentation über die Folgen von Hartz IV für Kinder, weil sie nicht dramatisiert, aber dennoch erschüttert, weil sie sehr sichtbar macht, was mit den Kindern und den Familien unter diesen Bedingungen passiert. Da kommt eine junge Frau vor, die mit einer alleinerziehenden Mutter unter Transferleistungsbedingungen aufgewachsen ist, jetzt jedoch im Bundesvorstand der Grünen Jugend ist und sich dort für eine Kindergrundsicherung einsetzt. Ihr Engagement ist gespeist durch biografische Erfahrungen, obwohl sich auch ohne solche engagiert werden kann. Deswegen würde ich sagen, auch das geht über verschiedene Ebenen und hat immer mit der Frage zu tun, wie sehr wir in Verantwortung, in Gesellschaft denken.

Vielen Dank für dieses Gespräch.

Literaturtipps

Iske, Stefan/Kutscher, Nadia (2020): Digitale Ungleichheiten im Kontext Sozialer Arbeit. In: Kutscher, Nadia/Ley, Thomas/Seelmeyer, Udo/Siller, Friederike/Tillmann, Angela/Zorn, Isabel (Hrsg.): Handbuch Soziale Arbeit und Digitalisierung. Weinheim: Beltz Juventa, S. 115–128.

Kutscher, Nadia (2020): Familienarmut, Kinderarmut und digitale Medien. In: Rahn, Peter/Chassé, Karl August (Hrsg.): Handbuch Kinderarmut. Opladen & Toronto: Barbara Budrich, S. 152–160.

Weitere im Text verwendete oder angesprochene Literatur und Quellen

Kutscher, Nadia/Bouillon, Ramona (2018): Kinder. Bilder. Rechte. Persönlichkeitsrechte von Kindern im Kontext der digitalen Mediennutzung in der Familie. DKHW Berlin. https://www.dkhw.de/fileadmin/Redaktion/1_Unsere_Arbeit/1_Schwerpunkte/6_Medienkompetenz/6.13._Studie_Kinder_Bilder_Rechte/DKHW_Schriftenreihe_4_KinderBilderRechte.pdf [25.02.2022].

Kutscher, Nadia/Ley, Thomas/Seelmeyer, Udo/Siller, Friederike/Tillmann, Angela/Zorn, Isabel (Hrsg.) (2020): Handbuch Soziale Arbeit und Digitalisierung. Weinheim: Beltz Juventa. https://www.hf.uni-koeln.de/39354 [11.03.2022].

https://initiatived21.de/publikationen/d21-digital-index-2018-2019/ [11.03.2022].

https://www.mpfs.de/studien/jim-studie/2020/ [11.03.2022].

Sabine Zimmermann

Der Kampf gegen Kinderarmut ist politischer Auftrag Sozialer Arbeit[1]

Diskussion zentraler Aspekte der Interviews

Die Interviews geben einen vertieften Eindruck in unterschiedliche fachliche Perspektiven auf das komplexe Phänomen Kinderarmut. Die interviewten Expert:innen geben Studierenden Antworten sowohl zu ihren je eigenen Schwerpunkten als auch zu Fragen, die an alle gerichtet waren. Im abschließenden Beitrag soll es darum gehen, die verschiedenen zentralen Positionen und Zielrichtungen der Expert:innen zusammenzuführen, sie vergleichend in den Blick zu nehmen und zu diskutieren. Wo liegen Gemeinsamkeiten, wo Differenzen? Einleitend wird jedoch auch kurz den Überlegungen nachgegangen, die diesem Buch zugrunde liegen, der Frage, was es bewirken kann, wenn Expert:inneninterviews zum Thema Kinderarmut von Studierenden und nicht von anderen Expert:innen geführt werden.

Herangehensweise des Buchs: Studierende als Interviewer:innen

Die Idee, Studierende mit Expert:innen zum Thema Kinderarmut ins Gespräch zu bringen, war durchaus auch didaktisch motiviert. Wie Peter Rahn im einführenden Beitrag ausführt, spielt die Sensibilisierung durch professionelles Basiswissen über soziale Ungleichheit und (Kinder-)Armut in Ausbildung und Studium eine zentrale Rolle. Studierende wurden hier im Rahmen eines zweisemestrigen Seminars mit der Thematik Kinderarmut auf eine sehr direkte, intensive und selbstverantwortliche Art und Weise konfrontiert und zur Auseinandersetzung mit einem komplexen Thema angeregt. Gleichzeitig zielte diese Vorgehensweise aber auch über diese didaktische Perspektive hinaus. Denn gerade durch die studentische Erarbeitung von Fragestellungen, wurde deren oft ganz eigener, persönlicher Zugang zum Thema sichtbar und neue Fragen wurden über ihre – teilweise eigene – Betroffenheit entwickelt. Es hat also einen deutlichen Gewinn, Studierende mit Expert:innen ins Gespräch zu bringen. Denn armutsrelevante Fragen lassen sich nicht außerhalb sozialer Konstellationen diskutieren. Deshalb werden einige Erkenntnisse dieses Projektes vielleicht nur aufgrund dieser spezifischen sozialen Konfiguration sichtbar. Es geht um drängende Fragen von

---

1 Vgl. Fenninger, Erich/Nöhring, Alexander/Persau, Valentin/Ranftler, Judith (2022: 161).

Lernenden und diese wirken sich in besonderer Weise auf die Interviewten aus. Das macht die Interviews auf eine eigene Art wertvoll, gerade weil die Gesprächsgegenstände sozial herausfordernd und in manchen Aspekten empirisch wenig erforscht sind. Studierende können Fragen stellen, die von Expert:innen aufgrund der vorangenommenen Expertise gar nicht mehr gestellt werden würden. Selbstverständlichkeiten und blinde Flecken der akademischen Diskussionen können durch dieses Interviewformat aufgelöst werden und es gelingt leichter im Gespräch zu elementaren Fragen zu gelangen. Diese Konstellation führt dazu, dass Expert:innen auch zu komplexen Themen verständliche Antworten geben. Das Projekt nimmt damit sehr konsequent eine verstehende Perspektive ein und ermöglicht auch den Expert:innen scheinbare Selbstverständlichkeiten im fachlichen Diskurs nochmal zu diskutieren und zu verbalisieren.

Die spezifischen fachlichen Perspektiven werden in diesem Beitrag durch verschiedene Kategorien aufgegriffen: Zunächst geht es um die eigenen Zugänge zum Thema Kinderarmut und die Bedeutung der Art der Definition. Anhand konkreter Beispiele verdeutlichen die Expert:innen, welche Auswirkungen Armut auf Kinder haben kann. Daran anschließend werden gesellschaftlich-politische, sozioökonomische und pädagogische Perspektiven auf Kinderarmut aus Sicht der Expert:innen mit jeweils fachlichen Schwerpunkten und besonderen Problemstellungen hervorgehoben.

Abschließend wird es darum gehen, Bilanz zu ziehen und jene Konsequenzen, Forderungen und Handlungsstrategien zusammenzutragen, die die Expert:innen vorschlagen und als notwendig erachten, um Kinderarmut zu begegnen. Diese erfolgen wesentlich nach den gleichen Kategorien.

Entwicklung des Forschungsinteresses: Welche Zusammenhänge von Biografie und Forschungsinteresse werden hergestellt?

Es bestehen Zusammenhänge sowohl zwischen Biografie und Forschungsinteresse als auch zwischen Biografie und Studienwahl (vgl. u. a. Graßhoff/Schweppe 2013). Diesen Zusammenhängen gehen die Studierenden mit ihrer ersten Frage nach. Auf der Seite der Studierenden zeigt sich der Zusammenhang durch die Art und Weise, wie und welche Fragen entwickelt wurden. Diese stehen bei manchen von ihnen in Zusammenhang mit den Lebensverläufen und -hintergründen wie den eigenen Armutserfahrungen, der eigenen Migrationsgeschichte oder der Familiensituation. Einzelne, ganz persönliche Erfahrungen erscheinen über die Reflexion zum Thema Kinderarmut in einem anderen Licht und verdeutlichen den eigenen, bei manchen auch emotionalen Zugang zum Thema, darüber hinaus vielleicht auch die Unausweichlichkeit der Auseinandersetzung mit der eigenen Biografie. Die erste Frage an die Expert:innen rekurriert genau darauf: Wie wird der Zugang zur Thematik hergestellt, wie werden solche Zusammenhänge benannt? Insgesamt erhalten die Studierenden einen Einblick, wie sich die Forschungsinteressen entwickelt haben, auch wenn, wie es Sabine Andresen formuliert, nicht immer exakt bestimmt werden kann, wie genau das Interesse entstanden ist. Manche beschreiben jene benachteiligenden Erfahrungen in der Kindheit, die sie später als Wissenschaftler:in erforschen werden. Es sind Erfahrungen mit den Konsequenzen, die es haben kann, wenn zuhause, als Arbeiterkind „nicht so furchtbar viel Geld zur Verfügung steht" (Andresen). Es ist die Erfahrung, dass Merkmale wie die ökonomische Ausstattung (Andresen) oder das Geschlecht (Holz) Auswirkungen auf den Bildungsverlauf und die Bildungsbiografie haben (Andresen). Es sind solche Erfahrungen, die dazu geführt haben, sich damit zu beschäftigen, was Kinder eigentlich von Erwachsenen unterscheidet, sie besonders verletzlich macht und zur Frage führt, in welcher Verbindung ökonomische und soziale Rahmenbedingungen damit stehen. Diese Rahmenbedingungen werden benötigt, um bestimmte Lebenslagen einordnen zu können und sie zu bewerten. Interessant in diesem Zusammenhang ist, dass Margherita Zander zwar im Interview lediglich ihren beruflichen Werdegang beschreibt, jedoch auf ihrer Homepage den Zusammenhang ihrer Biografie und ihrem Forschungsinteresse zu einem zentralen Thema macht. Dieser Zusammenhang wurde ihr selbst erst spät bewusst: „Als ‚armes Kind' aus der Bergwelt Südtirols geflohen, begegne ich mir nun als Kinderarmutsforscherin, die in den letzten Jahren auch zunehmend auf das Thema ‚Resilienz' setzt. So verbindet sich für mich – wie mir erst im Rückblick bewusst wird – ureigen Biografisches mit langjährigem Forschungsinteresse. Darin liegt eine geballte Kraft, die auch zukünftig mein Engagement für dieses Thema speisen wird" (margherita-zander.de).

Neben diesen sehr persönlichen Hintergründen aus der Kindheit, benennen die anderen Expert:innen politisch-gesellschaftliche Auseinandersetzungen (Klundt), spezielle fachliche Orientierungen wie Digitalisierungsprozesse (Kutscher) oder Bildungsungleichheit (Fuchs-Rechlin) und auch die direkten Erfahrungen mit Menschen, die von Armut, auch von absoluter Armut, betroffen sind (Butterwegge). Die vorherrschende Diskussionskultur im Elternhaus ist prägend für die Auseinandersetzung mit politischen und sozialen Fragestellungen (Holz). Diese Zusammenhänge machen deutlich, wie stark die persönlichen Erfahrungen nicht nur Einfluss auf unsere beruflichen Entscheidungen haben können und beeinflussen, welchen Fokus, welche Wahrnehmung wir auf bestimmte Phänomene haben. Sie zeigen zudem, wie sich eine starke Identifikation mit einer Thematik entwickeln kann. Kinderarmut lässt sich anscheinend nicht nur aus analytischer Distanz heraus betrachten, sondern wird auch normativ bewertet und führt auch zu emotionalen Reaktionen. Diese können gelesen werden als Wut: „Hunderttausende teilsanktionierte ALG II-Bezieher:innen und zehntausende vollsanktionierte Harz IV-Empfängerinnen, darunter viele Jugendliche und Familien mit Kindern, für die tatsächlich absolute Armut [...] zum täglichen existenziellen Überlebenskampf gehören, werden allzu oft ignoriert." (Klundt) Oder als Erstaunen ob der Tatsache, dass es trotz „empirisch-statistischen Wissens über Kinderarmut [...] [k]eine entschiedene Armutsbekämpfungspolitik gibt" (Andresen). Gerda Holz spricht von Schmerz, weil die Ergebnisse der AWO-ISS Studie nicht dazu geführt haben, dass „gesellschaftlich [...] keine wirkungsreichen Lösungen" gefunden wurden, sondern stattdessen zeige, wie „tief verwurzelt die Armutsproblematik ist".

Definition von Kinderarmut: Persönliche und fachliche Differenzierung

Die Frage nach der Definition von Kinderarmut ist in Anbetracht der Komplexität der Thematik vielleicht eine, die mit am schwersten einfach beantwortet werden kann. Die interessante Version, auf die die Studierenden in der Vorbereitung bestanden haben, sowohl nach einer fachlichen als auch nach einer persönlichen Perspektive zu fragen, brachte Positionierungen zutage: nämlich für oder gegen eine einheitliche Definition zu sein. Zudem führte diese Fragestellung dazu, dass die Expert:innen die Definition von Kinderarmut auf einen für sie zentralen Kern reduzierten.

Die Komplexität führt einerseits zur Bewertung, dass eine Einheitlichkeit aus verschiedenen Gründen schwer herstellbar ist: „eindeutige Definitionen gibt es nicht mehr" (Kutscher), eine solche würde auch Eingrenzungen mit sich bringen (Andresen) und quasi „wissenschaftlichen Gepflogenheiten widersprechen" (Fuchs-Rechlin). Andererseits wünschen sich einige Expert:innen eine einheitliche Definition und sehen in einer solchen Chancen, die über das Sprechen gleicher Inhalte hinausführen. Nach Karl-August Chassé würde: „eine einheitliche Definition von Kinderarmut, gegründet auf einen relativen Armutsbegriff [...] nicht nur den Diskurs beeinflussen, weil wir dann zwischen Benachteiligung oder Ungleichheit und Armut genauer differenzieren könnten, sondern würde auch unsere empirische Forschung entscheidend präziser weiterentwickeln." Für den gesellschaftlichen und politischen Umgang mit Kinderarmut hält auch Zander eine einheitliche Definition für sinnvoll, jedoch eine Differenzierung zwischen relativer und absoluter Armut für ein allgemeines Verständnis für ausreichend. Andresen hingegen lenkt den Blick auf den Begriff des Einkommens, welcher steuerrechtlich und sozialrechtlich unterschiedlich definiert wird. An dieser Stelle sei eine einheitliche Definition wichtig. Sie bewertet unterschiedliche Zugänge zu Armut positiv, wie eine Orientierung am relativen Einkommenskonzept und einer Listung von Mangelerfahrung. Zudem geht sie davon aus, dass sich die Definitionen von Kinderarmut weiter verändern werden, wenn Forschung Kinder und Jugendliche durch partizipative Verfahren verstärkt einbinden wird.

Was macht nun den zentralen Kern von Kinderarmut für die Expert:innen aus? Die fachlichen und persönlichen Zuspitzungen spiegeln das individuelle, gesellschaftliche und politische Ausmaß von Kinderarmut wider. Chassé hält „Kinderarmut im fünftreichsten Land der Welt für ein Verbrechen an den Kindern, weil sie den Betroffenen ein gutes Leben in der Gegenwart vorenthält." Michael Klundt skandalisiert die kapitalistische Klassengesellschaft und sieht den sozialen Zusammenhalt durch zunehmende Ungleichheiten und damit auch die repräsentative Demokratie gefährdet. Kinderarmut stellt für ihn eine Kinderrechtsverletzung dar und er bewertet sie zum Teil als strukturelle Kindeswohlgefährdung.

Neben der Frage nach der Bedeutung einer einheitlichen Definition, weisen die Expert:innen auf weitere wichtige Aspekte hin, wie die Berücksichtigung, dass Kinderarmut nicht unabhängig der familiären Situation betrachtet werden kann (Kutscher), dass die Zusammenhänge zwischen Kinderarmut und Bildung bewusst gemacht werden müssen (Butterwegge) und die Mehrdimensionalität von Kinderarmut betrachtet werden muss. Dabei bietet der Lebenslagenansatz die Chance „die individuelle Lebenssituation in ihrer Gesamtheit zu analysieren" (Holz). Zander, die ebenso auf den Lebenslagenansatz verweist, betont, dass ihr ein „kindgerechter Armutsbegriff" wichtig ist, der ermöglichen soll „jenseits objektiv angewandter Kriterien von Armutsbetroffenheit auch dem Einzelfall möglichst gerecht zu werden."

Einigkeit besteht darin, dass Kinderarmut bei Einkommensarmut beginnt und diese Mangellage Beeinträchtigungen in den verschiedenen Lebenslagendimensionen zur Folge hat. Ganz grundsätzlich betonen alle Expert:innen die Notwendigkeit, Kinderarmut aus der Perspektive der Kinder zu betrachten, um herauszufinden, was Kinder für ein gutes Leben als notwendig erachten und um berücksichtigen zu können, was Kinder für ihr Aufwachsen benötigen. Das reicht über eine monetäre Betrachtung von Kinderarmut deutlich hinaus: „Armut bedeutet Mangelerfahrungen. In der Kindheit und Jugend hängt das mit allen Bereichen des Aufwachsens zusammen, also im Hinblick auf Bildungsmöglichkeiten, auf Qualität von Bildungsangeboten, auf Freizeitaktivitäten, auf Möglichkeiten einen Rückzugsraum zu haben" (Andresen). Die Betrachtung von und die Forschung über Armut aus der Perspektive der Kinder, „als Subjekt mit eigenen Rechten, Interessen und Bedarfen", bestätigt Andresen die Absurdität, Kinder unter Hartz IV zu subsumieren, denn Hartz IV geht durch die Verbindung von Erwerbstätigkeit oder Erwerbslosigkeit von „einem Modell des Erwachsenen" aus. Zugleich führt die Lage armer Kinder dazu, dass diese eher mit armen Erwachsenen als mit nicht armen Kindern verglichen werden kann (Andresen).

Kinderarmut in Deutschland: absolute und relative Armut

In der Regel sprechen die Expert:innen davon, dass es sich bei der in Deutschland vorherrschenden Armut um relative Armut handelt, auch wenn durch Armut die Gesundheit beeinträchtigt wird und eine kürzere Lebensdauer bedeutet (Zander). Von absoluter Armut wird dann gesprochen, wenn das Leben gefährdet ist (deshalb auch physische Armut), weil die Grundbedürfnisse (Nahrung, Kleidung, Unterkunft) aus materiellen Gründen nicht befriedigt werden können. Klundt spricht jedoch auch von absoluter Armut, wenn es um Menschen geht, die auf die Versorgung durch die Tafeln oder das Betteln angewiesen sind oder um obdachlose Jugendliche, die sich täglich um ihre Versorgung und Unterkunft sorgen müssen. Ebenso spricht Butterwegge von absoluter Armut, wenn es um Menschen ohne Papiere oder Straßenkinder geht, deren

Situation vergleichbar sei mit Menschen aus Ländern, in denen absolute Armut vorherrscht. Tatsächlich werden durch eine materielle Definition von Kinderarmut, die mit Familienarmut zusammenfällt, nicht alle von Armut betroffene Kinder erfasst, wie eben Straßenkinder oder Kinder, die sich in Maßnahmen der Kinder- und Jugendhilfe befinden oder in Gruppenunterkünften leben (vgl. Schweiger: 35). Mit Holz zusammenfassend gilt folglich: „Basis jedweden Armutsdiskurses ist der finanzielle Aspekt."

Was Kinderarmut bedeutet: konkrete Beispiele

Auf der Ebene abstrakter Zahlen und Berechnungen, die der Definition von Kinderarmut zugrunde liegen, ist die Entwicklung eines Verständnisses der Folgewirkungen auf die gesamte Lebenslage von Kindern nicht leicht. Die Messgröße von 60 Prozent des mittleren Einkommens gilt als Maßstab für die Feststellung von Armut und ist „wie jede andere eine gesellschaftliche Konvention [...]. Es gibt keine objektive Zahl, sondern die Prozentannahme ist eine politische Setzung" (Holz). Um deutlich zu machen, welche Auswirkungen gesetzte Zahlen auf das konkrete Leben haben, helfen Beschreibungen alltäglicher Situationen, die deutlich machen, wie sich Ungleichheiten in verschiedenen Dimensionen niederschlagen können. So beschreibt Kirsten Fuchs-Rechlin eine Situation zwischen Eltern und Fachkräften – die Initiierung eines christlichen Osterrituals in einem von vor allem von migrantischen Kindern besuchter Kindergarten – die als Ausdruck von sozialer Exklusion, Segregation, fehlender kulturelle Kompetenz und nicht zuletzt von fehlendem armutssensiblem Handeln gelesen werden kann.

Nadia Kutscher konfrontiert mit einem von vielen kursierenden Vorurteilen gegenüber von Armut betroffenen Menschen: „Schaut euch doch die armen Familien an, da stehen lauter Playstations rum, die haben alles Mögliche." Arme Familien, so die daraus gezogene Schlussfolgerung, hätten Geld zur Verfügung, weil sie, wie andere Kinder auch, digitale Spiele besitzen. Kutscher verdeutlicht mit diesem Beispiel, wie viele Aspekte, die Armut begleiten, nicht wahrgenommen werden. Denn die Eltern bemühen sich um die Teilhabe ihrer Kinder durch diese, wie es Kutscher nennt, Investitionsentscheidungen. Dass dieser Versuch, Teilhabe zu ermöglichen, mit Verschuldung einhergeht, wird oft nicht gesehen oder wenn, dann negativ bewertet. Zugleich verdeutlicht dieses Beispiel, dass materielle Ausstattung und Versorgung zwar Voraussetzung für gleiche Bildungschancen sind, dass darüber hinaus aber die entsprechenden Ressourcen (wie Zeit oder Bildung) vorhanden sein müssen, um die Nutzung solcher Geräte zu begleiten. Auch Zander weist auf eine „soziale Spaltung" im Bereich medialer Ressourcen hin. Problemverstärkend und als ein Aspekt von Stigmatisierungsprozessen zeigt sich, wie (Ab-)Wertungen in Bezug auf die Mediennutzung vollzogen werden: als nicht wertvoll, wenn Medien vermeintlich nur zum Zeitvertreib, jedoch nicht für Lern- und Bildungszwecke genutzt werden.

Die Auswirkungen der Corona-Pandemie auf arme Kinder, wurde von den Expert:innen ebenso zur Verdeutlichung herangezogen. „Zwar trifft die Pandemie alle hart, aber doch sozial ungleich. Vorher bestehende soziale Ungleichheiten verschärfen sich" (Holz). Sie zeigen, wie arme Kinder in mehrfacher Weise ausgeschlossen und benachteiligt werden. Dabei spielt der Aspekt digitaler Geräte auch hier eine Rolle: So wurde auf schulischer Seite mit Beginn der Pandemie nicht bedacht, dass arme Kinder wegen fehlender digitaler Endgeräte nicht am Unterricht teilnehmen konnten (Kutscher). Als Geräte zur Verfügung gestellt wurden, waren Kinder, die in Geflüchteten-Wohnheimen lebten, die letzten, die diese erhalten haben (Butterwegge), kamen jedoch sprachlich nicht damit zurecht (Kutscher).

Andresen, die die Lage der Familien während der Corona-Pandemie untersucht hat, fasst wesentliche Ergebnisse ihrer KiCo-Studie zusammen: die Situation jener Familien, die vor Corona durch Armut belastet waren, hat sich nochmals verschlechtert, unter anderem durch zusätzliche Belastungen in beengten Wohnverhältnissen, durch mangelnde technische Ausstattung für die Schule oder einer finanzielle Mehrbelastung durch das Wegfallen des kostenlosen Mittagessens in Schule und Kita. Diese Mehrbelastung rechnet Chassé vor und hält vor Augen, dass das außerhäusliche Mittagessen eine finanzielle Belastung für die Familien bedeutet, da es vom normalen Regelsatz bezahlt werden muss. Die Bedeutung der finanziellen Entlastung durch ein kostenlosen Mittagessens wird dadurch sehr deutlich.

Die Beispiele und unterschiedlichen Zugänge der Expert:innen zeigen verschiedene Auswirkungen von Armut in unterschiedlichen Lebenslagendimensionen und vermitteln einen Eindruck, wie schwierig es ist, die Komplexität von Armut zu erfassen. Die Schwierigkeit beginnt bereits bei der Definition. Die folgenden Perspektiven versuchen, wichtige Aspekte zu vertiefen, um ein umfassenderes Bild zu erhalten, was Kinderarmut bedeutet.

Politisch-gesellschaftliche Perspektiven

Bürgerliche Kategorien als Maßstab für Normalität und Lebensstandard – Ein Dilemma?! Oder: die hybride Verfasstheit des Konzepts Kinderarmut

„[...] Armut und soziale Ungleichheit sind im Kapitalismus natürlich grundsätzlich umstritten." So fasst Klundt die Schwierigkeit zusammen, zu definieren, was Armut ist. Trotz aller Gemeinsamkeiten der interviewten Expert:innen wird die hybride Grundlegung deutlich: Kinderarmut ist ein Konzept, welches zwar eine bestimmte Lebenssituation beschreiben will, aber zugleich wertend ist (vgl. Schweiger 2022: 30). Es wird von den Expert:innen als Mischkonstrukt (Andresen) oder als Konstrukt der Mehrdimensionalität (Zander) bezeichnet. Dies führt unter anderem dazu, dass eine rein sachliche Betrachtung von Kinderarmut nicht möglich ist, sondern Emotionen auslöst, die Schweiger zusammenfasst als intuitive Reaktionen von Mitleid, Abwehr (durch Schuldzuweisung oder Abschwächung) oder Nachfragen (als getarnte Abwehr oder ehrliche Neugier) (vgl. ebd.: 6). Genau diese Reaktionen werden von Klundt kritisch bewertet: „Auch das Reden über (arme) Kinder und ihre Familien macht also einen Teil der gesellschaftlichen Polarisierungs-Problematik aus, die immer weniger geleugnet werden kann. Dies gilt vor allem dann, wenn die Betrachtung von (Kinder-)Armut durch ein Wechselspiel zwischen Ignoranz, Krokodilstränen und Schicksalsgläubigkeit gekennzeichnet ist." In einem ähnlichen Zusammenhang kann auch Carolin Butterwegges Kritik an der Bertelsmann Stiftung verstanden werden, „die mit sehr viel Geld immer wieder neue Hochglanzbroschüren zu den neusten Zahlen" publiziert, diese jedoch nichts an den „eigentlichen Problemen" ändern. Butterwegge fordert stattdessen eine darüber hinausgehende Forschungsförderung, die „nicht nur auf der deskriptiven Ebene" stehenbleibt, „sondern auch Lösungsansätze" sucht.

Schweiger begründet diese Reaktionen mit der Besonderheit, den Eigenschaften, die Kindsein bedeutet und fasst diese zusammen mit Verletzlichkeit, Autonomie und Unschuld. Oder wie in den Interviews betont wird: „Kinder sind [...] die vulnerabelsten" (Kutscher). Es sind jene besonderen Eigenschaften von Kindern, die einen anderen Umgang begründen (vgl. Schweiger 2022: 19). Ihre Verletzlichkeit hängt von den ihnen zur Verfügung stehenden Ressourcen ab; das Einüben und Erlernen von Autonomie von denen ihnen gewährten Möglichkeiten; ihre Unschuld von dem ihnen gegebenen Schutzraum. Werden auf diese Eigenschaften keine Rücksicht genommen, werden Kinder physisch oder psychisch verletzt, werden sie sich in manchen Lebensbereichen weniger autonom entwickeln und werden stärker für ihre Handlungen verantwortlich gemacht oder üben nicht kindgerechten Handlungen aus (ebd.: Kap. 3). Diese Eigenschaften und die sich daraus ergebenden möglichen negativen Folgen lassen einen emotionalen Zugang zum Thema Kinderarmut konsequent erscheinen und müssen mit reflektiert werden. Zum Ausdruck kommt dies bei Andresen, die Überschneidungen zwischen ihrer persönlichen und wissenschaftlichen Definition von Armut formuliert und aus ihrer persönlichen Perspektive heraus ein normatives Urteil zur wissenschaftlichen Perspektive fällt. Ebenso bei Chassé, der Kinderarmut aus persönlicher Sicht als ein Verbrechen bezeichnet und damit sehr drastisch formuliert, was Armut für Kinder bedeutet.

Eine weitere Folge der hybriden Verfasstheit ist, dass die Kriterien, anhand derer vergleichend festgestellt werden kann, ab wann eine Benachteiligung, eine Ungleichheit, ein Mangel vorliegt, benannt werden müssen: Fehlt es an materiellen Ausstattungen und damit verbunden auch an Zugängen zu kulturellen oder Freizeitangeboten, ist ein Mangel leicht(er) festzustellen. Fehlt es an Ausstattungen, anhand derer sich symbolhaft auch bürgerliche Standards manifestieren, wird es schwieriger: Ein Bücherregal im Wohnzimmer, mehrere Urlaubsreisen im Jahr, mehrfaches Ausprobieren von Studiengängen, Zeit für die Organisation von Freizeit, ein traditionelles Familienbild. Das sind einige in den Interviews genannte Kategorien, anhand derer deutlich wird, wer zur bürgerlichen und auskömmlichen Seite der Gesellschaft gehört. Davon abgesehen, dass sich diese Kategorien aufgrund individueller, gesellschaftlicher und politischer Entwicklungen ändern (wie beispielsweise durch Digitalisierung, Wertewandel, ökologischer Denkweisen, Normalisierung vielfältiger Lebens- und Versorgungsgemeinschaften, postmaterialistischem Denken) steht das Dilemma, welches diese Kategorisierung hervorbringt, wenig zur Diskussion. Es bedarf bestimmter Kategorien und Standards, die als Referenzrahmen einen Maßstab bilden, um Mangel feststellen zu können. Denn Armut bedeutet, dass „[…] Kinder erheblich darin beeinträchtigt [sind], durchschnittliche Möglichkeiten realisieren zu können" (Andresen). Wie ist dieser Durchschnitt insbesondere jenseits materieller Güter feststellbar? Über die Lebenslagendimensionen können die Bedarfe der Kinder präziser festgestellt werden, um Defizite und Mängel zu erkennen. Mit ihrem Konzept der Resilienzförderung versucht Zander Mängel auszugleichen. Und doch bleibt die Schwierigkeit bestehen, genaue Maßstäbe zu benennen, die sich abgrenzen von „symbolischen Grenzziehungen", die „Ungleichartigkeit in Ungleichwertigkeit" umwandeln (Sachweh u. a. 2018: 244) und damit nicht zur Beschreibung einer Mangellage verwendet werden können oder sollten. Hier zeigt sich „eine der Herausforderungen, sich in die Perspektive von Armutsbetroffenen hinzuversetzen und nicht den allgegenwärtigen Mittelschichtsbias unreflektiert zum Tragen kommen zu lassen" (Holz). Es bedarf kritischer Analysen, die durch unterschiedliche Bewertungen erschwert werden, „[d]a Angehörige höherer Klassen meist über hohe sozioökonomische und kulturelle Ressourcen verfügen, ist eine Kategorisierung anderer im Lichte dieser Kriterien zugleich wahrscheinlicher. Angehörige niedrigerer Klassen hingegen besitzen meist wenig ökonomisches und kulturelles Kapital. Dies macht eine positive Selbstdefinition auf Basis sozioökonomischer und kultureller Grenzziehungen unwahrscheinlich. Sie nutzten stattdessen moralische Kriterien, die einen universell verfügbaren, alternativen Maßstab darstellen" (Sachweh u. a. 2018: 248). Unterschiedliche Kategorien und Bewertungen gestalten die Suche nach Verbindendem zwischen den Klassen nicht einfach.

Armut und Scham

Das Heranziehen bürgerlicher Standards stellt aus verschiedenen Perspektiven ein Dilemma dar: Sie manifestieren und reproduzieren symbolhaft die Kategorien der Klassengesellschaft und die mit ihnen verbundenen Ausgrenzungsmechanismen. Unweigerlich sind damit Mechanismen der Scham verbunden. Klundt beschreibt die Effekte, die hervorgerufen werden: „Schmerzhafter noch als materielle Einschränkungen können sich Diffamierungen und Stigmatisierungen auswirken." Die symbolischen Grenzziehungen äußern sich unter anderem durch, wie Klundt formuliert „Diskriminierung und Ausgrenzung". Eine Folge ist das Gefühl der Scham, welches die Expert:innen im Kontext unterschiedlicher Fragestellungen thematisieren. Wie aber genau begründet sich und wirkt dieses Gefühl, welches gerade im Armutsdiskurs relativ selbstverständlich verwendet wird? In den Interviews beschreiben die Expert:innen, dass Scham so tiefgreifend ist, dass beispielsweise Leistungen nicht in Anspruch genommen werden (Butterwegge). Das ist eine von vielen Reaktionen, die das Gefühl der Scham auslösen: das Bedürfnis zu verheimlichen und die Bedürftigkeit zu verstecken. Zander führt aus, dass Kinder zwar viele Sorgen der Erwachsenen nicht und zudem „Armut anders als Erwachsene" wahrnehmen. Aber auch Kinder schämen sich, wenn sie beispielsweise feststellen, dass sie sich weniger als andere leisten können. Das Erleben von Armut unterscheidet sich jedoch nicht nur zwischen Erwachsenen und Kindern, sondern ist auch individuell verschieden. Weil Armut mit Scham behaftet ist, betont Zander, dass die dadurch ausgelösten Reflexe wie Verheimlichung oder Notlügen, bei der Auswertung von Armutsstudien beachtet werden müssen. Zugleich „wird erst über eine subjektive Perspektive erkennbar, welche Ausgrenzungs- und Stigmatisierungsprozesse existieren und wirken, wie Armutsbetroffene im Alltag von anderen abgewertet und beschämt werden, nur weil finanziell nicht mitgehalten werden kann. Jemand anderes erlaubt sich ein Urteil […]" (Holz). Holz Ansatz der Präventionsketten nimmt die Problematik der Scham in den Blick und thematisiert, was gesellschaftlich nicht thematisiert wird: „über Geld spricht man nicht", weshalb uns allen schwerfällt, was jedoch notwendig ist, insbesondere, wenn von Beginn an Armutsprävention greifen soll und erst durch die Benennung von Mangel Unterstützungsangebote umgesetzt werden können. Dass auch die Professionellen diesbezüglich Hemmungen haben, lässt sich über deren Wissen über die Zusammenhänge zwischen Armut und Scham erklären. Wie können insbesondere finanzielle Mangellagen angesprochen werden, ohne die Betroffenen zu beschämen und zu diskriminieren (Holz)? „Blaming the victims und Sozialrassismus wären kritisch zu reflektieren und zu vermeiden", so Klundt. Butterwegge beschreibt die Notwendigkeit über soziale Ungleichheit zu informieren und zu sensibilisieren, um Stigmatisierung zu verhindern: „Es braucht eine Offenheit und Informiertheit darüber, wie strukturell unterschiedlich die Lebensverhältnisse der Menschen sind […]. Schon Kindern muss vermittelt werden, dass es kein Grund zur Ausgrenzung sein darf, wenn ein anderes Kind weniger besitzt."

Reichen Information und Sensibilisierung aus? Es ist die Perspektive der Nicht-Betroffenen, der Professionellen, das Wissen um die Ausmaße von Beschämung und dem Gefühl von Scham. Was aber passiert auf der Seite der Beschämten? Weshalb greift das Gefühl so tief, dass weder Ansprüche voll ausgeschöpft oder gar in Anspruch genommen werden noch politische oder – wie Klundt vorschlägt – gewerkschaftliche Möglichkeiten genutzt werden, sich zu solidarisieren, um Armutsverhältnisse zu skandalisieren und um Veränderungsprozesse zur fordern? Für die Überlegungen, warum ein Gefühl derart tiefgreifend wirken kann, ist der Hinweis hilfreich, dass Scham eine „körperlich-leibliche Erfahrung" ist, die wie andere elementare Gefühle (wie Hunger oder Müdigkeit) unausweichlich und unmittelbar den ganzen Körper betreffen und damit „keinesfalls intentional beherrschbar ist" (Hänel 2019: 272f.). Diese Unmittelbarkeit trifft auf die Funktion der Scham: „Das individuelle Gefühl der Scham ist wesenhaft auf andere Menschen bezogen und stellt ein basales Gefühl der Sozialität dar." (Hänel 2019: 267). So vollziehen wir über das Gefühl der Scham eine Bewertung des eigenen im Kontext des anderen. Scham funktioniert also im Sinne einer gesellschaftlichen Kontrolle, einer „Normativität eigener Art" (ebd.: 278). Als soziales Korrektiv bestimmt dieses Gefühl unser Miteinander, wirkt normativ und kontrollierend, indem Ab- und Ausgrenzungen vollzogen werden oder Gutes wie Schlechtes definiert wird. Somit trägt es zur Stabilisierung von Gesellschaften bei (vgl. ebd.: 279). Ab- und Ausgrenzungen werden als ein Scheitern erlebt und wollen deshalb weder offenbart oder skandalisiert werden: „In Geringschätzung bestimmter Arbeiten, in Arbeitslosigkeit [...] ergeben sich Räume, in der die Würde des souveränen Subjekts auf dem Spiel steht" (Hänel 2019: 279). Scham wird zu einem tabuisierten Gefühl und wird verheimlicht. Die weitreichenden, auch selbstschädigenden Effekte, die daraus folgen können, sind ein Hinweis darauf, dass die Trennung von Rationalität und Emotionalität nicht vollzogen werden kann und es ein Trugschluss ist zu glauben, dass über die Ratio die Gefühle regulierbar seien. Die Trennung von Körper und Geist, Empfinden und Ratio muss zumindest hinterfragt werden (vgl. Hänel 2019: 284).

Wenn Abweichungen festgestellt werden, tritt Unwohlsein ein, ein Gefühl, welches vermieden werden will. Eine weitere Reaktionsmöglichkeit ist es, sich der Kategorie Armut einfach nicht zuzuordnen. Diese Reaktion hat sich zu Beginn unserer Veranstaltung gezeigt und die Diskussion geprägt, ab wann eigentlich von Armut gesprochen wird oder werden kann und welche Kriterien dafür notwendig sind: „Ich war eigentlich arm, habe mich aber nicht so gefühlt", so eine Studentin (vgl. mehr zum Thema auch in der von Kutscher erwähnten Dokumentation). Die Auswirkungen von Armut in verschiedenen Lebenslagen werden von diesem Gefühl durchzogen: Kinder laden deshalb keine anderen Kinder zu sich nach Hause ein, sie schämen sich, nicht mit Kleidern, nicht mit Urlaubserzählungen aufwarten oder mit Spielzeug mithalten können. Und selbst wenn materielle Ausgleiche geschaffen werden können, bleibt das Gefühl der Ausgrenzung, weil die Kinder sich ihrer ‚Abweichung' bewusst sind. Wir können die Reaktionen der Scham sofort nachvollziehen – aber welche Formen der Reflexion oder Information vermag ein heimliches, ein verheimlichtes, ein ganz individuelles Gefühl verhindern oder zumindest durchbrechen?

Sozioökonomische Perspektiven

Verhinderung der Verwirklichungschancen: Klasse, Geschlecht, Ethnie

Die Verhinderung von Verwirklichungschancen ist Ausdruck einer mangelnden ökonomischen Lage. Warum ist es möglich, dass in einem reichen Land wie Deutschland jedes fünfte Kind von Armut betroffen ist (Chassé, Klundt) und das, obwohl es über hundert Möglichkeiten der Familienförderung gibt (www.arbeitsagentur.de/familie-und-kinder/weitere-hilfen-fuer-eltern)? Diese Möglichkeiten gleichen fehlende Ressourcen nicht aus. Nicht nur wegen bürokratischer Hürden, sondern einfach auch deshalb, weil Angebote nicht bekannt sind. Kinderarmut ist Folge von Elternarmut. Die Hälfte aller Kinder in Armut oder von Armut bedrohter Kinder wächst in Haushalten auf, in denen die Eltern erwerbstätig sind. Der Niedriglohnsektor wird dafür verantwortlich gemacht, dass Eltern nicht für ihre Kinder sorgen können (Andresen). Es sind insbesondere Frauen, die sich im Niedriglohnsektor befinden. Als Alleinerziehende sind sie daher vorrangig von Armut betroffen, entsprechend leben prozentual gesehen die meisten armen Kinder in Alleinerziehendenhaushalten. Kurz: Armut ist aus mehreren Gründen insbesondere weiblich (Chassé). Weil Frauen in Teilzeit arbeiten, im Niedriglohnsektor tätig sind oder aufgrund von Kindererziehung und mangelnder Betreuungsmöglichkeiten ihre Erwerbstätigkeit nicht mehr ausüben können. Chassé bezeichnet die Armut unter Alleinerziehenden als „moderne Armut", die auch Ausdruck einer sich verändernden Gesellschaft ist. Armut ist nicht nur weiblich sondern zeigt darüber hinaus geschlechterstereotype Auswirkungen von Armut, beispielsweise durch die Übernahme von Hausarbeit und Betreuung der jüngeren Geschwister durch die Mädchen, die damit Elternverantwortung auffangen (Holz).

Die Zunahme des Niedriglohnsektors ist eine Auswirkung des kapitalistischen Systems (Andresen, Klundt) mit der Folge einer Zunahme von armutsbetroffenen Menschen aus der Mittelschicht. Verfügen die von Armut Betroffenen über einen hohen Bildungsstatus, können sie, aufgrund ihrer Ressourcen, ökonomische Deprivation anders verarbeiten, verfügen in der Regel über ein größeres soziales Netzwerk und können andere Möglichkeiten ausschöpfen (Holz), weil ihnen mehr Informationen und Wissen zur Kompensation als bildungsbenachteiligten Familien zur Verfügung stehen (Fuchs-Rechlin).

Menschen, die im SGB-II-Bezug leben, wird eine Teilhabe in verschiedenen Lebensbereichen kaum ermöglicht, sie erleben Unterversorgung (Zander). Die Dimensionen der Benachteiligungen und Ausgrenzungen sind entsprechend vielfältiger und struktureller Art und werden von allen Expert:innen skandalisiert. Holz, die mit den Präventionsketten einen Ansatz mitentwickelt hat, mit dem von Beginn an Armut vermieden oder zumindest kompensatorisch begegnet werden soll, listet die Dimensionen auf: Es fängt beim Mangel der materiellen Ausstattung im Kleinkindalter an, zeigt sich im mangelnden bezahlbaren Wohnraum, äußert sich in einer schlechten gesundheitlichen Lage, die durch Mangelversorgung oder auch durch ein Leben in schwierigen Wohngebieten entsteht. Die Benachteiligungen zeigen sich institutionell im Kindergarten, in welchem, wie Fuchs-Rechlin ausführt, durch konfessionelle Träger:innen Segregation gefördert wird. Sie zeigen sich insbesondere in Grundschulen, in denen Kinder aus Armutslagen schlechter bewertet, häufiger rückgestellt und seltener für das Gymnasium empfohlen werden (vgl. Miller 2020: 226f.). Auch bezüglich der kulturellen Dimension und der sozialen Teilhabe zeigt sich, dass arme Kinder weniger Zugangschancen haben, nur weil es in ihren Familien an Geld fehlt (Chassé). Es fehlt ihnen das Geld, um Ausflüge oder Urlaube zu realisieren. Chassé fasst die die materiellen Auswirkungen zusammen: „Das Materielle [wirkt] direkt auf das Soziale und auf die Sozialisation, also die Persönlichkeitsentwicklung zurück." Die subjektiven Handlungsspielräume hängen mit den objektiven Lebensumständen zusammen (vgl. Gerull 2020: 32).

Neben den Kategorien Geschlecht und Klasse, trägt die Kategorie Ethnie zur Verschärfung der Armutslage bei: Kinder mit Migrationshintergrund und geflüchtete Kinder sind von weiteren Benachteiligungen betroffen, wie Butterwegge am Beispiel der Verteilung digitaler Geräte oder am Beispiel des Vergleichs von Regelleistungen im SGB-II-Bezug und den Leistungen des Asylbewerberleistungsbezug deutlich macht. An diesem wird sichtbar, wie durch Festlegung eines geringeren Leistungsbezugs Unterschiede zwischen Bedürftigen gemacht werden, um eine abschreckende Wirkung zu erzielen. Eine weitere Wirkung ist, dass „Kinder mit Migrationshintergrund Kinder aus anderen Milieus nicht überholen" (Fuchs-Rechlin). Die Unterschiede, die sich unter anderem aufgrund verschiedener Herkünfte oder Aufenthaltsdauer in Deutschland zeigen, sind laut Butterwegge noch zu erforschen.

Pädagogische Perspektiven

„Wir können […] so viel bilden, wie wir wollen, doch die Benachteiligungsstrukturen bleiben" zerstört Kutscher die Annahme oder auch die Hoffnung, dass über Bildung alles zu lösen sei. Auch wenn arme Kinder viel Bildung erhalten können, werden sie weiterhin nicht die gleichen Verwirklichungschancen haben, solange sich nicht auch die strukturellen Bedingungen ändern. So lange werden es Kinder aus armen Verhältnissen schwerer in ihrem Lebenslauf haben. Denn „[a]lles, was in der Familie oder im sehr engen Umfeld nicht selbstverständlicherweise in der Sozialisation […] mitgenommen werden kann, sich jedoch angeeignet werden möchte, bedeutet viel Arbeit und benötigt entsprechende Bedingungen" (Kutscher). Ähnlich argumentieren Chassé, Holz und Zander: Kinder erleben den beständigen Kampf um Selbstverständlichkeiten. Das deutsche Schulsystem wirkt dem nicht entgegen, sondern ist vielmehr Teil der Ungleichheitsstruktur und kann dazu beitragen, dass soziale Ungleichheit gefördert, verschärft und manifestiert werden kann (vgl. Miller 2020). In der Schule erleben die Kinder mit Beginn der Grundschule an mehr Rückstellungen und Wiederholungen und finden sich auf der Ebene kultureller und sozialer Teilhabe weniger in Sport- oder Musikvereinen (Holz). Die mangelnde Teilhabe hat gravierende Folgen. Das Selbstwertgefühl der Kinder leidet unter der Lebenssituation, „vor allem dann, wenn sie in der Schule – häufiger als andere Kinder – mit negativen Rückmeldungen konfrontiert werden" (Zander). In der Folge wird „[d]er Schulerfolg […] den Zugang zur Erwerbsposition, zum späteren Einkommen und schließlich die Jahrzehnte spätere Rentenhöhe [bestimmen]. Der Schulerfolg entscheidet zugleich über die soziale Position innerhalb unserer Gesellschaft" (Holz). Solange Schule durch ihren fendschen Auftrag zur Selektion und damit zur Manifestierung von Ungleichheiten beiträgt, bleiben Lehrer:innen Teil des Systems. Auch deshalb können Ungleichheiten nicht innerhalb der Schule oder schulischer Bildung allein gelöst werden (Kutscher).

Individuelle Perspektive

Kinderarmut ist weder individuell verursacht noch allein auf individueller Ebene zu lösen: „Armut ist gesellschaftlich bedingt und nicht Folge individuellen Verhaltens oder gar persönlicher Schuld" (Holz). Die Expert:innen machen aus ihrer je eigenen fachlichen Perspektive deutlich, wie unterschiedliche Ungerechtigkeitsmechanismen ein gutes Leben verhindern. Von Beginn an wachsen Kinder in einer Mangellage auf, in der das Notwendigste fehlt. Kinder lernen, mit der Armut zu leben, sie sind jedoch nicht in der Lage, Armut zu überwinden (vgl. Fenninger u. a. 2022: 162). Was ein gutes Leben aus Kinderperspektive bedeutet, was Kinder dafür brauchen, gilt es herauszufinden. Jedoch ist zu berücksichtigen, dass Kinder, weil sie in der Lage sind, sich in ihrem Leben zu arrangieren, auch entsprechende positive Bewertungen vornehmen, die unter Vorbehalt gesehen werden müssen (vgl. Kutscher, Andresen). Die Studien unter Beteiligung von Andresen (World Vision Kinderstudie, Children's Worlds+) zeigen, dass das Wohlbefinden der Kinder von mehreren Dimensionen abhängig ist. Dazu zählen unter anderem eine gute Beziehung zu den Eltern oder der Besuch einer guten Schule. Global gesehen können unter den Kindern Gemeinsamkeiten bezüglich der Dimensionen festgestellt werden, wobei die für Andresen entscheidende ist, dass Kinder „echte Optionen" zur Verfügung haben. Das bedeutet, sie befinden sich in einer Lage, in der sie Möglichkeiten zur Wahl haben und Entscheidungen treffen können. Kinder, die sich in Armut befinden, haben aufgrund der verschiedenen Mangellagen, diese Möglichkeiten nicht.

Kinderarmut verhindern: Lösungsstrategien und Forderungen

… denn „die Reflexion allein genügt nicht" (Fuchs-Rechlin). Kinderarmut ist strukturell bedingt und bedeutet für die Kinder keine „echten Optionen" zu haben, Ungleichheit und Mangelerfahrungen auf unterschiedlichen Ebenen zu erleben. Dies alles wird durch die Kategorien Geschlecht, Klasse und Ethnie verschärft (Andresen). (Kinder-)Armutsprävention kann deshalb nur durch den Umgang mit Komplexität und dem Zusammenwirken vieler (Holz) und Kinderarmutsbekämpfung deshalb nur gesamtgesellschaftlich erfolgen (Zander). Einige der Perspektiven auf Prävention und Bekämpfung von Kinderarmut werden hier abschließend zusammengeführt, um auch die Frage zu beantworten, welchen Beitrag alle leisten können. Es ist nicht weniger als „eine Frage der Gerechtigkeit" (Andresen), die uns alle betrifft.

Gesellschaftlich-politische Antworten

Kinderperspektive in den verschiedenen Dimensionen berücksichtigen

Ganz grundlegend betonen alle Expert:innen, wie bedeutsam es ist, die Kinderperspektive herauszuarbeiten, wie wichtig, so Andresen, „über das Bild vom Kind, mit dem wir arbeiten, nachzudenken" und das Kind auch unabhängig von der Familie zu betrachten, gerade weil es „noch häufig die Vorstellung gibt, dass das Kind primär Teil der Familie ist". Es ist bedeutsam, das Kind als „Subjekt mit eigenen Rechten, Interessen und Bedarfen" zu sehen, auch um die Forschungsperspektiven danach auszurichten. Selbst wenn wir, wie Holz betont, nicht mehr wie ein Kind sehen und empfinden können, gilt es Methoden zu finden, die dennoch weitestmöglich Kinderperspektiven erfassen können. Chassé beschreibt die Herausforderung, partizipative Forschungsformate zu finden, am Beispiel der Children's Worlds+, gerade wenn solche Formate für benachteiligte Kinder ungewöhnlich sind (wie Gruppendiskussionen und deren selbstverantwortete Auswertung). Zander setzte in ihren Kinderarmutsstudien andere Methoden ein, wie beispielsweise Gesichtskarten oder Netzwerkspiele. Zentrale Frage in diesem Zusammenhang ist für die Kinderarmutsforschung „was Kinder und Jugendliche selbst als das gute Leben definieren" (Andresen) und für sie von Bedeutung ist. Kinderarmutsforschung sollte also die Erfahrungen der betroffenen Kinder und Jugendlichen stärker berücksichtigen, stärker bei diesen ansetzten. Aus dieser Perspektive würde Kinderarmutsforschung von einer Verknüpfung mit der Kindheitsforschung profitieren (Andresen). Insgesamt also versucht die Kinderarmutsforschung „Kinder als eigenständige Subjekte […], als von Armut Betroffene und Armut Bewältigende" wahrzunehmen (Klundt).

Kinder beteiligen

Die Kinderperspektive einzunehmen bedingt partizipative Zugänge und steht mit der Frage in Zusammenhang, wie Kinder und Jugendliche an den sie betreffenden Angelegenheiten und Maßnahmen beteiligt werden, wie beispielsweise im Kindergarten, der offenen Jugendarbeit, der stationäre Jugendhilfe oder der Stadtplanung, was von den Expert:innen fast durchgängig betont wird. Jedoch ist „die Beteiligung von Kindern und Jugendlichen auch in der Sozialen Arbeit unterentwickelt" (Chassé). Die Kinderrechtskonvention formuliert die Verpflichtung, Kinder an allen sie betreffenden Angelegenheiten zu berücksichtigen, jedoch, so Chassé: „passiert [das] so gut wie nirgends". Die Komplexität von Kinderarmut, die Holz in ihrem Interview skizziert und den von ihr formulierten Anspruch an die Wissenschaft bedeutet für sie „grundsätzlich […] Partizipation der Betroffenen". Durch ihren integrierten Gesamtansatz lassen sich in den Kommunen „enge Verbindungen zu[r] Gestaltung einer kinderfreundlichen Kommune sowie der Verwirklichung von Kinderrechten und Partizipation" finden.

Präventionsketten und Resilienzförderung sind Konzepte, die einen Ausgleich zu ungleichen Bedingungen herstellen können (Klundt).

Stigmatisierung und Beschämung verhindern

Das Problem der Stigmatisierung und der Scham spielt immer dann eine Rolle, wenn Angebote für bestimmte benachteiligte Gruppen gemacht oder Zuschüsse für nur bestimmte Benachteiligungen gewährt werden. Ein Weg, diese Form der Stigmatisierung zu vermeiden ist die Kindergrundsicherung. Sie ist als Unterstützung für alle Kinder gedacht, wobei Abzüge erst durch das Einkommen der Eltern erfolgen und dadurch Staffelungen nach Bedarf ermöglichen.

Holz problematisiert am Beispiel der Corona-Pandemie, dass zunächst vom „Bedarf aller Kinder" ausgegangen wurde, um arme Kinder nicht zu stigmatisieren. Doch die Corona bedingte Verschärfung der sozialen Ungleichheit und das „Wissen um vorhandene soziale Ungleichheit hierzulande [...] [hätte] von Beginn an erfordert, der Pandemiebekämpfung explizit auch ein soziales Element zu geben, mit Fokus auf benachteiligte und armutsbetroffene Gruppen, insbesondere Familien." Denn um für einen „sozialen Ausgleich" zu sorgen, muss „Ungleiches ungleich" behandelt werden. Dazu gehört nach Butterwegge auch der Aspekt, Menschen in die Lage zu versetzten, auf Augenhöhe agieren zu können. Das kann durch die Vermittlung notwendiger Ressourcen erfolgen, beispielsweise um sich auf dem Arbeitsmarkt bewegen und einbringen zu können. Die notwendige Ressource für Geflüchtete sind Integrationskurse oder Sprachförderung. Ähnliche Anforderungen ließen sich für alle Sozialisationsinstanzen finden, um armen Kindern Teilhabe zu ermöglichen.

Klundt benennt neben den schmerzhaften Auswirkungen durch Stigmatisierungen ebenso die Gefahr, dass durch Etikettierungen der von Armut betroffenen Menschen als „selbst schuld" oder „asozial" deren ‚Bekämpfung' im Vordergrund steht und nicht die der Armut selbst. Deshalb gilt es Stigmatisierungen zu vermeiden, die sich durch Bewertungen und Verurteilungen sprachlich äußern. So zeigt Kutschers Beispiel sehr gut, wie die Beschreibung des Medienverhaltens armer Familien durch die Verwendung anderer Begrifflichkeiten in einem anderen Licht erscheinen: Sie nennt den Kauf digitaler Medien eine Investitionsentscheidung, um Kindern Teilhabe zu ermöglichen.

Jede:r ist dazu aufgefordert, gegen Stigmatisierungsprozesse anzugehen, um „entscheidend zur sozialen Inklusion – dem gleichberechtigten Miteinander aller sozialen Gruppen" (Holz) beizutragen. Die Überprüfung eigener Haltung und Einstellungen und den sich daraus ergebenden Handlungen in sozialen Kontexten, sind zentral für eine gelingende Armutsprävention. Das ist „Selbstanspruch und Selbstverpflichtung sowie praktizierte Verantwortungsübernahme, gerade privilegierter Personen respektive Gruppen" (Holz). Dabei sollte sich die Frage gestellt werden inwiefern das eigene Handeln zu Exklusion oder Inklusion beiträgt und wie sich dies in den Strategien der Einrichtung ausdrückt (Fuchs-Rechlin). Der öffentliche Diskurs über Armut sollte weitergeführt werden, mit der Betonung darauf, dass die Menschen nicht schuld sind: „Dieses negative, aufpoppende stigmatisierende Bild von Familien in Armut soll nicht bedient, sondern ihm soll aktiv entgegengewirkt werden" (Andresen).

Sozioökonomische Antworten

Gerechte Verteilung von Ressourcen

Letztlich geht es um eine gerechte Verteilung von Geld, Infrastruktur und Umverteilung, die eine Teilhabe aller Kinder ermöglichen. Die Spielräume der Kinder müssen ihnen die Möglichkeit echter Optionen geben (Andresen). Wie die Verteilung erfolgen kann, wird unterschiedlich fokussiert. Holz setzt mit ihrem Ansatz der Präventionsketten auf die Kommunen, die mit unterschiedlichen Konzepten dazu beitragen können, Kinderarmut zu verhindern oder ihre Auswirkungen zu mildern. Holz Ansatz ist die Antwort auf Benachteiligungen, Begrenzungen und Ausgrenzungen. Mit dem integrierten Gesamtansatz und dem komplexen Teilansatz können Kommunen mit unterschiedlichen Strategien dazu beitragen, mit Blick auf die Lebenswelt der Kinder, Armutsprävention umzusetzen und die Lebensbedingungen der Kinder zu verbessern. Chassé und Klundt betonen Aspekte der Umverteilung und die Bedeutung der Kindergrundsicherung, die einen Beitrag leisten kann, um Kinderarmut abzubauen und Familiensicherung gerechter zu gestalten. Nach Chassé könnte eine Kindergrundsicherung auch nur an die Bedürftigen ausgegeben werden. Klundt betont, dass die Kindergrundsicherung sowohl die Kinder als auch ihre Familien aus der Armut befreien muss. Beide halten zudem eine kostenlose kommunale Infrastruktur, beziehungsweise eine Förderung sozialer Infrastruktur, die die Nutzung von Vereinen und Einrichtungen beinhaltet und über Kinderboni hinausgeht, für wünschenswert. Bei all dem spielt „weniger Bürokratie im Hilfebezug eine Rolle. Die Bürokratie ist häufig mit Demütigung und Entwürdigung verbunden, was Eltern und Kinder gleichermaßen beklagen" (Chassé).

Pädagogische Antworten

Gemeinsames Lernen, Gemeinsamkeiten betonen: Inklusive Bildung

Auch wenn Bildung, wie Kutscher betont, nicht ausreicht Ungleichheiten auszugleichen, so ist es doch die zentrale Aufgabe des Bildungssystems, eine gute Bildung für alle Kinder zu ermöglichen. Dazu gehört auch eine bessere Ausstattung der Schulen (Butterwegge). Gerade weil Schule nicht allein ein Lern- sondern auch ein „Lebensort junger Menschen" ist, sollten verschiedene Professionen zusammenarbeiten (Holz). In diesem Sinne geht es nicht um eine Überbetonung schulischer Bildung, die insbesondere zukunftsgerichtet bessere Chancen bieten soll, sondern es geht im Sinne einer ganzheitlichen Bildung um jene Chancen, die Schule als Lern- und Lebensort bieten kann. Ein in diesem Sinne inklusive Bildung greifen einige Expert:innen auf. Chassé beurteilt die Möglichkeiten der Förderung in den Bildungseinrichtungen unterschiedlich. Den universalistischen Bildungsbegriff in Kitas und Krippen und die Betonung der Phase der frühen Kindheit sieht er positiv, obwohl Untersuchungen zu den Effekten fehlen, ebenso die Einbeziehung der Eltern. Er konstatiert jedoch zugleich, dass die „Beratung bei Ämtern" als „entscheidendes Glied" wie auch die Vernetzung im Stadtteil fehle, um Beteiligungschancen und Erfahrungsmöglichkeiten für Kinder und deren Familien zu eröffnen. Als sinnvoll bewertet Chassé die Gemeinschaftsschulen von Beginn der Schulpflicht bis zu ihrem Ende, um gerade benachteiligten Kindern und Jugendlichen „Interessensentfaltung und Beteiligung" zu ermöglichen. Daneben ist „die flächendeckende Einführung von Schulsozialarbeit an Grundschulen wichtig" und „die berufsbezogene Soziale Arbeit", um die Übergänge zu gestalten. Hier schließt sich die Forderung Christoph Butterwegges (2021) an, der betont, dass die Forderung nach einer Ganztagesschule auch die Forderung nach einer Gemeinschaftsschule beinhalten muss, damit gemeinsames Lernen mit allen möglich wird. Das wäre eine Basis, Gemeinsamkeiten zu entdecken, statt Vorurteile aufzubauen. Fuchs-Rechlin bezeichnet im Kontext der Kitas, armutssensibles Handeln als inklusives Handeln (vgl. Fuchs-Rechlin 2020: 221). Gemeinschaftsschulen, bieten als inklusive Schulen (Inklusion meint dabei das gemeinsame Lernen aller Schüler:innen und nicht die Inklusion jener Schüler:innen mit Beeinträchtigungen) Möglichkeiten, nicht nur mit Kindern aller Bevölkerungsschichten zu arbeiten, sondern ohne Stigmatisierung interdisziplinäre Angebote und Unterstützung umzusetzen (vgl. Butterwegge 2021: 21). Die Konzepte für eine in diesem Sinne inklusive Schule sind erarbeitet (vgl. Reich 2014) und werden erprobt (beispielsweise http://heliosschule.de). Ebenso hat die Schulsozialarbeit Konzepte entwickelt, die diese Perspektiven mit beinhalten. Eine Einbindung der Schule in das Gemeinwesen im Sinne einer Community Education, durch die unter anderem persönliche Perspektiventwicklungen und berufliche Übergänge begleitet werden, sollten verstärkt gefordert und gefördert werden (vgl. Zimmermann 2022). Die Grundhaltung, die nicht nur in pädagogischen Kontexten grundlegend sein sollte formuliert Klundt: „Alle mit Kindern Beschäftigte [sind] aufgerufen, innerhalb ihrer Kindergruppen zur Empathiebildung und zur Anerkennung von Unterschieden und Gemeinsamkeiten aller Kinder beizutragen." Ein grundlegendes Wissen über Kinderarmut, ein Wissen über benachteiligende Strukturen, die Reflexion des eigenen Verhaltens, von Stigmatisierungs- und Etikettierungsprozessen sind Voraussetzungen für ein armutssensibles Handeln, denn „[...] ein reflexiver Umgang der Fachkräfte mit ihren professionellen Haltungen [ist] sehr bedeutsam". „Es bedarf für ein armutssensibles Handeln eine Bearbeitung der vorliegenden Konzepte, die dafür ausgestaltet werden" (Fuchs-Rechlin).

Forschung und Praxis

„Es gibt relativ viele Veröffentlichungen zu Kinderarmut, aber keine aktuelle Empirie unter den heutigen Bedingungen – das fehlt und ist ganz dringend zu ändern" (Chassé). Vielleicht ist das die zentralste Aussage zum Stand der Kinderarmutsforschung. Es wird viel auf die AWO-ISS-Studie Bezug genommen, sie ist jedoch weiterhin die einzige Langzeitstudie in Deutschland. Holz betont den Bedarf an mehr Langzeitforschung, um in Erfahrung zu bringen, wie es den Kindern heute geht und weist zudem auf den begrenzten quantitativen Umfang der AWO-ISS Studie hin. Die Studie war nicht als repräsentative Studie ausgerichtet. Den Stand der Forschung bewerten die Expert:innen unterschiedlich. Einige konstatieren, dass die Kinderarmutsforschung „ganz gut dasteht" (Kutscher, Fuchs-Rechlin) und verweisen auf Studien von Tanja Betz oder Sabine Andresen.

Andere hingegen weisen auf verschiedene Lücken hin, die sich aus ihren jeweiligen Schwerpunkten ergeben haben. Das betrifft beispielsweise die Aspekte Migrationsgeschichte, Armutsdauer, Wohnorte, Geschlecht oder verdeckte Armut (Butterwegge, Chassé, Klundt). Beispielsweise wird an Butterweges Ausführungen nicht nur deutlich, wie differenziert Kinderarmut zu betrachten ist, sondern wie zudem auch unterschiedliche Migrationshintergründe Einfluss auf die Armutslage haben können: „Die Kinderarmutsforschung hat einen blinden Fleck in Bezug auf die Kinder mit Migrationshintergrund" (Butterwegge). Oder es wird an Klundts Ausführungen deutlich, dass längst nicht alle Kinder und Jugendlichen, die von Armut betroffen sind, auch erfasst werden.

Die Ansprüche, die an Forschung gestellt werden, formuliert Holz: „Neben der eigentlichen Forschungstätigkeit [...] war mein Anliegen und Interesse die Umsetzung eines eigenen Theorie-Praxis-Transfers. Wie kann Kinderarmut nicht rein theoretisch betrachtet werden, sondern auch durch praktische Lösungsansätze verhindert beziehungsweise verringert werden und wie ist das zu gestalten?" So wird neben den kritischen Blicken auf Kinderarmutsforschung auch auf Lücken im Studium der Sozialen Arbeit, der Kindheitspädagogik und der Praxis Sozialer Arbeit hingewiesen: Beispielsweise gibt es gibt keine Verankerung des Themas Digitalisierung im Studium der Sozialen Arbeit, sodass die Thematisierung von den Lehrenden abhängig ist; in der Praxis fehlen Beteiligungsformen innerhalb der Kinder- und Jugendhilfe (Kutscher, Chassé).

Es gilt für weitere Forschungsfragen, was die Expert:innen zu Beginn des Interviews so schlicht wie erhellend beschrieben haben: Auf welche Fragen gibt es noch keine Antwort. Einen solchen Moment beschreibt Andresen, als ihr die Frage gestellt wurde, was es denn ausmache, als Kind in einem reichen Land arm zu sein und sie darauf nicht antworten konnte. Eine Frage zu entdecken, die als blinder Fleck erscheint, ist Antrieb, weiteren Forschungsfragen nachzugehen (Holz), obwohl Armut kein „Modethema" (Butterwegge) ist, sondern als „Stiefkind der Forschungslandschaft" weniger gefördert wird. Doch: „Der Grundanspruch muss sein, die Komplexität von Armut und die Folgen für das Leben eines Menschen sowohl theoretisch als auch empirisch zu erfassen" (Holz). Klundt fordert eine „Repolitisierung der Kinderarmutsforschung", um auch die gesellschaftlichen Rahmenbedingungen im Auge zu behalten.

Denken in sozialen Zusammenhängen

„Kinderarmutsprävention stellt eine gesellschaftliche Verpflichtung dar" (Fuchs-Rechlin) und Kinderarmut zu bekämpfen ist ein politischer, ein gesellschaftlicher Auftrag, darauf weisen alle Expert:innen hin. Deshalb fordert Holz: „Wir müssen wieder lernen nicht nur in Konkurrenz und Wettbewerb individualistisch auf unser eigenes Fortkommen zu achten, sondern mehr solidarisch zu fühlen, zu denken und zu handeln." Gerade in Zeiten, die geprägt sind von gesellschaftlichen Ungerechtigkeiten und einer zunehmenden sozialen Differenzierung, fordert Kutscher ein Denken in sozialen Zusammenhängen. Sie untermauert durch die Betonung von Verschiedenheit, wie ein Handeln aussehen kann, welches Andersartigkeit respektiert und Solidarität ausdrückt.

Die Forderungen, die sich aus den Interviews ergeben, lassen sich gut mit den politischen Forderungen zusammenfassend abschließen, die aus der AWO-ISS-Studie abgeleitet wurden und die als notwendig erachtet werden, Kinderarmut zu bekämpfen: Es bedarf Arbeitsbedingungen, die ein auskömmliches Leben sichern sowie eine soziale Infrastruktur, die Teilnahme am sozialen und kulturellen Leben ermöglicht und unterstützt. Bildung muss ausgleichend und darf nicht selektierend wirken, weshalb in Bildung investiert und Übergänge ins Erwachsenenalter gestaltet werden müssen (vgl. Fenninger u. a. 2022: 164, AWO Bundesverband 2019).

Was durch die Interviews darüber hinaus deutlich wurde ist, dass alle Expert:innen, alle Fachkräfte mit ihrer Expertise dazu aufgefordert sind, ihren Teil dazu beizutragen, Kinderarmut zu bekämpfen, denn: „Wir sind viele" (Thiersch nach Kutscher). Es sind die Institutionen der Sozialisation, alle Ebenen der Politik (Andresen) aufgefordert, denn „[e]ine sozial gerecht Familien- und Sozialpolitik und eine gute Bildungs- Betreuungs- und Arbeitsmarktpolitik auch für Kinder von arbeitslosen, alleinerziehenden oder migrantischen Eltern [kann] ein armutsfreies Leben ermöglichen" (Klundt). Was das für uns alle bedeutet, formuliert sehr deutlich Margherita Zander, die ich abschließend zitieren möchte:

„Soziale Arbeit muss politisch werden –
Wir müssen uns einmischen."

Literaturtipps

Klundt, Michael (2019): Gestohlenes Leben. Kinderarmut in Deutschland. Köln: PapyRossa Verlag.

Selke, Stefan (2015): Schamland. Die Armut mitten unter uns. Berlin: Ullstein.

Zudem möchte ich auf eine Homepage aufmerksam machen, auf der der Zusammenhang von Armut, Scham und Diskriminierung von Betroffenen selbst aufgegriffen wird, um auf ihre Situation aufmerksam zu machen. Von ihr wird zusammenfassend gesagt: „Arme kämpfen um Würde und Unterstützung" (DW). https://ichbinarmutsbetroffen.start.page [10.09.2022]

Weitere im Text verwendete Literatur

Andresen, Sabine/Wilmes, Johanna/Möller, Renate (2019): Children's World +. Eine Studie zu Bedarfen von Kindern und Jugendlichen in Deutschland. Gütersloh: Bertelsmann Stiftung. Online verfügbar unter https://www.bertelsmann-stiftung.de/fileadmin/files/BSt/Publikationen/GrauePublikationen/Studie_WB:Childrens_s_Worlds_2019.PDF [15.01.2023].

AWO Bundesverband (2019): AWO-ISS-Langzeitstudie zu (Langzeit)folgen von Armut im Lebensverlauf. http://awo.org/sites/default/files/2019-11/191104_Br_Armut_im_CV_bf.pdf [01.08.2022].

Butterwegge, Christoph (2021): Kinderarmut in Deutschland. Entstehungsursachen und Gegenmaßnahmen. Sozial Extra. Extrablick: (Kinder-)Armut. Wiesbaden: Springer, S. 19–23.

Fenninger, Erich/Nöhring, Alexander/Persau, Valentin/Ranftler, Judith (2022): Zwischen Kohäsion und Spaltung – Transnationale Perspektiven auf die Überwindung von Kinderarmut. In: Baier, Florian/Borrmann, Stefan/Hefel, Johanna M./Thiessen, Barbara (Hrsg.): Europäische Gesellschaften zwischen Kohäsion und Spaltung. Rolle, Herausforderungen und Perspektiven Sozialer Arbeit. Opladen & Toronto: Barbara Budrich, S. 161–172.

Fuchs-Rechlin, Kirsten (2020): Kindertageseinrichtungen. In: Rahn, Peter/Chassé, Karl August (Hrsg.): Handbuch Kinderarmut. Opladen & Toronto: Barbara Budrich, S. 217–225.

Gerull, Susanne (2020): Armutsverständnisse im Kontext von Kinderarmut. In: Rahn, Peter/Chassé, Karl August (Hrsg.): Handbuch Kinderarmut. Opladen & Toronto: Barbara Budrich, S. 29–37.

Graßhoff, Günther/Schweppe, Cornelia (2013): Biographie und Professionalität in der Sozialpädagogik. In: Becker-Lenz, Roland/Busse, Stefan/Ehlert, Gudrun/Müller-Hermann, Silke (Hrsg.): Professionalität in der Sozialen Arbeit. Standpunkte, Kontroversen, Perspektiven. Wiesbaden: Springer, S. 317–330.

Hänel, Jonas (2019): Scham – Ein Grenzphänomen und politische Bildung. In: Besand, Anja/ Overwien, Bernd/Zorn, Peter (Hrsg.): Politische Bildung mit Gefühl. Schwalbach/Ts.: Wochenschau Verlag. S. 267–287.

Miller, Susanne (2020): Kinderarmut in der Grundschule – Analyse und Handlungsperspektive. In: Rahn, Peter/Chassé, Karl August (Hrsg.): Handbuch Kinderarmut. Opladen & Toronto: Barbara Budrich, S. 226–234.

Reich, Kersten (2014): Inklusive Didaktik. Bausteine für eine inklusive Schule. Weinheim, Basel: Beltz.

Sachweh, Patrick/Lenz, Sarah/Eicher, Debora (2018): Klassen und Klassifikationen. Symbolische Grenzziehungen in der deutschen Ungleichheitsstruktur. In: Schöneck, Nadine M./ Ritter, Sabine (Hrsg.): Die Mitte als Kampfzone: Wertorientierungen und Abgrenzungspraktiken der Mittelschicht. Bielefeld: transcript, S. 243–260.

Schweiger, Gottfried (2022): #Kinderarmut. Ein philosophisches Essay. Marburg: Büchner-Verlag.

Zimmermann, Sabine (2022): Soziale Arbeit und Selbstwirksamkeit. Die Chancen der Schüler*innenfirma als ganzheitliches Konzept. Bielefeld: transcript.

http://heliosschule.de [18.09.2022].

http://www.arbeitsagentur.de/familie-und-kinder/weitere-hilfen-fuer-eltern [10.09.2022].

http://www.margherita-zander.de [18.09.2022].

Petra Kolip • Bettina Schmidt

Schreiben in Sozialarbeits- und Gesundheitswissenschaften

Erfolgreich in interdisziplinären Studiengängen

Schreiben im Studium, Band 13
utb S • 2023 • 108 Seiten • Kart. • 12,90 € (D) • 13,30 € (A)
ISBN 978-3-8252-6050-7 • eISBN 978-3-8385-6050-2

Während es in anderen Fächern ausreicht, eine Disziplin zu durchdringen, müssen sich Studierende der Sozialarbeits- und Gesundheitswissenschaften in vielen Disziplinen zurechtfinden und zu einer multidisziplinären Gesamtperspektive gelangen.

Petra Kolip und Bettina Schmidt erklären u.a. mithilfe solider Zeitmanagement-Tipps und Checklisten, wie dies schon ab der Themenfindung gelingt.

www.utb-shop.de

Helmut Lambers (Hrsg.)

Theorien der Sozialen Arbeit

Ein Kompendium und Vergleich

utb M
6., überarbeitete Aufl. 2023 • 439 Seiten • Kart. • 29,90 € (D) • 30,80 € (A)
ISBN 978-3-8252-6159-7 • eISBN 978-3-8385-6159-2

Helmut Lambers führt in die komplexe Theorielandschaft ein und sorgt für die nötige Orientierung. Neben der Einführung in die verschiedenen Theorien nimmt er einen Theorievergleich vor und stellt die unterschiedlichen wissenschaftlichen Erkenntniskonzepte, Gegenstandsbestimmungen, Typisierungsversuche und die gemeinsamen Schnittmengen der Theoriebildungen in den Vordergrund.

www.utb-shop.de